博雅法学文库

Boya Legal Series

司法与传媒

Justice and Media

陈根发 著

知识产权出版社
全国百佳图书出版单位

图书在版编目（CIP）数据

司法与传媒 / 陈根发著 . —北京：知识产权出版社，2015. 8

ISBN 978 - 7 - 5130 - 3690 - 0

Ⅰ. ①司… Ⅱ. ①陈… Ⅲ. ①司法—关系—传播媒介—研究—中国

Ⅳ. ①D926②G219. 2

中国版本图书馆 CIP 数据核字（2015）第 180318 号

责任编辑：李燕芬　　　　责任出版：刘译文

特约编辑：张　萌　　　　封面设计：薛　磊

司法与传媒

陈根发　著

出版发行：知识产权出版社有限责任公司　　网　址：http：//www. ipph. cn

社　址：北京市海淀区马甸南村 1 号（邮编：100088）　　天猫旗舰店：http：//zscqcbs. tmall. com

责编电话：010 - 82000860 转 8173　　责编邮箱：nancylee688@ 163. com

发行电话：010 - 82000860 转 8101/8102　　发行传真：010 - 82000893/82005070/82000270

印　刷：北京科信印刷有限公司　　经　销：各大网上书店、新华书店及相关专业书店

开　本：965mm × 1300mm　1/16　　印　张：21. 25

版　次：2015 年 8 月第 1 版　　印　次：2015 年 8 月第 1 次印刷

字　数：225 千字　　定　价：59. 00 元

ISBN 978 - 7 - 5130 - 3690 - 0

前　言

笔者的一生中有两个职业是难忘的，也是难以割舍的：一个是律师，一个是学者。我是先做律师后做学者的，与有的学者相比，也许有一些不同的遭遇和心得。我在给法学硕士和法律硕士研究生讲授“法理学”“传媒法”和“诊所法律教育”时，发觉许多学生都不满足于教材的理论说教，而对法学理论在法律工作中的运用饶有兴趣，这让我常常不得不翻出尘封多年的案卷，在借鉴国外的案例法（case law）、研究课程（seminar）和诊所法律教育（Clinical legal Education）上下工夫。本书的构想就是在这样的背景和鼓励下诞生的。[1]

需要指出的是，本书不是对他人成果的一种编撰或改编，而是笔者对研究教学工作中一些前沿问题的法理思索和以往从事律师工作

〔1〕 笔者曾因讲授“法理学”、“传媒法”和“诊所法律教育”，在 2007—2013 年连续 6 年被评为中国社会科学院研究生院法学系“十佳教师”。

的几个案件的回顾。笔者想要达到的效果是,通过某种程度的专题研究和“暴露”,换取读者对法学的兴趣和对法律人的理解。学法律最好是能够理论联系实际,法学院的学生最好是能够多接触律师和法官的实务工作。台湾大学的詹森林教授似乎把这个道理说得更透彻。他认为:“研究法学与应用法律,必须结合理论与实务。理论脱离实务,无异空谈,实务罔顾理论,形同盲目。”〔1〕这番话,说出了许多法律人的心声。

历史上有许多学者是非常重视法律实践的,有一些著名的学者本身就身兼两职甚至数职,他们给法律和法学思想的发展带来了不同凡响的空间。美国学者菲尔德曼似乎也持这样的见解,他曾表白:“我很少讨论普通律师的日常法律执业。而且,当然,作为哈佛教授和最高法院大法官的斯托里的完整的法理学思考会十分不同于普通律师的法律概念。同时,值得注意的是,很多 19 世纪的法理学精英,包括肯特、斯托里和小奥利弗·温德尔·霍姆斯(Oliver Wendell Holmes, Jr.),都同时是学者和法官,因此他们的法律观在某种程度上会受到他们判决案件的实践经验的影响。至少有一些 20 世纪的精英也是如此,本杰明·卡多佐(Benjamin Cardozo)是一个重要的例子。”〔2〕在美国的法学院,有的教授一直教导学生应该“像一个法律人那样思考”(thinking like a lawyer),即像律师、法官等法律人那样说话、写作和阅读。〔3〕强调的也是要让法学院的学生从一开始就要培养律师或法官等法律人的思维方式。笔者一直认为,一个好的法学教授应该在法律

---

〔1〕 詹森林:《民事法理与判决研究》,北京大学出版社 2005 年版,序第 2 页。

〔2〕 斯蒂芬·M. 菲尔德曼:《从前现代主义到后现代主义的美国法律思想》,李国庆译,中国政法大学出版社 2005 年版,第 4 页。

〔3〕 Elizabeth Mertz, *The Language of Law School: Learning to "Think Like a Lawyer"*, Oxford University Press, Oxford and New York, 2007, p. 3.

执业方面富有经验,同时也在学习法律和研究法律方面富有经验。作为实践这一理念的一个行动,笔者决定出版这本集研究、教学和经验于一体的融会之作。

兴趣和热情是最好的动力。黑格尔曾说过:要是没有热情,世界上任何伟大的事业都不会成功。笔者之所以将以往的律师执业痕迹和思想片段整理成册,多半要归功于笔者不减当年的对法律正义的兴趣和热情。笔者从2004年10月调入中国社会科学院法学研究所从事研究工作之后,律师的工作不断地减少,但是还保留了一个兼职律师的资格,在法学研究的枯燥和苦闷之际,自然特别怀念律师时期的战斗生活。在整理以往的卷宗和有意识地从研究的角度去代理某些案件的过程中,许多难解的法律问题都能迎刃而解。在律师与学者之间,也许,确实有一些"纯粹"的人士认为存在一些对立的方面,即认为涉足律师事务将会影响做学者和教学云云,但我似乎更倾向这样一个怀疑:不会做律师或没有做过律师、法官、检察官的学者又何以能成为一个各方面都非常优秀的法学教授呢?因此,诸如法学教授做兼职律师会如何如何的说法,与律师做兼职教授又会如何如何的说法,实在不是一个应该争论的问题,而是一个应该不断体验和深化的课题,关键在于如何结合和配合好,做到相互促进、相得益彰大于相互抵触。黑格尔曾说过:"凡是合乎理性的东西都是现实的,凡是现实的东西都是合乎理性的。"[1]恩格斯在他的《谢林和启示——批判反动派扼杀自由哲学的最新企图》一文中,也引用了黑格尔的这一说法来批判谢林对观念的蔑视。[2] 近年来,在与美日等国的学者和律师交流时,也能看到同时印有"教授、

---

[1] [德]黑格尔:《法哲学原理》,范扬、张企泰译,商务印书馆1996年版,第11页。
[2] 《马克思恩格斯全集》(第2卷),人民出版社2005年版,第345页。

律师”、“律师、教授”或“律师、高级讲师”等头衔的名片，这个变化也能说明一些问题。据说美国总统奥巴马曾经是芝加哥一家律师事务所的律师，他在从事律师业务的同时，还兼任芝加哥大学的高级讲师（senior lecturer），在 1997 年至 2004 年间还兼任了伊利诺伊州参议员。中国法律人耳熟能详的波斯纳法官，在任美国联邦上诉法院第七巡回审判庭法官前曾任斯坦福大学法学院和芝加哥大学法学院教授，在担任法官后也一直兼任芝加哥大学和斯坦福大学法律经济学高级讲座的主持人，最终成就了其法律经济学代表人物的地位。

本书从分析新中国立法、司法成就的大数据开始，探讨了法的功能与作用、民主法律监督、分权与权力制约、法律宽容、中国民间对日索赔的法理等法学前沿问题。同时，以案说法，透视了笔者作为辩护人或代理人承办过的几个有影响的案例，从“‘长春市头号毒枭’的死缓判决”、“与‘无正本提单放货’人也能和解”、“一个外企女工‘意外坠楼身亡’的纠纷与解决”到“为伊利集团公司原总裁做无罪辩护”等办案经验和心得，阐述了司法实务中产生的若干法理及存在的问题。最后将探索高度上升到“司法与传媒”层面，对我国的司法改革、文化传媒法的若干问题提出建议，并且对北美诽谤法、魁北克诽谤法中的合理因素做了挖掘和推荐。从比较和经验的角度，对有关法理、司法和传媒问题做出研究。其中许多片段涉及法与理、规制与宽容的博弈竞合，在文脉走向上从宏观的法学理论到微观的法律解释、从静态的法到动态的法、从书本上的法到实践中的法，力求视野开阔生动，寻求法律理论工作者和法律实务工作者的共鸣。

本书探讨了“司法与传媒”问题的法学理论与实践。笔者在书中采用了学者与律师相结合的经验主义表达方式，之所以采用这种方式，除了想把有关法律问题的“事实”和参与者的“真实”想法传达给读者外，更主要的是想探索一种新的法学研究与教学的方法。借用马克思的话来说，那就是：“不言而喻，如果写皮革方面的问题，鞋匠比律师更够资格。写节假日应不应当做工的问题，短工并不比神学家不够资格。”[1]

[1] 《马克思恩格斯全集》(第1卷)，人民出版社1995年版，第194页。

目 录

第一章　新中国的立法发展与经验教训

回顾新中国立法发展的六十多年历程，可以看到，它走过的是一条从“山重水复”到“柳暗花明”的曲折道路。其间忽兴忽废，大起大落，在1978年改革开放后终于迎来蓬勃发展的新阶段。1949年10月1日后，以中华人民共和国的诞生为标志，中国历史上第一次出现了可以将广大人民利益作为依托的新型立法。这种新型立法在完成民主革命的遗留任务、巩固新政权、建设新社会、保障人民权益等方面，特别是在后来保障和推进经济体制改革、促进经济和社会发展等方面，取得了重要成就。从总体上看，新中国立法发展的道路可以划分为社会主义立法的初创、停滞和高速发展这三个理念和层次不同的阶段。[1] 三个阶段的立法发展为我国完善社会主义法律体系提供了重

---

〔1〕 参见周旺生：《立法学教程》，北京大学出版社2006年版，第128—133页。

要的经验,也留下了深刻教训。

一、新中国立法发展的三个阶段

(一) 1949 年至 1956 年的社会主义立法初创阶段

新中国的社会主义立法起步于共和国诞生的前夕。1949 年 9 月召开的中国人民政治协商会议第一届全体会议,在现代中国立法史上占有十分重要的地位。它通过了新政权得以存在的法律依据《中央人民政府组织法》和起临时宪法作用的《共同纲领》。《共同纲领》庄严宣布:废除一切压迫人民的法律、法令,制定保护人民的法律、法令。从立法的角度看,这次会议最辉煌的成就在于它以立法的形式同时宣告了新中国社会主义法律体系的诞生。

这一阶段,我国的立法史上有两大盛举:一个是第一届全国人大一次会议隆重召开;另一个是诞生了中国立宪史上第一部社会主义类型的宪法。在 1954 年召开的一届全国人大一次会议上,通过了新中国第一部《宪法》和《全国人大组织法》、《国务院组织法》、《地方组织法》、《法院组织法》、《检察院组织法》等一系列重要的宪法性法律。这一阶段,中国立法体制经历了由中央与地方分权发展到由中央高度集权的变化过程;对地方立法来说,则经历了兴废起伏的过程。在一届全国人大召开之前,实行的是中央与地方相对分权的体制。在中央,政协全体会议代行全国人大职权,制定中央人民政府组织法,但是在实践中除了 1949 年一届政协一次全体会议外未再行使立法;中央人民政府在法律上、事实上均享有制定法律、颁布法令的权力;政务院制定和颁布的规范性文件在事实上被当作法律,并且它在事实上还批准了许多地方性法令条例或法规。在地方,大行政区、省、市、县的政府可以拟定法令条例或单行法规；从民族自治乡往上，各级民族自治机关都有权制定单行法规。1954 年普选的全国人大召开后，中国立法跳跃性地变成了实行中央高度集权的体制：全国人大是行使国家立法权的唯一机关，有权修改宪法、制定法律；全国人大常委会有权解释法律、制定法令；国家主席公布法律和法令；国务院制定的行政措施、发布的决议和命令，被视为国家法规，收集在《中华人民共和国法规汇编》中；在地方，只有民族自治地方有权制定自治条例、单行条例，一般地方不再享有法令条例或单行法规的拟定权。

这一阶段，社会主义立法成就显著。虽然在百废待兴的局面下难以把主要力量集中到立法上，并且缺少制定全国统一的法律、法令或法规的经验，但当时的立法活动仍然得以较大规模地和较快地展开，使新中国的立法史上出现了第一次高潮。法律所调整的社会关系相当广泛，对宪政、国家机构、选举、社会团体、婚姻家庭、刑事、社会改革、政治运动、民政、公安、司法、司法行政、监察、人事、军事、民族、宗教、侨务、外事、经济计划、统计、财政、税务、金融、土地、基本建设、地质、矿产、工业、交通、邮电、林业、水利、气象、水产、粮食、商业、对外贸易、海关、保险、劳动、物价管理、物资管理、工商管理、科学技术、教育、文化、文物、新闻、广播、卫生、体育等数十个方面的大量事项做了调整，逐渐形成一个包括或涉及宪法、行政法、刑法、刑事诉讼法、婚姻家庭法、经济法、劳动法、社会福利法、科教文卫法、军事法、民族法等部门法律法规在内的法律体系。但是这一阶段的法律体系也存在不少缺点，许多应当由法律来调整的事项并未得到立法。中国作为一个农业大国当时却没有制定一个农业法，刑法和民法在当时也都还在起草中。在已经产生的部门法中，大多数部门法没有骨干法律作为核心或基础。已制定的许多法律、法令、法规带有很大的暂时性、试行性和过渡性，它们中有很多很快就不适用了，但并未能适时得到修改、补充或废止。另外，由于经验不足和历史条件的局限等原因，这一阶段的法律体系在与社会发展的协调方面，在其自身内部的协调方面，在借鉴既往经验和国外经验方面，特别是在实现法律科学化和现代化方面，也都存在严重不足。

这一阶段，立法理论方面没有专门的研究成果；没有系统、科学的立法学说；没有自觉形成科学的立法指导思想和基本原则。关于立法的一系列基本问题，差不多都没有得到适当的解释。代替立法理论对立法实践发生作用的，是当时意识形态领域中的那些以阶级斗争为轴心的主流理论或观念。〔1〕

在立法制度方面，这一阶段不仅存在开始时分权过甚、后来又集权过甚的问题，而且中央与地方的各自立法权限范围及中央各立法主体之间的立法权限范围不明，失职和越权问题都明显存在。立法主体建设不力，立法程序各主要环节未能以法律形式作出明确、具体的规定，许多立法活动没有法定程序可以遵循。正式立法程序展开前的立法准备工作，正式立法程序完结后的立法完善工作如法的修改、废止和解释，更是无法可依。党与立法、政府与立法、司法与立法、领导人与立法的关系，等等，都未能在妥善处理的基础上以法的形式加以确定。其他需要以法律形式确定的各种制度，亦很少得以法制化。立法法、立法程序法和立法标准法这类法律，既不存在，也无人问津。至于立法技术，则更显落后。立法不讲方略、不讲质量，立法决策与政治决策、行政决策几无区别，法的内部结构不科学、不完善，名称、形式过多、过杂、过乱。法的规范也缺乏完整性，缺少后果

---

〔1〕 参见周旺生：《中国立法五十年》，载《立法研究》（第1卷），法律出版社2000年版，第44—45页。

模式，只注重规定有权如何、应当如何、不应当如何，而不注意规定者违反这些规定应当承担怎样的责任。另外，法的整理、汇编和编纂也都很落后，立法规划未能及时予以注意，立法往往不分轻重缓急，立法预测、立法协调、立法信息反馈、立法中的科技手段的应用等还远远谈不上。这些问题的存在，从消极的方面影响到了后来很长一段时间的立法发展。

（二）1957 年至 1976 年的立法停滞阶段

这一阶段是我国法治建设蒙受重大挫折的阶段。1956 年后，政权业已巩固，国家和社会进入可以长期稳定发展的历史阶段。这为社会主义法制的长期稳定发展提供了非常重要的条件。在这一阶段，全面展开经济建设和其他各项建设已经成为完全可能和必要，国家建设的各个方面无不需要通过加强法治来调整和保障。这时不仅有根据地时期的立法经验和苏联经验可供借鉴，更有新中国以往七年的全国统一立法所积累的经验可资利用，而且党的八大也作出了关于逐步系统地制定完备的社会主义法律体系的决议。在这种新的局面下，我国的立法发展应当也完全可能比过渡时期发展得更快更好。但历史有时却并非按照常规逻辑发展，正是在面临这种足以使人乐观的局面之下，我国的法治建设非但没有朝着光明的方向发展，相反，恰恰是从这时开始，全面跌入了低谷。

从 1957 年“反右斗争扩大化”到 1976 年“文革”结束，这 20 年间中国社会风波屡起，使本来应当也完全可能很好得以发展下去的新中国法治，同其他许多事业一样，遭受了令人痛心的挫折。党的八大虽然作出国家必须根据需要逐步系统地制定完备的法律体系的决策，但并没有真正把民主建设和包括立法在内的法制建设当作社会主义建设的战略目标和根本任务的组成部分来看待。由于种种历史原因，导致了阶级斗争的严重扩大化，形成了一系列“左”的城乡经济政策和阶级斗争政策。同时，党和国家政治生活中的集体领导原则和民主集中制原则不断受到削弱和破坏。

这一阶段，唯一享有国家立法权的全国人大，除通过1975年的《宪法》外，再未制定过一个法律。享有法令制定权和单行法规制定权的全国人大常委会自行通过的条例、办法亦为数甚少。在地方，除民族自治地方外，其他地方均无立法权。这一阶段，中央和地方的立法活动由比较活跃而骤然冷清、停滞直至几乎完全废弃。此间只有国务院及其所属部委依然发布规范性文件，但宪法和法律并未规定国务院及其所属部委享有立法权，虽然它们的规范性文件事实上被当做法规看待，但在严格意义上说都不属于法的范畴，发布这些规范性文件不能视为立法。

在法律体系方面，新中国成立后的头七年未能制定的刑法、民法、刑事诉讼法、民事诉讼法、劳动法、土地法，以及其他一些对现代国家、特别是对中国这样一个以成文法为立法传统的国家所不可或缺的基本法律，仍然未被提上议事日程。相反，由于情况的变化却使得这七年制定的绝大多数法律、法令和其他规范性法律文件已不再适用。这期间，全国人大的活动也极不正常，特别是1965年2月至1974年12月，10年中全国人大未召开过一次会议。1959年后全国人大常委会的工作人员只剩下100多人。至于立法理论、制度和技术的总体状况，比之上一阶段，非但没有进取，反而出现了大踏步倒退的局面。

（三）20世纪70年代末以后的立法高速发展阶段

新中国的立法事业经受了20年挫折后，终于迎来了转折。促成转折的内在动因是十年动乱造成的人民普遍要求法治的心态，而其直接动因则是中国共产党十一届三中全会的英明决策。1978 年年底召开的这次会议，鉴于历史的经验教训，把发扬社会主义民主、加强社会主义法治提上了日程。中国的立法发展也揭开了新的一页，进入了一个崭新的阶段。这一阶段主要有下列两个显著特点：

1. 立法体制得到了改革和创新

1979 年 7 月，五届全国人大二次会议通过的地方组织法和《关于修正宪法若干规定的决议》揭开了中国立法体制改革的序幕。地方组织法规定县级以上的地方各级人民代表大会设立常务委员会，省级人大及其常委会享有地方性法规制定权。1982 年的宪法肯定了这一改革成果，并从多方面推进了这一改革，确定了全国人大及其常委会共同行使国家立法权，国务院制定行政法规，国务院所属各部委发布规章，民族自治地方制定自治条例和单行条例。接着，1982 年和 1986 年又两次修改了地方组织法，把地方性法规的制定权逐渐扩大到了省级政府所在地的市和经国务院批准的较大的市的人大及其常委会，并规定同级政府可以制定规章。这期间全国人大及其常委会还多次授权国务院和有关地方制定单行法规。1997 年、1999 年香港和澳门相继回归祖国，两个特别行政区的立法又给中国现行立法体制注入了新的成分。2000 年 3 月通过的《立法法》系统、全面地总结和确认了上述立法制度。我国的立法逐渐形成了一个由国家立法权、行政法规立法权、地方性法规立法权、自治条例和单行条例立法权、规章立法权、授权立法权、特别行政区立法权所构成的，较先前体制有重大发展的新的立法权限划分体制。这是一个中央统一领导和一定程度分权的、多级并存、多类结合的立法体制。

2. 一个具有中国特色的社会主义法律体系逐步形成

这一阶段的立法发展有如下几个基本特点：第一，在总体上呈直线上升的趋势，稳定地而且较大规模地向前发展。（参见图1）差不多每年都有一大批法律、法规、规章产生。到2015年年初，我国已制定法律240多部，行政法规700多部，地方性法规8 600多部，使国家在政治、经济、文化、社会生活等各个方面基本上实现了有法可依。第二，部门法增多，产生了一些原来没有的部门法，形成了一个包括宪法及民法、行政法、经济法、社会法、刑法、诉讼与非诉讼程序法等基本部门法和其他法律在内的较为完整的法律体系。一些新兴的部门法在法律体系中逐渐占据了重要的地位。（参见表1）第三，整个法律体系有了一个较之前的宪法更为科学的新宪法核心和基础，绝大多数部门法领域有了重要法律，使部门法领域没有法律而只有一些行政规范性文件的状况不复存在。第四，整个法律体系建设都以适应改革、开放、搞活的需要为重点，与保障和促进经济建设和经济体制改革的顺利进行紧密相连。

在建设社会主义市场经济体制作为经济体制改革的目标模式确定后，建设市场经济法律体系的战略任务被提上了议事日程。为此，从1993年3月至1998年3月的八届全国人大都倡导中国立法应致力于社会主义市场经济法律体系框架的构建，其间制定的法律、法规具有以下几个特点：第一，规范市场主体的法，用以保障市场主体的权利和明确它们的义务。第二，调整市场主体关系、维护公平竞争的法，用以确认市场交换关系中必须遵循的原则，规范市场主体的竞争行为，维护市场秩序。第三，改善和加强宏观调控、促进经济协调发展的法，用以抑制市场自身的弱点和消极因素。第四，建立和健全社会保障制度方面的法，用以针对市场竞争造成的破产、失业等问题，给予相应的社会救济，减少社会动荡，维护社会稳定。

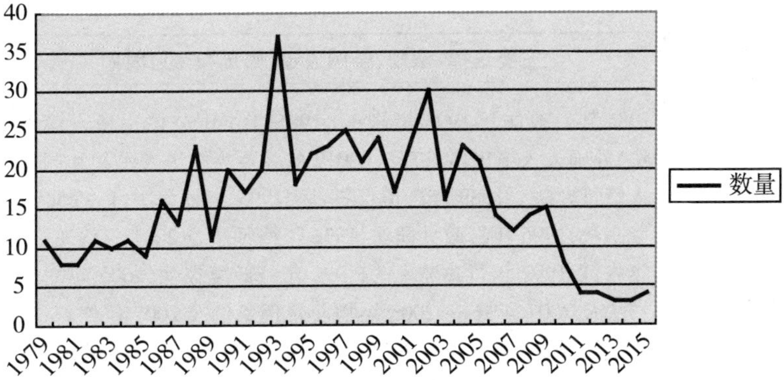

图 1　1979—2015 年全国人大及人大常委会立法数量变化图

数据来源:各年度《中国法律年鉴》。

表 1　我国的法律部门及其主要法律、法规、条例通过、修正和修订时间表

法律部门	主要法律、法规、条例通过、修正和修订时间
宪法及宪法相关法	1982 年修改后的宪法及 1988 年、1993 年、1999 年、2004 年修正,1982 年全国人大组织法,1982 年国务院组织法,1984 年民族区域自治法及 2001 年修正,1990 年香港特别行政区基本法,1993 年澳门特别行政区基本法,1994 年国家赔偿法,1997 年国防法,2000 年立法法,2004 年选举法,2010 年国防动员法、村民委员会组织法等。
民法商法	1980 年婚姻法及 2001 年修正,1982 年商标法及 1993 年、2001 年修正,1984 年专利法及 1992 年、2000 年 8 月和 12 月修正,1985 年继承法,1986 年民法通则,1990 年著作权法, 1992 年海商法,1993 年公司法及 1999 年、2004 年修正、2005 年修订,1995 年保险法及 2002 年修正、2009 年修订,1995 年担保法, 1998 年证券法及 2004 年修正、2005 年修订, 1999 年合同法,2002 年农村土地承包法,2004 年票据法,2006 年企业破产法,2007 年物权法,2008 年企业国有资产法,2010 年涉外民事关系法律适用法等。

续表

法律部门	主要法律、法规、条例通过、修正和修订时间
行政法	1984 年兵役法及 1998 年修正，1985 年中国公民出境入境管理法、外国人入境出境管理法(2012 年变更为中华人民共和国出境入境管理法),1989 年环境保护法，1995 年教育法,1995 年人民警察法,1996 年行政处罚法,1996 年律师法及 2001 年修正、2007 年修订,1997 年行政监察法,1999 年行政复议法,2002 年文物保护法及 2007 年修正,2003 年物业管理条例及 2007 年修订,2005 年信访条例,2005 年治安管理处罚法,2007 年突发事件应对法,2007 年城乡规划法,2007 年政府信息公开条例,2007 年行政机关公务员处分条例,2010 年保守国家秘密法,2011 年非物质文化遗产法、行政强制法等。
经济法	1979 年中外合资经营企业法及 1990 年、2001 年修正,1980 年个人所得税法及 1993 年、1999 年、2005 年、2007 年修正,1985 年会计法及 1993 年修正、1999 年修订,1986 年外资企业法及 2000 年修正,1986 年土地管理法及 1988 年、1998 年、2004 年修正,1988 年中外合作经营企业法及 2000 年修正,1993 年产品质量法及 2000 年修正,1993 年反不正当竞争法,1993 年消费者权益保护法,1994 年广告法,1997 年价格法，2007 年企业所得税法,2007 年反垄断法,2011 年车船税法,2013 年旅游法等。
社会法	1990 年残疾人保障法及 2008 年修订,1991 年未成年人保护法,1991 年老年人权益保障法及 2012 年修订,1992 年妇女权益保障法及 2005 年修正,1992 年矿山安全法,1992 年工会法及 2001 年修正,1993 年红十字会法,1994 年劳动法,1999 年公益事业捐赠法,2002 年安全生产法,2007 年劳动合同法,2007 年劳动争议调解仲裁法,2010 年社会保险法,2012 年军人保险法等。
刑法	1997 年修订后的刑法及 1999 年、2001 年 8 月、2001 年 12 月、2002 年、2005 年、2006 年、2009 年、2011 年修正案,1998 年关于惩治骗购外汇、逃汇和非法买卖外汇犯罪的决定等。
诉讼与非诉讼程序法	1979 年刑事诉讼法及 1996 年修正,1989 年行政诉讼法,1991 年民事诉讼法及 2007 年、2012 年修正,1994 年仲裁法,1999 年海事诉讼特别程序法,2000 年引渡法,2010 年人民调解法等。

二、新中国立法发展的主要经验教训

（一）必须正确认识和处理社会主义经济、民主和法律三者之间的关系

经济基础决定法律发展的性质和方向，这是马克思主义的基本原理之一。在党的十一届三中全会以前，在以“阶级斗争为纲”的思想指导下，我们忽视了经济建设这一决定性的因素，在客观上造成了民主法制的思想无处依存、无法发展。十一届三中全会以后，由于思想的转变和改革开放的需要，我国以宪法为依据制定了一系列重要的法律、法规，初步形成了中国特色的社会主义法律体系。1993 年 11 月通过的《中共中央关于建立社会主义市场经济体制的决定》指出：“社会主义市场经济体制的建立和完善，必须有完备的法制来规范和保障。要高度重视法制建设，做到改革开放与法制建设的统一，学会用法律手段管理经济。”要坚持改革和发展，就必须加强法制建设，经济建设对法制建设有内在的要求，法制建设又能够保证和促进经济建设。改革开放以来的中国特色社会主义之所以能够不断创新和发展，其根本就在于我们能够正确处理市场经济与法律发展的关系。

党的十一届三中全会指出，为了保障人民民主，必须加强社会主义法制，使民主制度化、法律化。这是对我国民主的实践，特别是对我国“文革”教训的深刻总结。我国民主建设之所以先后出现了严重挫折，重要的原因就是因为法律不健全，或权威不够，导致了领导人对社会主义法制的严重破坏。回顾我国民主法制的艰难历程，我们可以发

现，什么时候注意从制度和法律入手建设社会主义民主，社会主义事业就兴旺发达，反之则出现曲折甚至动乱。新中国成立后的头七年，是我国民主法制建设顺利发展的时期，尽管当时并未认识到民主建设制度化、法制化的重大意义，但由于面临巩固政权、防止外来颠覆和恢复国民经济等一系列任务，在客观上要求我们必须重视以国体为核心的政体建设，因此建立起了人民代表大会制度、多党合作和政治协商制度等重要制度，并通过法律加以确认。1957 年以后，我们忽视了社会主义民主的制度化、法制化建设，尤其是忽视了党和国家领导机关的民主制度建设，致使社会主义民主建设和社会主义建设事业不断出现失误和挫折。党的十一届三中全会，开启了社会主义民主政治建设的新篇章，其中最突出的表现，就是加强了社会主义民主的制度化建设和法制化建设。我们知道，法制是国家以法律形式确定下来的制度。民主是法制的内容之一，法制是民主的形式和具体化，民主只有法制化，才能得到根本保障。

但是，我国当下社会主义的立法发展也面临着一些严峻的挑战。民主无论是作为国家权力、国家制度，还是作为公民的权利，不仅具有许多积极重要的价值和功能，同时也存在许多与生俱来的弊端和局限性。民主运用不当，就会发生像"文革"那样的动乱，甚至会发生像德国的希特勒和法西斯利用民主危害人权、发动战争那样的悲剧。[1]可以说，民主并不必然带来经济增长、社会和平与政治和谐。这就需要特别强调法律对民主的约束和引导，法律通过规范和改善人民代表大会制度、共产党领导的多党合作和政治协商制度、基层民主制度等多种民主制度，可以保证社会主义民主的健康发展，使其始终成为社会主义经济发展的动力源。因此，扩大社会主义民主，正确处理民主

〔1〕 参见李林：《当代中国语境下的民主与法治》，载《法学研究》2007 年第 5 期。

与法制的和谐关系，是关系到能否继续保证和推动社会主义市场经济可持续发展的重要课题。

（二）必须经常树立一个社会主义立法发展的目标和理念

从我国立法发展的历史进程看，目标明确与否直接关系到立法发展的内因。20 世纪 70 年代以前的社会主义法制建设之所以会经历包括“文革”在内的艰难过程，这与缺乏法律发展的科学目标有直接的因果关系。新中国成立初期，我国曾积累了一些社会主义民主法制建设的正确认识和宝贵经验，但是由于在进行社会主义建设的探索中出现失误，造成了对民主法制建设的忽视和轻视。中国共产党的八大、九大、十大报告中都没有涉及社会主义民主和法制建设的地位和目标，1954 年宪法、1975 年宪法、1978 年宪法同样也没有对这一根本性的问题从国家根本大法的角度加以确认。直到中国共产党十一届三中全会，才“对民主和法制问题进行了认真的讨论”。公报指出：“为了保障人民民主，必须加强社会主义法制，使民主制度化、法律化，使这种制度和法律具有稳定性、连续性和极大的权威，做到有法可依、有法必依、执法必严、违法必究。”这是对“文革”中忽视甚至践踏法律所带来的灾难性后果的经验总结。

在经过了拨乱反正之后，中国共产党中央委员会 1981 年发布的《关于建国以来党的若干历史问题的决议》则将民主和法制建设提升到一个前所未有的高度：“逐步建设高度民主的社会主义政治制度是社会主义革命的根本任务之一……完善国家的宪法和法律并使之成为任何人都必须严格遵守的不可侵犯的力量，使社会主义法制成为维护人民权利、保障生产秩序、工作秩序、生活秩序、制裁犯罪行为、打击阶级敌人破坏活动的强大武器。”这种类似的提法在党的十二大报告中也出现：“建设高度的社会主义民主是我们的根本目标和根本任务之一……社会主义民主的建设必须同社会主义的法制建设紧密地结合起来，使社会主义民主制度化、法律化。”1982 年宪法对这一认识加以了确认，它在序言中指出：“发扬社会主义民主，健全社会主义法制……把我国建设成为高度文明、高度民主的社会主义国家。”党的十三大报告将社会主义民主和法制的含义进一步具体化，指出：“改革的长远目标是建设高度民主、法制完备、富有效率、充满活力的社会主义政治体制。”为此，“必须一手抓建设和改革，一手抓法制。法制建设必须贯穿于改革的全过程……逐步做到：党、政组织同其他社会组织的关系制度化，人员的培养、选拔、使用和淘汰制度化，基层民主生活制度化，社会协商对话制度化。总之，应当通过改革，使我国社会主义民主政治一步步走向制度化、法律化”。可以说，党的十三大报告的有关论述已经比较科学地概括了党和国家对民主和法制建设地位、目标的认识，是一个重大的飞跃。党的十四大又进一步指出：“没有民主和法制就没有社会主义，就没有社会主义现代化”，“我们的政治体制改革，目标是建设有中国特色的社会主义民主政治”。这一论断，把民主和法制又提高到了一个新的高度，同时也预示着对民主法制建设的地位和目标认识的进一步深化。[1]

在 1996 年 2 月 8 日中央第三次法制讲座的总结讲话中，江泽民同志提出了依法治国方略。他指出：“加强社会主义法制建设，依法治国，是邓小平同志建设有中国特色社会主义理论的重要组成部分，是我们党和政府管理国家和社会事务的重要方针。”一个多月后，八届全国人大四次会议把“依法治国，建设社会主义法制国家”作为一条基本方针，写入了《国民经济和社会发展‘九五’计划和 2010 年远景目标纲

〔1〕 参见刘隆亨主编：《我国民主与法制的目标和道路》，北京大学出版社 1998 年版，第 31 页。

要》。与此同时，法学界和法律实务界关于依法治国的探讨形成热潮，有关“法制”与“法治”的讨论成为一大焦点。1997年9月，“进一步扩大社会主义民主，健全社会主义法制，依法治国，建设社会主义法治国家”，又写入了党的十五大政治报告。与法制讲座不同的是，十五大政治报告中，“社会主义法制国家”变成了“社会主义法治国家”。“制”和“治”看起来只是一字之差，其实是一次伟大的观念变革，表明中国不仅仅要加强法律制度建设，而且要从治国方式上根本抛弃“人治”的传统。1999年3月，九届全国人大第二次会议上，“依法治国，建设社会主义法治国家”这一治国方略，被正式写入了宪法修正案。从此，我国社会主义民主法制建设进入了一个新的发展阶段。2002年11月，党的十六大政治报告把依法治国列为社会主义民主政治建设的重要内容和目标，强调：“发展社会主义民主政治，最根本的是要把坚持党的领导、人民当家做主和依法治国有机统一起来……依法治国是党领导人民治理国家的基本方略。”〔1〕

2006年4月11日至13日，中央政法委在北京举办社会主义法治理念研讨班，原中共中央政治局常委、中央政法委书记罗干出席并讲话。罗干强调，我国社会主义法治理念是先进的法治理念，是真正符合广大人民群众利益和需要的法治理念，其基本内涵可以概括为依法治国、执法为民、公平正义、服务大局、党的领导五个方面。依法治国是社会主义法治的核心内容，执法为民是社会主义法治的本质要求，公平正义是社会主义法治的价值追求，服务大局是社会主义法治的重要使命，党的领导是社会主义法治的根本保证，这五个方面相辅相成，体现了党的领导、人民当家做主和依法治国的有机统一。要全面准确

〔1〕 杜萌：《基本方略的提出形成和发展——访最高人民法院院长肖扬》，载《法制日报》2007年9月15日。

理解社会主义法治理念的本质要求和深刻内涵,并自觉坚持用社会主义法治理念指导实践。2007 年 10 月 15 日,胡锦涛同志在中国共产党第十七次全国代表大会的报告中强调必须“坚定不移发展社会主义民主政治”,“全面落实依法治国基本方略,加快建设社会主义法治国家”,明确指出“各级党组织和全体党员要自觉在宪法和法律范围内活动,带头维护宪法和法律的权威”。报告深化和细化了社会主义法治的内涵,明确了党与宪法、法律的关系,指明了下一阶段我国法治建设的方法和重点。

(三) 必须正确认识社会主义立法发展与科学发展观的关系

党的十六大以来,以胡锦涛为总书记的党中央明确提出了以人为本,坚持全面、协调、可持续的科学发展观。党的十六届五中全会,面对我国即将进入“十一五”重要发展时期的新的历史起点,提出了要以科学发展观统领经济社会发展全局的总体要求。可以说,科学发展观是在全面把握我国经济社会发展阶段性特征,总结我国长期发展的实践经验,正确借鉴世界各国发展经验教训基础上形成的、指导当代中国发展的世界观和方法论,是对社会主义现代化建设指导思想的重大发展。原全国人大常委会委员长吴邦国在总结我国的立法经验时指出:“科学立法、民主立法是提高立法质量的内在要求,必须贯彻于立法活动的整个过程。”[1]

科学是关于“什么是”(what is),而意识形态是关于什么“应该是”(what ought to be)的事物。马克思主义与其他政治意识形态的区别是,它是一个科学而不是一个意识形态,其姿态和内涵是其他社会

---

〔1〕 吴邦国:《全国人民代表大会常务委员会工作报告(2007 年 3 月 11 日)》,载《2008 年中国法律年鉴》,第 7 页。

理论所不具备的，即马克思主义是客观的和有关事实的，而其他科学则或多或少是主观的和推测性的。[1] 作为新时代中国马克思主义的科学发展观正是明确地回答了中国“为什么发展”、“为谁发展”、“靠谁发展”和“怎样发展”等一系列重大的事实问题，既尊重自然、经济和社会的客观规律，又强调物质文明、政治文明、精神文明的共同进步。贯彻落实科学发展观，就要坚持权为民所用、情为民所系、利为民所谋，坚持发展为了人民、发展依靠人民、发展成果惠及人民；就要把推进经济建设、政治建设、文化建设、社会建设统一起来，促进经济社会全面进步和人的全面发展，切实保障人民群众的经济、政治和文化利益；就要发展人民民主，尊重和保障人权，推进社会主义民主的制度化、规范化和程序化，使国家的立法、决策、执行、监督等工作更好地体现人民的意志，维护人民的利益。可见，科学发展观与社会主义立法发展密切相关，立法发展本身就是科学发展观的重要内容，社会主义立法只有以科学发展观为指导才能有所成就，科学发展观只有转化为具体的法律规则并加以遵循，才能得到很好的贯彻落实。

（四）政治运动对立法发展的冲击或者政治片面决定法律的“左倾”思潮是我国立法发展中应当汲取的主要教训

从1957年后的20年中，我国基本上处在政治运动压倒一切和“阶级斗争”一浪高过一浪的时期。由于政治运动连绵不断，尚未完全建立起来的社会主义法律制度遭遇到了严酷的挑战。由于权力过分集中于个人，立法活动的重要性大大降低，甚至是全国人大的立法活动都不能正常开展。新中国的建立本来是要在一切方面建立不同于

---

〔1〕 David M. Walker, Marx, *Methodology and Science*, Ashgate Publishing Company, Burlington, 2001, p. 1.

国民党统治的新秩序，建章立制无论如何都是题中应有之意，但却非常不正常地发生了动乱和浩劫。许多社会主义法律制度的骨干性法律都没有制定出来。这是由于我们党过去长期处于战争和激烈阶级斗争的环境，对迅速到来的新生的社会主义社会和全国规模的社会主义建设事业，缺乏充分的思想准备和科学研究。当时，法的功能仅仅被归结为阶级斗争和国家统治的工具，或者被认为是办事的一个参考。既然法律处于这种地位，所以有没有是没有关系的，而且即使有了，亦可随时改变甚至废弃，法律在社会生活中没有应有的权威。

由于在很长一段时间里，我国的一些领导人和学者将法律当成阶级斗争的工具，严重忽视了法律与权利的深刻关系。于是法律成为管教的工具，因而在抽象的人民利益的前提下，法律却多是规定人民的义务，漠视人民的权利。这与中国长期以来国家本位、官本位、官贵民贱的封建传统又是契合的。因此，在新中国成立后的二十多年中，人们大多习惯于这样的历史传统和习惯，没有意识到法律权利对自身发展和对社会发展的重要性。在"法即是刑"，法即是义务的惯性认识上，社会生活的许多方面自然并不需要太多的法。

当然，就法律与政治之间的关系而言，政治是法律的基础。因此，法与政治的区别是相对的，并不是截然分离的二元状态。有时法与政治的确是混同的，法与政治的一体化状况和趋势一直存在着，这也导致和决定着法与政治之间的密切联系和互动关系。法与政治之间的一体化首先表现为一些政治问题就是法律问题，其次也表现为一些法律问题就是政治问题。既表现为国内法与政治的一体化，也表现为国际法与政治的一体化。[1] 尽管政治在某些方面对法律具有决定性的影响，但法律在一定程度上也能起到规范和制约政治行为的重要作

---

〔1〕 参见卓泽渊：《法政治学》，法律出版社 2005 年版，第 31 页。

用。在历史上,法律与政治之间的关系有一个发展变化的进化过程。如果把法律分为压制型法、自治型法和回应型法三种类型,那么它们与政治就存在着三种递进关系:压制型法旨在建立政治秩序,它从属于权力政治,容易动用政治手段;自治型法注重规则的权威和自治,它虽然仍然与致力于"秩序、控制和服从"的"法治国家"相联系,但却被置于政治之上,与政治秩序保持距离,并与分权相联系;回应型法侧重于对规则和政策的内在价值和政治活动的正义要素的探求,旨在实现某种崇高的政治理想,它的愿望与政治愿望一体化,并与权力混合相联系。就法律与政治之间关系的这种发展趋势而言,正确处理法律与政治的关系,关键在于,在理念和制度上以及在政治和法律实践中,不仅要在宏观上把政治理想与正义、民生幸福统一起来,更要在现实生活中使政治权力始终处于正义和民主幸福的目标指引以及法律的有效约束下。〔1〕

三、结语

纵观新中国的立法发展历程,虽然发生过重大挫折,经验教训极为深刻,但痛定思痛后的拨乱反正却尤显珍贵。新中国成立初期,尽管立法较为活跃,但却带有过于深刻的特殊历史阶段的痕迹,因而尽管诞生了当时难得的、先进的1954年《宪法》,但在总体上却难以对往后的立法发展产生应有的积极影响。1956年后,我国的法治建设曾经获得过稳步发展的时机,但它却不仅错过了时机,而且恰恰从那时开始,走向萧条、停滞直至几乎被废弃的命运。这一命运持续了整整22年,直到1979年前后,才获得转机,揭开了复兴的帷幕。改革开放三

〔1〕 参见胡水君:《法律的政治分析》,北京大学出版社2005年版,第74页。

十多年来的立法发展取得了举世瞩目的伟大成就，为我国立法的科学发展提供了丰富和深刻的经验。

指导我国立法发展的将是日臻完善的科学发展观。科学发展观作为一种崭新的发展观，它是对传统发展观的反思和超越，它意味着要建立一种全新的和全球化的社会生产方式。而这种全新的社会生产方式必将开启一种有别于传统工业文明的新文明，即全球化生态工业文明，并形成一整套有别于传统工业文明的技术、政治、法律、经济和文化体制。随着科学发展观的日益深入，它对立法的现代化和质量也提出了新的更高的要求。它要求从社会发展的实际需要出发，以法律生态化和全球化的理念对现行法律制度进行全面的评价，并按照21世纪环境时代和全球化的要求进行法学理论和法律制度的创新。[1]基于我国社会主义法治理念与法治建设的进取态势，人们有理由相信中国的立法发展也能够顺应科学发展观的规律和要求取得更大的成就。

〔1〕 David S. Law, Globalization and the Future of Constitutional Rights, *Northwestern University Law Review*, Vol. 102, No. 3, 2008, p. 1278.

第二章　新中国的司法成就与展望

现代司法，有的学者称之为“法的适用”，是法的实施的重要方式之一。司法一般被认为是国家司法机关的专门活动，即是国家司法机关依照法定职权和法定程序，具体应用法律处理案件的专门活动。因此，司法权是一种专有权，并且具有排他性，即只能是享有司法权的工作人员才能行使这项权力。[1] 在我国，法官和检察官作为司法人员行使司法权是不存在争议的，而对于律师的活动是否也属于司法范畴则存在不同的认识。有学者认为，律师制度是现代国家法律制度的重要组成部分，它的高度发展和发达程度是现代法治得以产生和维护的重要基石，是司法民主化的重要标志。[2] 1980 年颁布的《律师暂行条例》第 1 条曾把律师定性为“律师是国家的法律工作者”，1996 年通过的《律师法》第 2 条把律师定性为“依法取得

〔1〕 参见张文显主编：《法理学》，高等教育出版社 2003 年版，第 276 页。
〔2〕 参见陈卫东主编：《中国律师学》，中国人民大学出版社 2000 年版，第 32 页。

律师执业证书，为社会提供法律服务的执业人员”。笔者认为，律师无论属于“国家的法律工作者”，还是演化成“为社会提供法律服务的执业人员”等，都是国家司法机关行使司法活动所不可或缺的参与者，是国家司法人员的重要组成部分和独立存在。因此，我国的律师制度也是司法制度的重要组成部分。我国现有的司法体制是：人民法院行使审判权，人民检察院行使检察权，公安机关和国家安全机关行使侦查权，司法行政机关管理司法行政事宜。监狱、劳教机关、公证机关、律师组织和人民调解组织受司法行政机关的领导和指导从事司法活动。各种仲裁机关分别受有关机关的领导或指导，从事仲裁活动。

一、新中国司法制度的创建与磨难

中国共产党非常重视司法制度的建立。早在新民主主义革命时期，伴随着人民政权的建立与发展，人民司法制度就已经孕育发展起来了。如1925年6月在香港广州工人大罢工运动中成立的“省港罢工委员会”就设有武装纠察队、军法处、会审处、特别法庭和监狱以及法制局等司法机关。在农民运动中，农民建立了“审判土豪劣绅特别法庭”、“审判土豪劣绅委员会”、“农民协会”等。农民协会不仅废除了旧区、乡政权的司法权，而且还建立了自己的司法机关——公断处或仲裁部。[1] 在革命根据地建立人民政权时，中国共产党就亲自领导创立了新型的人民司法制度，而且它的组织体系在民主革命时期已经比较完整。1931年以前，在各根据地的地方政府中，就已经建立起

---

〔1〕 参见杨一凡、陈寒枫主编：《中华人民共和国法制史》，黑龙江人民出版社1996年版，第747页。

了革命法庭和裁判部。1931 年中华苏维埃共和国成立后，为了建立革命秩序，在中央执行委员会下设了人民委员会和最高法院，人民委员会下设有司法人民委员会，专管司法行政工作。在中央实行审判与司法行政“分立制”，在地方则采用审判与司法行政“合一制”，不专设司法行政机构，而由审判机关即各级裁判部兼理审判工作与司法行政工作。检察机关在民主革命时期并没有建立独立的体系，而是在各级法院内设立检察机构，而且处于时设时撤的状态。当时司法机关的组织状况是：各级设有政治保卫局、检察部、裁判部，分别行使侦查权、检察权、审判权。国内革命战争以及抗日战争、解放战争时期，各级司法机关是同级政府的组成部分，实行审检合署以及审判机关与司法行政机关“合一制”。为了适应当时革命战争形势的需要，我党不断调整司法制度。总之，司法制度在打击敌人、保护人民、解决人民内部矛盾，保护党领导人民政权等方面发挥了重大的作用。

新中国成立后，根据《中央人民政府组织法》的规定，在中央设立了最高人民法院、最高人民检察署、公安部和司法部，并建立了地方各级人民法院、地方各级人民检察署、地方各级公安机关和各大行政区司法部，分别行使审判、检察、公安和司法行政的职权。中央人民政府委员会并于 1951 年 9 月颁布了《中华人民共和国人民法院暂行组织条例》、《中央人民政府最高检察署暂行组织条例》和《地方各级人民检察署组织通则》。对审判和检察机关的性质、任务、组织体系、组织活动原则以及工作制度等做了系统的规定。在组织制度上人民法院是人民政府的组成部分，受双重领导，人民检察署亦受双重领导。这些规定，在当时对于建立和健全司法机构，加强司法工作，确立司法程序，巩固革命胜利成果，保障国民经济恢复时期党的任务的完成，起到了重要作用。在新中国成立之初，人民法院就积极开展审判工作，从 1950 年至 1953 年，共审判了 900 多万件刑事、民事案件。其中，各级人民法院在“土改”、“镇反”、“三反”、“五反”中，共判处了104万件反革命案件，100多万件严重刑事案件，严厉地惩办了一大批罪大恶极的反革命分子和刑事犯罪分子。

1954年9月，第一届全国人民代表大会第一次会议召开，颁布了新中国第一部宪法，并颁布了《人民法院组织法》、《人民检察院组织法》，我国司法制度进入了一个新的发展时期。根据《人民法院组织法》的规定，人民法院不再是同级人民政府的组成部分。检察机关也不再是同级人民政府的组成部分，而是一个独立的法律监督机关，并改称人民检察院。人民代表大会下的“一府两院”的国家体制从此形成，司法制度的基本框架也构建起来了。

新中国律师制度的建立则比较曲折。1950年12月中央人民政府司法部发出了《关于取缔黑律师及诉棍事件的通知》，明令取缔了国民党的旧律师制度，解散了旧的律师组织。虽然1950年7月，中央人民政府政务院在公布的《人民法庭通则》中规定“应保障被告人有辩护和请人辩护的权利”，但是在1949年至1954年期间，律师制度基本上是被否定的。新的律师制度是从1954年才开始真正建立的。1954年7月，司法部发出了《关于试验法院组织制度中几个问题的通知》，指定北京、天津、上海、沈阳等地先行试办法律顾问处，以便通过试点，在全国推行律师制度。1954年颁布的宪法明确规定，被告人有权获得辩护。当时公布的人民法院组织法也规定，被告人除自己行使辩护权外，可以委托律师、亲属等为他辩护。从1955年开始，全国各地许多市县都开展了律师工作，逐步建立起了我国的律师队伍。1956年1月，司法部向国务院提出了《关于建立律师工作的请示报告》，建议通过国家正式确认律师制度。初建时期的新中国律师制度主要以当时的苏联为效仿对象，其特点是把律师纳入国家公职范围，统一领导，统一工作。至1957年6月，全国有

19 个省、自治区、直辖市成立了律师协会筹备会，共有法律顾问处 817 个，律师 2 878 人。

从 20 世纪 50 年代后期开始，党内出现了“左”的思潮，这种思潮在司法工作中的表现就是轻视法制，主张任意性。“人民法院独立进行审判，只服从法律”等重要原则被否定。律师依法为被告人辩护被错误地理解为或说成是为犯罪分子开脱罪责。1957 年开始的“反右”斗争，把众多的律师打成“右派”，律师制度旋即也告夭折。1958 年，“大跃进”中刮起的“共产风”和“浮夸风”使司法工作进一步受到影响。当时错误地认为可以很快消灭一切反革命活动和其他刑事犯罪活动，司法机关在办理案件中，不再需要各司其职，遵循法律程序，进而推行了所谓的“一长代三长”，即由一人代行公安局长、检察长、法院院长的职权，“一员顶三员”，即由一人代行预审员、检察员、审判员的职权。许多地方的专区和县两级“公、检、法”机关一度合并为“政法公安部”，而且有的检察机关被合并为公安机关下面的“法制室”或“检察科”，实际上已名存实亡。在审判机关中，各地还撤销了铁路和水路专门法院。在这种削弱司法机关的局面下，一些必要的司法制度很快被废除，其中律师制度仅推行两年便被取消。1960 年 2 月，第五次全国司法工作会议继续提出反右倾，倡导人民司法工作的“全面跃进”。在紧接着召开的第六次全国司法工作会议上又提出了“有事办政法，无事办生产”、“有案办案，无案生产”的口号。以后的第七次全国司法工作会议竟说司法程序是“繁琐哲学”，按照程序办案是“旧法观点”，因此要“打破陈规，改旧革新”。

从 1957 年至“文革”前的 10 年中，由于“左”倾思想的错误指导，我国的司法工作开始走下坡路，司法体系被大大削弱。其间，特别是 1962 年，在中共中央召开的中央工作会议上开始总结“大跃进”中的经验教训，司法制度建设也曾有所恢复。1962 年 11 月最高人民法院在总结了几年工作的基础上,制定出了《关于人民法院工作若干问题的规定》,次年又先后召开了第一次全国民事审判工作会议和第一次全国刑事审判工作会议,解决了执行政策、法律和程序制度中的一些具体问题。最高人民检察院经过调查研究,总结了 1958 年至 1962 年期间检察工作的经验教训,并相继恢复了各个业务机构,使检察工作的情况逐渐好转。但是这一良好的反省和纠错局面不久就为 1966 年开始的“文革”风暴所淹没。在“文革”期间,林彪、“四人帮”集团“砸烂公检法”,人民法院行之有效的组织系统、原则制度、工作方法、工作作风,统统被破坏,检察机关被取消,国家司法制度遭到了根本性的破坏。

二、新中国司法制度的发展和成就

“文革”结束后,拨乱反正的重要任务之一是处理历史遗留问题,复查和平反冤假错案。1978 年召开的党的十一届三中全会指出:“为了保障人民民主,必须加强社会主义法制,使民主制度化、法律化,做到有法可依,有法必依,违法必究。”在邓小平的倡导下,党和国家在各个领域进行了拨乱反正,并于 1978 年、1982 年、1988 年、1993 年四次修改宪法,从而使我国社会主义法制建设走上了健康发展之路。据统计,到 1981 年年底为止,各级人民法院复查了“文革”中判处的 120 万件刑事案件,改判纠正了冤假错案 30.1 万件。根据各级人民检察院统计,自 1979 至 1984 年的 6 年间,全国共平反和纠正冤假错案 40 万余件。1980 年 9 月,五届全国人大常委会第 16 次会议决定成立特别检察厅和特别法庭,检察和审判林彪、江青反革命集团案主犯。同年 11 月 5 日,最高人民检察院特别检察厅对江青、张春桥、姚文元、王洪文等 10 名被告向特别法庭提起公诉。11 月 20 日,特别法庭开庭审理，经过2个月零5天的审理，于1981年1月25日作出了判决。这一案件的公开审理，不仅是我国政治生活中的一件大事，而且也引起了全世界的关注。它意味着正义的胜利和我国确立法制原则的决心，表明了在法律面前人人平等、“以事实为根据、以法律为准绳”等司法原则的采用和贯彻。

1978年春，我国最高人民法院恢复了司法行政厅，1979年6月中央政法小组向中央报送了《关于恢复司法部机构的建议》。1979年7月1日五届全国人大二次会议通过的人民法院组织法规定：各级人民法院的司法行政工作由司法行政机关管理，各级人民法院的设置、人员编制和办公机构由司法行政机关另外规定。这就从法律上确定了要建立司法行政机关。1979年9月，五届全国人大常委会第11次会议决定，为了适应社会主义法制建设的需要，加强司法行政工作，恢复设立司法部。同年10月，中共中央、国务院发出《关于迅速建立地方司法行政机构的通知》，1980年7月，国务院批转司法部《关于迅速建立省属市（地区）、县司法行政机构的请示报告》，到1980年年底，从中央到地方都恢复了司法行政机关。1982年1月，中共中央《关于加强政法工作的指示》要求农村区、公社（乡）或集镇设立司法助理员。1982年宪法规定，国务院领导和管理“司法行政”工作，确定了司法行政工作的法律地位。1983年4月，经中央批准，劳改、劳教、监狱工作划归司法部管理。这样，从1983年6月起，各级司法行政机关主管劳改、劳教、律师、公证、司法干部培训、法学教育、人民调解、法制宣传、司法外事和司法建设的理论研究等工作的框架就基本形成了。

邓小平同志指出：“搞四个现代化一定要有两手……所谓两手，即一手抓建设，一手抓法制。”[1] 邓小平同志总结了正反两方面的经

---

〔1〕《邓小平文选》（第3卷），人民出版社1993年版，第154页。

验，十分重视通过健全法制保障改革开放的顺利进行。1979 年 6 月他指出：“为了实现四个现代化，必须发扬社会主义民主和加强社会主义法制。”[1]发扬社会主义民主，加强社会主义法制，旨在“从制度上保证党和国家政治生活的民主化、经济管理的民主化、整个社会生活的民主化，促进现代化建设事业的顺利发展”[2]。邓小平同志认为，没有好的组织制度、工作制度，特别是没有健全与完备的法律制度，单靠人治，就可以使坏人任意而行，使好人无法充分做好事，甚至会走向反面。如果一个党、一个国家把希望寄托在一两个人的威望上，是很不健康的，那样只要这个人有变动，就会出现不稳定。因此，他指出，必须使民主制度化、法律化，使这种制度不因领导人的改变而改变。可以说，邓小平依法治国理论的核心就是“一手抓建设，一手抓法制”的两点论。在这一理论指导下，我国不仅恢复了司法部的设置，而且于 1983 年 6 月召开的六届全国人大第一次会议还决定在国务院成立国家安全部，以加强对国家安全工作的领导。这些规定，从结构上加强了司法机关的建设。另外，五届全国人大第二次会议还对《人民法院组织法》和《人民检察院组织法》做了适当修改。同时制定或重新颁布了《律师暂行条例》、《公正暂行条例》等。1995 年 2 月，八届全国人大常委会第 12 次会议通过了《中华人民共和国法官法》和《中华人民共和国检察官法》，分别对法官、检察官的地位、职责、权利和义务、任职条件、奖惩等作出了规定。这些有关司法制度的法律、法规的颁布实施，标志着我国司法制度的全面恢复和日趋健全。

从改革开放到现在，党一贯重视政法工作，领导人民制定了大

---

〔1〕《邓小平文选》（第 2 卷），人民出版社 1994 年版，第 187 页。

〔2〕同上书，第 336 页。

量社会主义建设所必需的法律、法规，基本建立起了社会主义法律体系。到2015年年初，我国已制定法律240多部，行政法规700多部，地方性法规8 600多部，行政规章3万多个，国家经济、政治、文化、社会生活的各个方面基本实现了有法可依。法学教育有了很大的发展，充实了司法队伍，司法制度也逐步完备。法院组织体系逐步完善，不仅建立了四级两审终审制的普通法院体系，而且建立了铁路运输法院、海事法院、军事法院等专门法院。检察机关、公安机关的建设也得到了长足的发展。

律师制度的快速发展则成了我国司法制度发展速度和水平的一个坐标。2012年全国已有专职律师208 356人，兼职律师10 108人，律师事务所19 361家。与律师事务所签约的法律顾问单位447 993处，律师从事民事诉讼代理1 779 118件、行政诉讼代理43 312件、刑事辩护576 050件、非诉讼法律事务585 358件、解答法律咨询436.92万件、代写法律事务文书733万多件。[1]

表2　1986—2012年我国专、兼职律师人数统计表

年份	专职律师	兼职律师
1986	14 500	7 646
1987	18 308	8 972
1988	21 051	10 359
1989	23 766	19 767
1990	23 599	15 170
1991	18 878	10 662

〔1〕 参见《2012年律师、公证、调解工作基本情况统计表》，载《2013中国法律年鉴》，中国法律年鉴社2013年版，第1226页。

续表

年份	专职律师	兼职律师
1992	22 124	12 391
1993	30 401	16 793
1994	40 730	20 171
1995	45 094	17 994
1996	47 879	20 243
1997	47 574	18 695
1998	51 008	17 958
1999	61 761	17 082
2000	69 117	15 739
2001	67 558	13 699
2002	90 012	12 186
2003	99 793	6 850
2004	100 875	6 966
2005	114 471	7 418
2006	122 242	8 065
2007	128 172	7 842
2008	140 135	8 116
2009	155 457	8 764
2010	176 219	9 294
2011	192 546	9 740
2012	208 356	10 108
2013	未公布	未公布

资料来源:各年度《中国法律年鉴》。

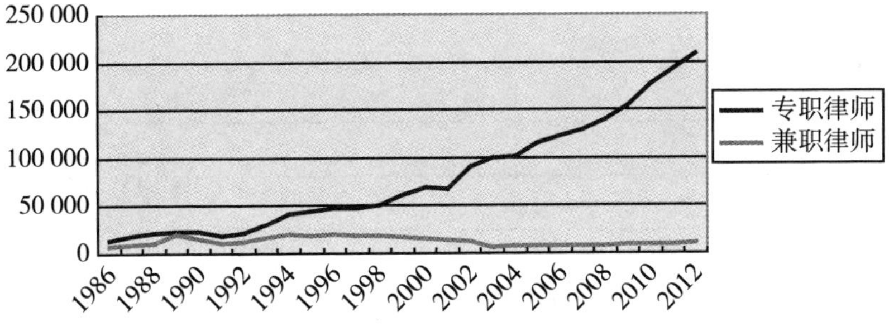

图 2　1986—2012 年我国专、兼职律师人数变化图

资料来源：各年度《中国法律年鉴》。

司法机关办理了数以百万计的各种案件，维护了国家的安全、社会的稳定以及人民生命、财产安全，在社会生活中发挥了越来越大的作用。法院在定纷止争方面发挥了空前的作用，在人民心目中的地位逐步提高，人们的法律意识大大增强。1990 年全国各级人民法院共受理包括一审、二审、再审、申诉申请再审、赔偿案件、执行、减刑、假释在内的各类案件 291. 6 万余件，1991 年为 305. 1 万余件，到 2005 年已经增长至 798. 4 万余件，2006 年为 809. 2 万余件，2009 年突破千万达到 1 051. 1万余件，2013 年达到1 337. 1万余件。从增长的变化曲线看，呈现出了波浪起伏和浪尖走高的趋势。这一增长趋势，虽然包含有一定的“滥用诉讼手段的倾向”[1]，但在总体上还是体现出社会公众的法律意识、诉讼观念不断增强，把诉讼当做实现其权利的重要手段的情况。当前，构建社会主义和谐社会要求我国建立起一个科学的纠纷解决机制，其中一个很重要的方面就是要正确处理诉讼纠纷解决机制与非诉讼纠纷解决机制之间的关系。这一关系的平衡与互助实际上也主要取决于我国司法体制的进一步健全和主导。

---

〔1〕 程琥：《依法治国背景下的纠纷解决机制研究》，载李林、王家福主编《依法治国：十年回顾与展望》，中国法制出版社 2007 年版，第 295 页。

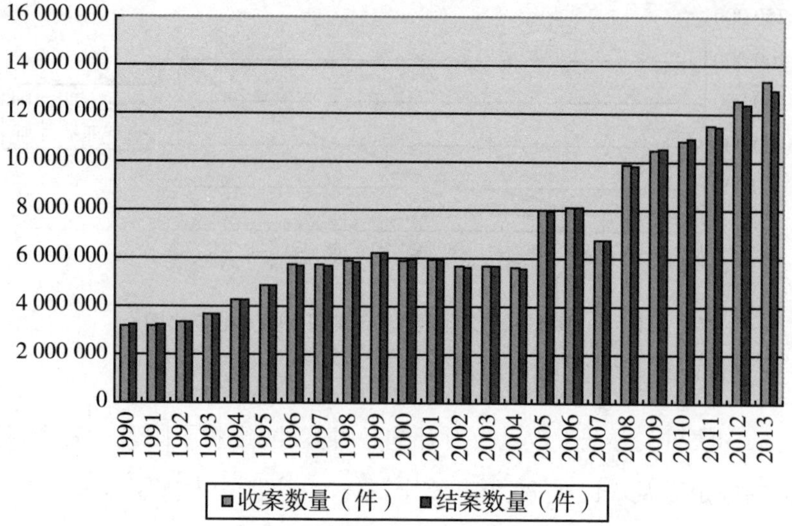

图 3　1990—2013 年全国法院收案、结案数量变化表

数据来源：各年度《中国法律年鉴》。

三、司法改革与和谐社会

1997 年 9 月，中国共产党第十五次全国代表大会胜利召开。大会确立了依法治国，建设社会主义法治国家的治国方略，并提出到 2010 年要形成一整套中国特色的社会主义法律体系。1999 年九届全国人大第二次会议对宪法进行修改，将邓小平理论、依法治国载入宪法，从而使我国法治建设进入了一个新的历史时期。为了实现法治，必须重视司法制度的建设，积极发挥司法在社会生活中的调节作用。随着我国社会主义现代化建设事业的发展，司法在调整社会生活中的作用越来越大。司法对于维护国家与社会安定，维护社会主义市场经济秩序，惩治和铲除腐败，实现民主与公正，推进社会和谐等方面发挥着无以替代的积极作用。没有科学完善的司法制度，法治只能是空中楼阁，和谐社会的构建也将缺乏必要的秩序保障。

加强司法制度建设，必须推行司法改革。推行司法改革，必须坚持党的领导。这就是说，只有在中国共产党的统一领导下，司法改革才有正确的方向、明确的目标，也才能保证在全国范围内自上而下有步骤地推进，唯有坚持党的领导，才能从体制上、制度上进行深层次的改革，协调各部门的利益。多年来，我们不难发现，各个部门都曾尝试性地进行了司法改革，但是这些改革充其量不过是工作方式的调整，严格来说并不是司法改革。因为任何一个部门均不能改革涉及其他部门职权范围内的权责，这就迫切要求党中央统一组织、协调，成立司法改革的专门机构，从整个司法体制上加以改革。2003 年 5 月，中央政法委成立了由罗干同志任组长的中央司法体制改革领导小组，指导全国司法体制改革工作的进行。这一举措体现出了中央对司法改革工作的高度重视，并且使得中央对司法改革的领导进一步制度化、规范化和组织化。由于司法制度的设置方式和运作程序涉及特定的社会主义法治原则和理念，涉及党的执政方式和目标纲领的实现，因此，党领导确立司法制度，领导司法改革，是实现党对司法工作政治领导的一种基本方式。[1] 在推进司法改革的过程中，要正确处理党的领导与司法机关独立办案的关系。二者不是对立的关系，司法是在党领导下人民治理国家的重要工作，但党的领导不是代替司法机关办案，而是方针、路线、政策的领导。党在领导人民制定出反映全体人民意志的法律后，司法部门严格依法办案，就是坚持党的领导的具体表现。在司法机关办案遇到阻力时，党要帮助司法机关排除阻力，目的同样是保证司法机关办案不受其他单位和个人的干预。党的各级领导要力戒用批条子、打招呼的形式去影响司法机关的办案活动。同时，司

〔1〕 参见冉井富：《加强和改善党对司法工作的领导方式》，载李林、王家福主编《依法治国：十年回顾与展望》，中国法制出版社 2007 年版，第 356 页。

法机关在依法办案的过程中，还应执行党在特定时期不同的刑事政策，如特定时期“宽严相济”的政策。

毋庸讳言，近一个时期，司法腐败、司法不公等现象较为严重。这既有社会主义市场经济发展过程中社会转型时期出现各种问题的原因，同时也有司法制度不健全、存在缺陷的原因。随着社会主义市场经济秩序的逐步建立以及社会主义法治的发展，现行的司法制度在某些方面已不再适应变化了的社会要求，为此，必须改革完善司法制度，必须看到进行司法改革的必要性和紧迫性。江泽民同志在党的十五大报告中已经提出，要“推进司法改革，从制度上保证司法机关依法独立公正地行使审判权和检察权”。十五大的召开，为司法改革指明了方向，而司法改革的目标主要是实现司法公正和效率。

在推进司法改革过程中，必须树立法院的权威与公正形象。法院作为各种社会纠纷的裁判者，其公正执法是维护法律尊严，实现社会稳定的基石。法院在党的领导下独立执法，法院依法审判，只服从法律。目前，法院受地方政府的牵制太多，致使司法活动受到地方保护主义的干涉，破坏了国家法制的统一，司法公正性以及党的威信受到严重的损害。为此，法院财政应独立于地方政府的体制，由国家设立专项经费，防止地方保护主义的利益驱动对司法统一的破坏。法院内部也应进行改革，实行严格的法官资格取得制度、选拔制度、培训机制以及法官职务保障措施与惩戒制度（包括训诫、停职、开除等）。法院还应进行审判组织方面的改革，完善合议制与独任制，发挥合议庭与独任法官的积极性，实现“审者判、判者审”的“审、判合一”，逐步减少乃至废除审判委员会听取汇报裁判案件、违反现代诉讼原则的制度。在思想和法官道德建设上，应发挥党的政治思想工作的优势，加强法官职业道德建设和对违反职业道德的惩戒。

司法改革还应重新认识与确立公检法之间的关系。公检法三机关分工负责、互相配合、互相制约的关系在一定程度上混淆了三机关尤其是法院与非法院之间的区别。法院之为法院，就在于它是社会纠纷的裁决机构，其中立性、被动性是其公正司法的前提，是实现法治的根本保证。为此，必须区分法院与非法院，应逐步树立法院的公正形象，使法院成为公正的象征，为人们所尊崇。为实现司法制度的民主化，需要重新配置国家权力，凡是限制、剥夺公民人身、财产、隐私权的权力应由法院行使，防止公安机关等行政机关滥用权力侵犯公民的宪法权利。检察机关作为法律监督机关，应着重做好对职务犯罪的侦查以及对所有刑事案件的审查起诉与支持公诉，应加强检察机关对公安机关侦查活动的指挥、领导，实现追诉效益的最大化，并需进一步改革完善检察机关对法院裁判的抗诉机制。

律师制度是实现司法民主的重要标志。近几年来，我国律师队伍不断壮大，但仍不能满足社会的需要。应进一步发展和完善律师制度，发挥律师在法治建设中的积极作用。律师是法治社会中的重要力量，应正确认识律师的性质，改革律师管理体制以及律师组织形式，创造律师依法自由执业的良好环境，大力提高律师的政治和社会地位。2007 年 10 月修订的《律师法》将律师定位于“依法取得律师执业证书，接受委托或者指定，为当事人提供法律服务的执业人员”。这与修订前《律师法》规定的“依法取得律师执业证书，为社会提供法律服务的执业人员”的提法相比较而言，虽然在律师服务的对象设定上更加明确了，但是对于律师在司法制度和社会中的地位问题却仍然没有设定和表述。美国 1983 年通过、1991 年修正的《律师职业行为示范规则》序言中规定“律师是当事人的代理人，是法制工作者，是对法律的顺利实施和司法的质量负有特殊责任的公民”[1]。日本于 1949 年施

〔1〕 青锋：《美国律师制度》，中国法制出版社 1995 年版，第 153 页。

行的《律师法》第1条规定："律师以拥护基本人权、实现社会正义为使命。律师基于前项使命，必须诚实地履行职务，在社会秩序的维护和法律制度的改善中做出努力。"[1]德意志联邦共和国1959年实施的《律师法》第1条"律师在司法制度中的地位"规定："律师是独立的司法人员。"第2条规定"律师为自由职业者"。[2] 从美日德等国的律师规则或法律中都可以看到一个共同点，就是将律师在司法制度中的地位或理念予以崇高的定位。这一做法是值得我们在进一步完善律师法中予以注意和参考的。

为了提高法官、检察官、律师以及法律职业人的认同感，应当实行法律职业一体化。为此，应当改革法学教育制度，促成能够培养并保持高素质司法从业人员的合理机制。具体包括：在统一资格考试制度的基础上建立起统一的司法研修制度，法曹一元制度，系统的职业道德培育制度等。

总之，司法改革涉及社会生活的各个方面，在当下的中国更是具有社会形态建设上的现实意义，即司法改革或许可以作为和谐社会建构的突破口。司法制度作为一种与人民生活息息相关的制度，其存在的功利和弊病都比较容易被发现和得到改良。通过对司法权力的过小和过大的反省，必然会进而涉及对整个司法制度的反省和重新建构。从司法制度改革切入和谐社会建构，可以借助二十多年市场经济体制改革成功的合法性资源，其正当性较容易为各方所接受。当然，司法改革要尽量与我国深化政治体制改革的整体规划相配套，与政治体制改革的力度、强度、速度相适应，要避免司法体制"孤军深入"的超

---

〔1〕《日本辩护士法》，载《模范六法》，日本三省堂1999年版，第187页。

〔2〕司法部法规司组织翻译：《外国律师法规选编》，法律出版社1992年版，第1页。

前改革。[1] 司法体制改革一旦全面启动，按照其内在的逻辑，必将涉及对整个立法、行政体制进行检讨和反省。同时，从法律领域着手，以法律人的思维和理性来切入和谐社会建构，其思想思维和法律理性也可以缓和政治体制改革所带来的剧烈动荡和观念冲击。

四、司法改革的方向

习近平总书记在2014年1月召开的中央政法工作会议上强调，司法体制改革是政治体制改革的重要组成部分，对推进国家治理体系和治理能力现代化建设具有十分重要的意义。要加强领导、协力推动、务求实效，加快建设公正、高效、权威的社会主义司法制度，更好地坚持党的领导、更好地发挥我国司法制度的特色、更好地促进社会公平正义。可以说，习总书记的讲话，既明确了我国司法体制改革的性质，又进一步指出了我国司法改革在国家法治建设中的重要意义。

2014年10月23日党的十八届四中全会通过的《中共中央关于全面推进依法治国若干重大问题的决定》，从全面推进依法治国的战略高度要求："必须完善司法管理体制和司法权力运行机制，规范司法行为，加强对司法活动的监督，努力让人民群众在每一个司法案件中感受到公平正义。"2015年1月30日中央全面深化改革领导小组第九次会议强调，党的十八届四中全会着眼于解决影响司法公正、制约司法能力的深层次问题，着眼于破解影响法治社会建设的体制机制障碍，对深化司法体制和社会体制改革作出了全面部署，专门制定一个实施方案非常必要。会议审议通过了《关于贯彻落实党的十八届四中全会

---

〔1〕 参见李林：《司法改革价值转向：从独立到公正》，载《中国社会科学报》2009年7月1日。

决定进一步深化司法体制和社会体制改革的实施方案》。实施方案明确了各项改革任务的政策取向、责任分工、时间进度和成果要求，特别是注意把握了三中全会、四中全会有关司法体制和社会体制改革举措的内在联系，注重统筹政策、方案、力量和进度，以确保改革任务相互协调、改革进程前后衔接、改革成果彼此配套。各有关部门要自觉支持改革，主动把配套政策和保障措施落实到位。要抓住在司法体制和社会体制改革全局中居于基础性和制度性地位、牵一发而动全身的重点事项进行攻坚，以重点事项突破和带动改革的全面开展。要及时检查、及时评估，把解决了多少突出问题、群众对问题解决的满意度作为检验司法体制和社会体制改革成效的标准。可以预见，在未来几年中，我国的司法改革必将全面深化，取得更大成就。

第三章　法的功能与作用

功能，指事物所具有的积极作用，所谓“作用”即对人或事物发生影响。[1] 法的功能，即法所能发挥的有利作用，亦即法的效能。我国许多法理学教科书在习惯上往往将这一专题写成“法的作用”，当然也有以“法的功能”作为章节题目展开论述的著作。其原因是法理学者对“功能”(function, use, capability, etc.)与“作用”(affect, action, effect, etc.)的异同和认识存在一定的差异。“功能”与“作用”虽然相似，但也有一定的差异。因此“法的功能”与“法的作用”也存在着一致和差异。目前，有的学者将“法的功能”与“法的作用”看成是基本相同、相近或通用的概念，有的则强调两者的不同或本质差

[1] 参见翟文明、李冶威主编：《现代汉语辞海2》，光明日报出版社2002年版，第379页。

异。[1] 作者认为,“法的功能”与“法的作用”尽管存在着许多相同或相似的元素,但是也存在着不一致的情况,两者在本质上是有区别的、是可分的。从马克思(1818—1883 年)、恩格斯(1820—1895 年)、列宁(1870—1924 年)等对法的功能与作用的论述,到今天中国特色社会主义法的功能与作用的实践,可以清楚地看出法的功能与作用的联系与区别。

一、马克思、恩格斯、列宁和维辛斯基的学说

(一) 马克思、恩格斯论法的功能与作用

马克思在取得耶拿大学哲学博士学位后的第二年即 1842 年间,发表了一系列有关法的性质和功能的论文,对法的属性、功能和效力提出了独到的见解。马克思在 1842 年三四月间写作的《第六届莱茵省议会的辩论——关于新闻出版自由和公布省等级会议辩论情况的辩论》一文中,揭示了法对自由的确认功能。马克思指出:“新闻出版法就是对新闻出版自由在法律上的认可。它是法,因为它是自由的肯

[1] 参见例如,周旺生教授认为,法的功能和法的作用是形式上相似而实质上有别的两个事物。法的功能是法所固有的内在属性,而法的作用是被赋予和设定的;法的功能是法所固有的稳定属性,而法的作用则需常有变动;法的功能是法所固有的应然属性,而法的作用则具有现实的指向。法的功能主要是描述性的,法律人应把握法的功能的天然禀性,尊重法的规律来发现和表述法的功能,使法的功能的潜质尽可能得以实现,不要去做形式上所谓“充分发挥”而实质上则属于画蛇添足的徒劳工作。法的作用主要是规定性的,法律人应在充分利用既有条件的基础上,更好地创设和发挥法的作用,使其能够适合国家、社会和公民生活的实际需求。参见周旺生:《法的功能和法的作用辨异》,载《政法论坛》2006 年第 5 期。有的学者认为,法的功能即法的做功能力或者功用与效能,是指法内在所具有的、对社会有益的功用和效能。法的功能的定义本身就决定了其具有内在性、应然性、有益性的特点。法的作用则不同于法的功能,它是法在社会中所产生的各种影响的总称,它是外在的、突然的、中性的、并不确定的。参见卓泽渊主编:《法理学》,法律出版社 1998 年版,第 56—57 页。

定存在。所以，甚至当它完全没有被采用的时候，例如在北美，它也必须存在，而书报检查制度正如奴隶制一样，即使它千百次地作为法律而存在，也永远不能成为合法的。”[1]马克思在1842年七八月间写作的《历史法学派的哲学宣言》一文中，批判了胡果提出的“动物本性是人在法律上的特征”的荒谬观点，认为法的功能与作用并不是“专制暴力”。马克思指出：按照胡果的说法：“法就是动物的法，但有教养的现代人则不说‘动物的’这种粗野而坦率的字眼，而说‘组织法’之类的术语了，因为在说到组织的时候，谁会立即想起动物的机体呢？胡果说，在婚姻以及其他道德法律制度中都没有理性，而现代的先生们则说，这些制度固然不是人类理性的创造物，但它们却是更高级的‘实证’理性的反映，其他一切东西莫不如此。只有一个结论他们都是用同样粗野的语调来表达，那就是：专制暴力的法。”[2]马克思在1842年11月撰写的《〈莱茵报〉编辑部为〈论新婚姻法草案〉一文所加的按语》中，批判了莱茵法学割裂法与精神的联系，认为法的效力、责任和伦理是既有区别又有联系、相辅相成的。马克思指出：“这种世界观由于用肤浅的方式把信仰同法的意识分开，不是解决最麻烦的冲突，而是把它劈成两半；它把法的世界同精神的世界，从而把法同精神割裂开来，这样也就把法学同哲学割裂开来了。而在反对这里所讨论的法律时，旧普鲁士法学的完全站不住脚则以最明白无误的方式更加突出地表现出来了。如果说任何立法都不能颁布法令让人们去做合乎伦理的事情是正确的，那么说任何立法都不能承认不合伦理的事情是合法的就更是正确的了。”[3]马克思在1842年12月发表的《论离婚法草案》一文中再次重申了对法的效力的界限及其与伦理的区别与联

---

〔1〕《马克思恩格斯全集》(第1卷)，人民出版社1995年版，第176页。
〔2〕同上书，第238页。
〔3〕同上书，第316页。

系。马克思说:“我们再一次重审我们已经发表过的意见:‘如果任何立法都不能颁布法令让人们去做合乎伦理的事情,那么任何立法更不能承认不合伦理的事情是合法的。’……如果婚姻不是家庭的基础,那么它也就会像友谊一样,不是立法的对象了。”〔1〕而法的功能或作用的健全与否是与法律的性质密切相关的,法律越是体现人民意志,法律的功能也就越健全。马克思在表达这一观点时指出:“只有当法律是人民意志的自觉表现,因而是同人民的意志一起产生并由人民的意志所创立的时候,才会有确实的把握,正确而毫无成见地确定某种伦理关系的存在已不再符合其本质的那些条件,做到既符合科学所达到的水平,又符合社会上已形成的观点。……对于婚姻,立法者只能规定,在什么样的条件下婚姻是允许离异的,也就是说,在什么样的条件下婚姻按其实质来说是已经离异了。法院判决的离婚只能是婚姻内部瓦解的记录。立法者的观点是必然性的观点。”〔2〕

恩格斯也早在1842年6月撰写的《普鲁士新闻出版法批判》一文中,就对资本主义法的“压制”功能、作用和发挥作用的条件等问题有所论述了。恩格斯指出:“普鲁士人有两条途径发表自己的意见。他们可以在普鲁士境内发表,但须接受当地的书报检查;或者,如果在当地发表有麻烦,还可以在普鲁士境外发表,这时或者要接受另一个邦的书报检查,或者可享受境外的新闻出版自由。不管在哪种情况下,国家都有权对可能出现的违法行为采取压制措施。……要对普鲁士新闻出版法的总体状况作出评价,非常重要的一点就是不要忽略法律上的各种压制措施。”〔3〕由于当时没有专门的压制性新闻出版法,与

〔1〕《马克思恩格斯全集》(第1卷),人民出版社1995年版,第347页。
〔2〕同上书,第349页。
〔3〕《马克思恩格斯全集》(第2卷),人民出版社2005年版,第462页。

此有关的法律散见于普鲁士邦法的各个条款，而这些法律又写得极其含糊，特别是涉及新闻出版的条文，很容易作出极其宽泛的、随心所欲的解释，以致只有通过司法实践才能对这些法律作出基本判断。恩格斯建议，为了充分发挥普鲁士新闻出版法的功能和作用，不仅要重视司法实践，使“法官对某些规定的惯用的解释就应当成为立法的重要补充因素”，而且对于包含“蛮横”、“无礼”等模糊概念的《刑法》第151条规定，“最好呈请法律修改委员会处理”。[1] 恩格斯在1842年6月撰写的《〈刑法报〉停刊》一文中，从陪审法庭的合理性角度，认为法不仅具有评价作用，而且还具有教育和保证作用。恩格斯指出：“司法权是国民的直接所有物，国民通过自己的陪审员来行使这一权力，这一点不仅从原则本身，而且从历史上来看都是早已证明了的。我根本不想谈陪审法庭的优越性和保证作用，在这里哪怕再说一句话也是多余的。但是世界上毕竟存在顽固不化的法学家和咬文嚼字的人，他们的座右铭是：只要法律得胜，哪怕世界毁灭！不受拘束的陪审法庭当然不合他们的心意。因为这不仅会使他们丧失司法职权，而且会使法律的神圣的条文，即死板的、抽象的法面临危险。而这个法是不能丢失的，它是他们的帕拉斯神像，因此，如果在法国或英国，有一个不幸的无产者在饥饿难忍的时刻偷了一文钱的面包，而陪审团宣布他无罪，这时，尽管依据证人的证明和被告的供述，事情已经查明，这班老爷们仍然会惊恐万状地大喊大叫起来。他们得意扬扬地大叫：‘呀，陪审法庭带来的后果，财产的安全，甚至生命的安全受到危害，非法行为得到认可，犯罪和革命公然得到宣扬！’”[2] 恩格斯在论述法的功能与作用时的一个显著特点是既揭示了法的积极功能与作用，又揭示了法

---

〔1〕《马克思恩格斯全集》（第2卷），人民出版社2005年版，第466页、第472页。
〔2〕同上书，第532页。

的消极功能与作用。他在《家庭、私有制和国家的起源》中指出："官吏既然掌握着公共权力和征税权，他们就作为社会机关而凌驾于社会之上。从前人们对于氏族制度的机关的那种自由的、自愿的尊敬，即使他们能够获得，也不能使他们满足了；他们作为日益同社会脱离的权力的代表，一定要用特别的法律来取得尊敬，由于这种法律，他们就享有特殊神圣和不可侵犯的地位了。文明国家的一个最微不足道的警察，都拥有比氏族社会的全部机关加在一起还要大的'权威'；但是文明时代最有势力的王公和最伟大的国家要人或统帅，也可能要羡慕最平凡的氏族首长所享有的，不是用强迫手段获得的，而是无可争辩的尊敬。后者是站在社会之中，而前者却不得不企图成为一种处于社会之外和社会之上的东西。"[1]

马克思在1843年3月至9月间写作的《黑格尔法哲学批判》一文中，对法的功能与法的作用的区别与联系有专门论述。马克思指出："在一切不同于民主制的国家中，国家、法律、国家制度是统治的东西，却没有真正在统治，就是说，并没有物质地贯穿于其他非政治领域的内容。在民主制中，国家制度、法律、国家本身，就国家是政治制度来说，都只是人民的自我规定和人民的特定内容。"[2]这就是说，法律具有"统治"的功能，但其发挥作用的前提是"在民主制中"，因此在非民主制的国家中，法律并没有起到"真正在统治"的作用。在《黑格尔法哲学批判》中，马克思还特别强调法律的"确认"功能，他在批判黑格尔关于"考试"与"官职"的构思时指出："'考试'无非是共济会的那一套仪式，无非是从法律上确认国家公民知识是一种特权而已。"[3]在1843年10月至12月间撰写的《〈黑格尔法哲学批判〉导言》中，马克

〔1〕《马克思恩格斯全集》（第21卷），人民出版社1965年版，第195页。

〔2〕《马克思恩格斯全集》（第3卷），人民出版社2002年版，第41页。

〔3〕同上书，第65页。

思又从德国政府的“折衷主义”立法观出发，阐述了恶法对“国家形式的罪恶”的“确认”作用。马克思说：“世界上有没有一个国家，像所谓立宪德国这样，天真地分享了立宪国家制度的一切幻想，而未分享它的现实呢？而德国政府忽发奇想，要把书报检查制度的折磨和以新闻出版自由为前提的法国九月法令的折磨结合在一起，岂不是在所难免！正像在罗马的万神庙可以看到一切民族的神一样，在德意志神圣罗马帝国可以看到一切国家形式的罪恶。”〔1〕恩格斯在1942年12月撰写的《谷物法》一文中，也从谷物法的废止角度，阐明了法的“确认”和保护功能的终结理由。恩格斯指出：“谷物法废除以后，更会是这样，那时，租佃者将完全不依附于地主，这是由于谷物法废除之后，租佃契约必然要按全新的条件来签订。贵族以为他们推行谷物法是用了个了不起的妙计，但是他们由此得到的钱远远抵不上这些法律给他们带来的损失。而这种损失恰恰在于：从这时起，贵族不再以农业的代表身份出现，而是以自己私人利益的代表身份出现了。”〔2〕恩格斯在这里，实际上揭示了剥削和压迫租佃者的法律被废除后，旧法所具有和保护的法律关系也必然发生变化，最终将为新的法律关系所取代。在1843年10月至12月间写作的《论犹太人问题》一文中，马克思认为法律具有规定自由的界限的功能与作用，或说具有“界桩”的责任。马克思说：“自由是可以做和可以从事任何不损害他人的事情的权利。每个人能够不损害他人而进行活动的界限是由法律规定的，正像两块田地之间的界限是由界桩确定的一样。”〔3〕

马克思、恩格斯对法的功能与作用的最集中、最高度的总结在于《德意志意识形态》和《共产党宣言》两书。《德意志意识形态》被认为

〔1〕《马克思恩格斯全集》（第3卷），人民出版社2002年版，第210页。

〔2〕同上书，第421页。

〔3〕同上书，第183页。

是马克思历史唯物主义法学形成的标志。[1] 在这部著作中，马克思、恩格斯第一次明确阐述了生产力决定生产关系、市民社会决定上层建筑的原理，并以此为理论根据，揭示了法的产生、作用、发展和消亡的历史规律。马克思、恩格斯在书中指出："那些不依个人'意志'为转移的个人的物质生活，即他们的相互制约的生产方式和交往形式，是国家的现实基础……这些现实的关系绝不是国家政权创造出来的，相反地，它们本身就是创造国家政权的力量。在这种关系中占统治地位的个人除了必须以国家的形式组织自己的力量外，他们还必须给予他们自己的由这些特定关系所决定的意志以国家意志即法律的一般表现形式。这种表现形式的内容总是决定于这个阶级的关系，这是由例如司法和刑法非常清楚地证明了的……他们个人的权力的基础就是他们的生活的条件，这些条件是作为对许多个人共同的条件而发展起来的，为了维护这些条件，他们作为统治者，与其他的个人相对立，而同时却主张这些条件对所有的人都有效。由他们的共同利益所决定的这种意志的表现，就是法律。"[2] 在《共产党宣言》中，马克思、恩格斯又对资产阶级法的本质与法的功能的阶级性、斗争性、历史性做了深刻揭露："然而，你们既然用你们资产阶级的关于自由、教育、法等等的见解，来衡量我们要废除资产阶级所有制的主张，那么就请你们不要同我们争论吧。你们的观念本身是资产阶级的生产关系和资产阶级的所有制关系的产物，正像你们的法不过是奉为法律的你们阶级的意志，而这种意志的内容是由你们这个阶级的物质生活条件来决定的。你们的偏颇观念，驱使你们把自己的生产关系和所有制关系从生产发展过程中暂时的历史性的关系夸大成为永久的自然规律

〔1〕 参见邸瑛琪、房清侠：《马克思恩格斯刑法思想研究》，中国人民公安大学出版社2002年版，第2页。

〔2〕《马克思恩格斯全集》（第1卷），人民出版社1965年版，第377—378页。

和理性规律，而你们的这种偏颇观念原是过去一切灭亡了的统治阶级所共有的。”[1]与资产阶级不同的是，“无产者是没有资产的，他们和妻子儿女的关系是同资产阶级的家庭关系完全不同的，现代的工业劳动，现代的资本压迫，无论在英国或法国，也无论在美国或德国，都是一样的，都已经使无产者失去任何民族性了，法律、道德和宗教，在他看来全都是维护资产阶级利益的资产阶级的偏见。过去的一切阶级在争得统治权之后，总是力图把已经获得的生活地位巩固起来，使全社会都服从那保障他们的占有方式的条件。无产者只有消灭自己现有的占有方式，从而消灭全部至今存在的占有方式，才能获得社会的生产力。无产者本身并没有什么必须加以保护的东西，他们必须打破至今保护过和保障过私有财产的一切……无产阶级是现代社会的最下层，它如果不摧毁压在自己头上的，由那些组成官方社会的阶层所构成的全部上层建筑，就不能抬起头来，挺起腰来”。[2]

（二）列宁论法的功能与作用

列宁非常重视区分资产阶级法与无产阶级法的功能与作用，在建立苏维埃共和国时期和进行社会主义建设时期，对社会主义法的阶级统治、管理、指引和教育等功能都有精辟和具体的论述。列宁在1918年1月写作的《被剥削劳动人民权利宣言》中指出：立宪会议的基本任务包括“批准苏维埃关于工人监督和关于最高国民经济委员会的法令，以便保证劳动人民对剥削者的统治……立宪会议拥护苏维埃政权和人民委员会的法令，并且认为它本身的任务仅限于规定对社会进行社会主义改造的根本原则”[3]。列宁在1918年3—4月份写作的《苏

---

〔1〕《马克思恩格斯全集》（第4卷），人民出版社1965年版，第485页。

〔2〕同上书，第477页。

〔3〕《列宁选集》（第3卷），人民出版社1972年版，第404页。

维埃政权的当前任务》一文中强调了包括立法在内的司法工作的国家管理和教育职能，他指出："随着政权的基本任务已经逐渐由武力镇压转到管理工作……在尚未颁布解散资产阶级官僚司法机关的任何法令以前，他们就已经开始组织自己的即工农的法庭。可是革命的人民的法庭还是非常非常的软弱。还可以感觉到，群众把法庭看做一种与自己无关的衙门，这种由于地主资产阶级压迫而留传下来的观点，还没有彻底打破。群众还没有充分意识到，法庭正是吸引全体贫民参加国家管理的机关（因为司法工作也是国家管理的一种职能），法庭是无产阶级和贫苦农民的政权机关，法庭是教育人民遵守纪律的工具。"[1]列宁在1919年4月发表的《关于农村工作的报告》中，揭示了社会主义法的指引作用。他指出："我们的关于农民经济的法令基本上是正确的。我们没有理由放弃其中任何一个法令或者感到后悔。法令虽然是正确的，如果强迫农民接受就不正确了。在任何一个法令中都没有这样说过。这些法令是正确的，它们指出道路，号召人们采取实际措施。我们说'鼓励联合'，我们是发出指令，这些指令应当经过多次试验，以便找到实行这些指令的最终形式。既然说必须自愿，也就是说，要说服农民，要实际地说服农民。"[2]另外，列宁认为社会主义法不能单独发挥管理作用，必须以一定的"文化水平"为前提。列宁在1919年3月发表的《关于党纲的报告》中指出："只有当全体居民都参加管理工作时，才能彻底进行反官僚主义的斗争，才能完成战胜官僚主义。这在资产阶级共和国里，不仅不可能，而且法律本身也妨碍这样去做。最好的资产阶级共和国，不管它怎样民主，也有无数法律上的障碍阻挠劳动群众参加管理。我们已经彻底扫除这些障碍，但

[1] 《列宁选集》（第3卷），人民出版社1972年版，第518页。
[2] 同上书，第804页。

是直到今天我们还没有达到使劳动群众能够参加管理的地步,因为除了法律,还要有文化水平,而你是不能使它服从任何法律的。”[1]

列宁在谈到法的功能与作用时,特别揭露了资产阶级法的反动本质和残酷压迫统治人民的机能。他在1918年11月写作的《无产阶级革命和叛徒考茨基》一文中指出:“考茨基只是对问题的形式法律方面感兴趣,所以你一读到他对苏维埃宪法发表的议论,就会不由自主地想起倍倍尔的话:法律家是彻头彻尾的反动分子……资本主义国家那班十足资产阶级的而且大部分是反动的法律家,在几百年或几十年中周密地制定了极其详尽的条规,写上几十本几百本的法律和解释法律的书来限制工人,束缚穷人的手脚,对人民中的每个普通劳动者百般刁难和阻挠,呵,资产阶级自由派和考茨基先生却不认为这是‘专横’!这是‘秩序’和‘法制’!这里的一切都想得周到,规定得完备,目的是要尽量把穷人的血汗‘榨干’。这里有成千上万的资产阶级的律师和官吏(考茨基根本不提这些人,想必是因为马克思非常重视打碎官吏机器的意义吧……),他们能把法律解释得使工人和一般农民永远逃不出法网。”[2]正因为剥削阶级和资产阶级的法是压迫、榨取劳动人民的工具,因此列宁主张用社会主义法取代旧法。他在1918年2月至1919年3月间起草的《俄共(布)党纲草案》中指出:“废除已经被推翻的政府的法律以后,党向苏维埃选民的法官提出以下的口号:实现无产阶级的意志,运用无产阶级的法令,在这种法令没有或不完备时,遵循社会主义的法律意识,扫除已被推翻的政府的法律。”[3]在1919年12月发表的《立宪会议选举和无产阶级专政》一文中,列宁又指出:“俄国无产阶级正是这样把农民从社会民主党人那里夺取过来

---

〔1〕《列宁选集》(第3卷),人民出版社1972年版,第788页。

〔2〕同上书,第660页。

〔3〕同上书,第764页。

的,简直可以说,在无产阶级夺得国家政权几个小时之后就夺取过来了。因为在彼得格勒战胜资产阶级几个小时之后,胜利的无产阶级就颁布了《土地法令》,在这个土地法令中以革命的速度、毅力和坚决精神立刻完全满足了大多数农民的全部迫切的经济需要,完全地和非赎买地剥夺了地主。"[1]

(三) 维辛斯基论法的功能与作用

苏联早期的主要法学家维辛斯基对法的功能与作用有比较多的思考和解释。他在论述法的功能与作用时,首先将苏联社会主义法与其他类型的法律性质相区别,然后比较分析了社会主义法与剥削阶级法的功能与作用的区别。[2]

维辛斯基首先认为:"在剥削社会里,法律是巩固人对人的剥削的手段,使人们在权利、社会和经济上的不平等永恒化的手段。在社会主义社会里,在工人阶级专政的条件下,法律则是废除人对人的剥削的手段,确认人们在权利上一律平等的手段,争取人们经济平等原则底胜利的手段,这个原则表现于'各尽所能、各取所需'的口号中。"[3]在谈到苏联社会主义法律的特殊功能与作用时,维辛斯基认为,在社

---

〔1〕《列宁选集》(第4卷),人民出版社1972年版,第128页。

〔2〕将法律分为剥削阶级的法与社会主义的法,分别论述法的功能与作用的方法后来成了苏联法学的主流观点。他们认为:在剥削社会里,法权规范是为镇压和钳制被剥削阶级服务的。在一切对抗性的社会中,法权总是表明并巩固着统治与服从的关系,代表并巩固着一定阶级的专政及其在社会中的领导作用。和代表少数剥削者意志的资产阶级法权相反,苏维埃社会主义法权在它的法规中代表着掌握政权的工人阶级——全体劳动者的领袖和代表的意志,即起初代表大多数人的意志和利益,而在社会主义胜利之后,则代表全体苏联人民的意志和利益。苏维埃法权是为社会主义和共产主义的胜利而斗争的强大武器。一旦社会主义国家和法权完成了自己的历史使命,社会的阶级差别和阶级斗争成为过去,资本主义被消灭而共产主义在一切国家里确立起来,那时候社会主义国家和法权就要逐渐消亡。参见[苏]康士坦丁诺夫主编:《历史唯物主义》,人民出版社1955年版,第215页、第244页。

〔3〕[苏]维辛斯基等:《苏联社会主义法律》,万叶译,生活·读书·新知三联书店1949年版,第2页。

会主义建设的不同阶段，法律的作用是不同的。他说："社会主义法律，一方面巩固了已经争得的果实，而另一方面则按照社会主义国家所必要的方针影响了国家的经济。社会主义法律帮助了社会主义经济形态的发展，保证在法律调整机构的帮助下限制和削弱私人资本主义经济的影响和意义，然后在苏联国民经济中完全消灭私人资本主义的经济。苏联社会主义法律在农业集体化的时期，曾经起了巨大的作用。与消灭苏联最后一个为数最多的剥削阶级——富农阶级——的同时，废除了许多旧的法规和颁布了许多新的法规。为着完全消灭人对人的剥削，为着在与富农的奴役作斗争中帮助千百万农民群众，为着协助铲除这一奴役，曾经使用了种种法律调整的方法。旨在消灭这一奴役的农村革命得到了巨大的结果。各种法规帮助实现和巩固了这一在全面集体化的基础上消灭富农之为阶级的深远的革命过程的成果。社会主义国家在其发展的第一阶段上的基本职能：一个是防御国家不受外来的侵犯；另一个则是镇压国内那些虽被推翻，但仍继续进行反对苏维埃政权的斗争的剥削阶级……苏联社会主义的胜利，使苏维埃国家的职能发生了变化，从而在法律上也发生了深刻而重大的变化。那些曾经是由镇压国内剥削阶级的职能而产生的法规，都被取消了，因为剥削者已不存在了，再没有什么人必须加以镇压了。1936年通过的斯大林宪法，最鲜明地表明了社会主义法律由于社会主义胜利而发生的变化。在宪法中反映出了最彻底的和强大的社会主义的民主及其全面的保证。苏联全体公民在平等的基础上享受着斯大林宪法所规定的许多政治权利与自由。"[1]

在维辛斯基看来，苏联社会主义法律的功能与作用是随着社会主

---

〔1〕［苏］维辛斯基等：《苏联社会主义法律》，万叶译，生活·读书·新知三联书店1949年版，第6页。

义革命和建设的进程而发展变化的。社会主义革命时期,法律的主要作用在于防御外敌入侵和镇压剥削阶级;革命胜利后,法律的主要作用在于对民主、权利与自由的保证,以及对居民的教育作用。如1918年7月在莫斯科召开的全俄苏维埃第五次代表大会通过了俄罗斯苏维埃联邦社会主义共和国宪法——第一部苏维埃宪法。新宪法把十月社会主义革命的伟大成果,如新的苏维埃国家制度、废除资本主义私有制和地主私有制等,用法律形式固定下来,它通过法律手段把苏维埃政权形式的无产阶级专政固定下来,保证俄国全体劳动人民参加国家的管理,剥夺了剥削者的选举权。〔1〕

二、毛泽东、刘少奇、周恩来、董必武、张友渔论法的功能与作用

(一) 毛泽东论法的功能与作用

毛泽东主席在新中国诞生前后曾经非常重视社会主义法的功能与作用。他在1949年6月发表的《论人民民主专政》一文中就涉及了法的功能与作用,他在谈到社会主义阶段的法律必要性时指出:"'你们不是要消灭国家权力吗?'我们要,但是我们现在还不要,我们现在还不能要。为什么?帝国主义还存在,国内反动派还存在,国内阶级还存在。我们现在的任务是要强化人民的国家机器,这主要地是指人民的军队、人民的警察和人民的法庭,借以巩固国防和保护人民利益。"〔2〕中华人民共和国成立后,毛泽东的法律思想主要集中于创制、

〔1〕 参见《苏联共产党历史》,人民出版社1960年版,第302页。
〔2〕 《毛泽东选集》(第4卷),人民出版社1991版,第1475—1476页。

执行新法律。关于法律的功能，毛泽东强调法律保护生产力，促进经济发展的功能。他曾指出："法律是上层建筑。我们的法律，是劳动人民自己制定的。它是维护革命秩序，保护劳动人民利益，保护社会主义经济基础，保护生产力的。我们要求所有的人都遵守革命法制。"[1] 1957年2月，在《正确处理人们内部矛盾问题》一文中，毛泽东又指出："人民为了有效地进行生产、进行学习和有秩序地过生活，要求自己的政府，生产的领导者、文化教育机关的领导者发布各种适当的带强制性的行政命令。没有这种行政命令，社会秩序就无法维持，这是人们的常识所了解的。"[2] 毛泽东在这里所说的"强制性的行政命令"，在当时实际上起到了法律的作用，即他认为法的作用主要体现为维持生产、学习和生活秩序。

毛泽东注重宪法的制定，他认为宪法是国家根本大法，对人民的生活起到指引作用。他在1954年6月发表的《关于中华人民共和国宪法草案》一文中指出："一个团体要有一个章程，一个国家也要有一个章程，宪法就是一个总章程，是根本大法。用宪法这样一个根本大法的形式，把人民民主和社会主义原则固定下来，使全国人民有一条清楚的轨道，使全国人民感到有一条清楚的明确的和正确的道路可走，就可以提高全国人民的积极性。"[3] 他还进一步指出："我们这个宪法，是社会主义类型的宪法。但还不是完全社会主义的宪法。他是一个过渡时期的宪法。我们现在要团结全国人民，团结一切可以团结和应当团结的力量，为建设一个伟大的社会主义国家而奋斗。这个宪法就是为这个目的而写的"。[4] 可见当时宪法发挥的功能即是作为

---

〔1〕《毛泽东文集》（第7卷），人民出版社1999年版，第197—198页。

〔2〕同上书，第209—210页。

〔3〕《毛泽东文集》（第6卷），人民出版社1999年版，第328页。

〔4〕同上书，第229—230页。

一个过渡时期的章程，使国家的建设顺利地进入到社会主义。同时，他认为，当时的宪法是国际性和民族性的结合，对于其他国家的人民也有一定的建议功效，他说："我们的宪法有我们的民族特色，但也带有国际性，是民族现象，也是国际现象的一种。跟我们同样受帝国主义、封建主义压迫的国家很多，人口在世界上占多数，我们有一个革命的宪法，人民民主的宪法，有了一条清楚的明确的和正确的道路，对这些国家的人们是会有帮助的。"[1]

继宪法制定之后，1956 年 9 月，毛泽东在党的八大决议中明确提出："我们目前在国家工作中的急迫任务之一，是着手系统地制定比较完备的法律，健全我们国家的法制。"1957 年 1 月，在省市自治区党委书记会议上的讲话中，他指出："肃反要坚持，有反必肃。法制要遵守。按照法律办事。"[2]毛泽东认为法的存在十分必要，并要求制定法律。毛泽东在 1962 年指出："不仅刑法要，民法也需要，现在是无法无天。没有法律不行，刑法、民法一定要搞，不仅要制定法律，还要编案例。"[3]1963 年又指出："我们还没有制定刑法典和民法典，经验不足，我们也要搞。"这些思想观点表明，毛泽东在当时是不赞成和反对法律虚无主义的，他认识到了法律具有重要的治国功能，在新中国应该发挥法律的积极作用。

毛泽东还认为，将人民监督权力的法律化，可以防治政府腐败，即法律具有限制公权力的作用。在中共七届二中全会上，毛泽东警告共产党人不要被资产阶级的糖衣炮弹击中。1951 年他指出："必须严重地注意干部被资产阶级腐蚀发生严重贪污行为这一事实，注意发现、

---

〔1〕《毛泽东文集》(第 6 卷)，人民出版社 1999 年版，第 329 页。

〔2〕《毛泽东文集》(第 7 卷)，人民出版社 1999 年版，第 198 页。

〔3〕转引自 1978 年 10 月 29 日《人民日报》。

揭露和惩处”。[1] 在《实行增产节约,反对贪污、浪费和官僚主义》一文中,毛泽东又指出:“一切从事国家工作的党员,利用职权实行贪污和实行浪费,都是严重的犯罪行为。中央人民政府不久将颁布惩治贪污和惩治浪费的条例……一切贪污行为必须揭发,按其情节轻重,给予程度不等的处理……典型的贪污犯,必须动员群众进行公审,依法治罪。”[2]

(二) 刘少奇论法的功能与作用

与同时代国家的其他领导人相比,刘少奇是一个务实的制度主义者。早在国民革命时期,刘少奇在领导工人运动时,就认识到在法律范围内开展职工运动,会使工会因自由运动而发展。1926 年 5 月,在广州召开的第三次全国劳动大会上,刘少奇提出:“现在中国的工会尚不能得到法律上的保障和社会的承认,中国工人阶级为要发展中国的职工运动,必须积极地公开地开展争取工会条例的运动,即使不能争得工会条例之颁布,亦可引导中国工人群众走到政治争斗的路上。”[3]刘少奇一贯肯定和主张积极发挥法的制裁、处罚和教育作用。1942 年,时任中共中央华中局书记兼新四军军分会书记的刘少奇在写给新四军负责人陈毅的书信《克服困难,准备反攻,为战后建立新中国创造条件》中曾谈道:“还需制定出一些关于民主的法律(如各级政府组织法,选举法,代表会议的规则,处理各种案件的手续等),规定制裁那些违反民主、侵犯民权(人民民主权利)的官员的办法等。在党内,对于违反民主的党员,要进行批评、斗争或处罚。在人民中也应进行

[1] 《毛泽东文集》(第 6 卷),人民出版社 1999 年版,第 190 页。
[2] 同上书,第 208 页。
[3] 《刘少奇选集》(上卷),人民出版社 1985 年版,第 3 页。

广泛的民主教育，解释各种法律等。”[1]

新中国成立后，刘少奇积极主张制定新宪法。1954 年 9 月 15 日，在中华人民共和国第一届全国人民代表大会第一次会议上，刘少奇在关于宪法草案的报告中指出：“从 1953 年起，我国已经按照社会主义的目标进入有计划的经济建设时期，因此，我们有完全的必要在共同纲领的基础上前进一步，制定一个像现在向各位代表提出的这样的宪法，用法律的形式把我国过渡时期的总任务肯定下来。在我国实现社会主义工业化和社会主义改造，是一个十分艰巨复杂的任务。必须动员全国人民的力量，发挥广大人民群众的积极性和创造性，在正确和高度统一的领导下，克服各种困难，才能实现这样的任务。因此，一方面，我们必须更加发扬人民的民主，扩大我们国家民主制度的规模；另一方面，我们必须建立高度统一的国家领导制度。为了这样的目的，我们也有完全的必要制定一个比共同纲领更为完备的像现在向各位代表提出的这样的宪法。”[2]他在阐述新宪法的功能与作用时，指出：“我们的宪法草案，经过全国人民代表大会通过以后，将成为我国的国家根本法。这个宪法既然是表达了人民群众的亲身经验和长期心愿，它就一定能够在我国的国家生活中起巨大而积极的作用，一定会鼓舞人民群众为保卫和发展我们的胜利成果而斗争，为粉碎一切企图破坏我国社会主义制度和国家制度的敌人而斗争，为促进我国建设事业的健康发展和加速我国建设的进度而斗争。”[3]

刘少奇在揭示法的功能与作用时，突出了法的功能与作用的历史性和阶段性。他认为，法的功能与作用是随着法的性质、革命任务和生产发展的变化而变化的。1956 年 9 月，他在《在中国共产党第八次

〔1〕《刘少奇选集》（上卷），人民出版社 1985 年版，第 226—227 页。

〔2〕《刘少奇选集》（下卷），人民出版社 1985 年版，第 144 页。

〔3〕同上书，第 168 页。

全国代表大会上的政治报告》中指出："在革命战争时期和全国解放初期，为了肃清残余的敌人，镇压一切反革命分子的反抗，破坏反动的秩序，建立革命的秩序，只能根据党和人民政府的政策，规定一些临时的纲领性的法律。在这个时期，斗争的主要任务是从反动统治下解放人民，从旧的生产关系的束缚下解放社会生产力，斗争的主要方法是人民群众的直接行动。因此，那些纲领性的法律是适合于当时的需要的。现在革命的暴风雨时期已经过去了，新的生产关系已经建立起来，斗争的任务已经变为保护社会生产力的顺利发展，因此完备的法制就是完全必要的了。为了正常的社会生活和社会生产的利益，必须使全国每一个人都明了并且确信，只要他没有违反法律，它的公民权利就是有保障的，他就不会受到任何机关和任何人的侵犯；如果有人非法地侵犯他，国家就必然出来加以干涉。我们的一切国家机关都必须严格地遵守法律，而我们的公安机关、检察机关和法院，必须贯彻执行法制方面的分工负责和互相制约的制度。"〔1〕

(三) 周恩来论法的功能与作用

新中国的第一任总理周恩来对于社会主义法制建设、法的功能与作用也有明确阐述。他主持制定的《中国人民政治协商会议共同纲领》，作为新民主主义中国的代宪法，为中国政治文明建设的启动提供了法律依据。1950 年 6 月 16 日周恩来在政协全国委员会的报告中指出："我们团结的基础在于伟大的《共同纲领》，我们的美满前途是社会主义。只要将《共同纲领》一天一天不折不扣地加以实施，中国必然会由新民主主义稳步地走向社会主义。"〔2〕这是因为"这个纲领中经

---

〔1〕《刘少奇选集》(下卷)，人民出版社 1985 年版，第 253 页。
〔2〕《周恩来年谱 1949—1976》(上)，中央文献出版社 1998 年版，第 48 页。

济的部分里面，已经规定要在实际上保证向这个前途走去”。[1]

1949年11月，在政务院第八次政务会议上，周恩来针对有人提出不需要搞什么条文的意见时说，目前制订很完善的条文是不可能的，但文字要合乎逻辑，内容不要错；什么条文都不要，只强调有群众就行，有号召力就行是不对的。他还说，条文可以有约束作用，有了条文规定，全国就有了准绳。[2]

1954年1月，在政务院会议上，周恩来提出法制要不断地建立和完善。他说：“我们的人民民主法制要随着经济基础的变化发展而变化发展，也就是说，我们的法制是逐步建立、不断改进的、革命的人民民主法制。企图在中华人民共和国成立之时，或者在今天一下子完全建立起来，是不可能的。现在是过渡时期即社会主义革命时期，就必然会有一些运动，通过运动取得经验，把这些经验总结起来，就成为法制。”[3]

周恩来认为，建立相应的规章制度，是推行廉政的重要基础。只有建立规章制度才能建立纪律严明、廉洁高效的政府。新中国成立初期，他特别重视建立各种规章制度，使各部门、机关及工作人员办事能够有章可循、有法可依。他在受命组建政务院及下属机构的过程中，始终强调“政务院已成立，各部门都应该有一个组织法，以便依法办事”[4]。1949年10月，中央人民政府成立，首都的各机关都在组建之中。当时，有些部门竞相高价抢购房屋，以致造成物价飞涨。为此，周恩来于11月1日以政务院总理的名义签署了向政务院各部门所属机关发布的通令。通令指出：凡需要购房，均需向政务院呈报房屋情况、

[1] 《周恩来选集》(上)，人民出版社1980年版，第368页。
[2] 参见马永顺：《周恩来组建与管理政府实录》，中央文献出版社1995年版，第139页。
[3] 《周恩来年谱1949—1976》(上)，中央文献出版社1998年版，第345—346页。
[4] 童小鹏：《风雨同舟四十年》(第2部)，中央文献出版社，1996年版，第51页。

价目，经指定机关审批始得购买，否则以违法论处。[1] 这条通令有效地制止了各机关抢购民房之风。

在"三反"、"五反"斗争中，周恩来着力关注惩治腐败的法制建设，先后多次主持政务院会议，研究制定了一系列法规、文件。尤其是讨论通过了《中华人民共和国惩治贪污条例》，将"三反"、"五反"运动形成的经验，用法律条文固定下来，以保证惩治贪污有法可依。在一届全国人大一次会议的《政府工作报告》中，周恩来强调："国家机关中某些违法乱纪的工作人员贪污腐化，营私舞弊，侵害国家和人民的利益"，对之"必须依照法律给予制裁"。周恩来主张，对引诱、拉拢、腐蚀干部走上犯罪道路的不法之徒，也要按照法律制裁。因为"这种情形如果不加以打击和铲除而任其发展下去，则我们革命党派、人民政府、人民军队、人民团体日益受着资产阶级的侵蚀，其前途将不堪设想"[2]。

（四）董必武论法的功能与作用

中国共产党的创始人之一董必武对社会主义法的功能与作用有精辟的论述。他认为，社会主义法主要有三大功能与作用：

第一，维护革命秩序，巩固人民民主专政。董必武在1948年发表的《论新民主主义政权问题》的讲话中，就指出："建立新的政权，自然要创建法律、法令、规章、制度。我们把旧的打碎了，一定要建立新的。否则就是无政府主义。如果没有法律、法令、规章、制度，那么新的秩序怎么维持呢？因此新的建立后，就要求按照新的法律规章制度办事。"[3]

---

〔1〕 参见《周恩来年谱1949—1976》（上），中央文献出版社1998年版，第9页。

〔2〕《周恩来选集》（下），人民出版社1984年版，第82页。

〔3〕《董必武政治法律文集》，法律出版社1986年版，第41页。

第二，保护人民的民主权利和其他合法权益。新中国成立后不久，董必武就主张建立社会主义法制，把法制看成立国根本。他曾明确指出："我们的法制体现了我们国家最大多数人的意志。法制有什么作用？没有它行不行？……不行的……'不以规矩，不能成方圆。'"[1]1953年4月，董必武作为政法委党组书记，主持起草了政法委党组向党中央的书面报告，他在报告中指出："在大规模的社会改革运动大体结束后，人民民主专政的工作必须用而且可能用正规的革命法制来实施，并用以保护人民利益和国家建设事业的顺利进行。"[2]1954年1月，董必武又主持制定了《一九五四年政法工作的主要任务》，要求"进一步健全人民民主制度，健全和运用人民民主法制，巩固人民民主专政"。[3] 上述两份文件实际上是新中国成立以后国家领导人正式提出依靠法制治理国家的最早文献。

第三，保障国家经济建设的顺利进行，保护和发展社会生产力。[4] 1954年9月，董必武在第一届全国人民代表大会第一次会议中，提出："为了保障社会主义建设和社会主义改造事业的顺利进行，保证人民的民主权利和合法权益不受侵犯，进一步加强政治法律工作，已经成为我们当前的重要任务。"[5]1956年9月19日，在党的八大会议上，董必武明确阐述了"人民民主法制的形成和作用"。他指出："我们的人民民主法制，是工人阶级领导的人民群众通过国家机构表现出来的自己的意志，是我们国家实现人民民主专政的重要工具……人类进入文明社会以后，说到文明，法制要算一项，虽然不是唯

[1] 《董必武选集》，人民出版社1985年版，第451页。

[2] 转引自邓力群、马洪、武衡主编：《当代中国的审判工作》（上册），当代中国出版社1993年版，第42页。

[3] 《董必武政治法律文集》，法律出版社1986年版，第307页。

[4] 同上书，第370页。

[5] 《董必武年谱》，中央文献出版社1991年版，第443页。

一的一项,但也是主要的一项。简单地说,国家没有法制,就不能成为国家。”[1]

(五) 张友渔论法的功能与作用

张友渔是比较系统地阐述法的功能与作用的一位马克思主义法学家。张友渔早在1943年写作的《法治真诠》一文中就指出:“因为法律是社会发展到一定阶段的产物,它的作用在于强制一部分人遵守和拥护当时的社会秩序。”[2]后来,他在《有关法学理论的一些问题》、《关于发扬社会主义民主加强社会主义法制的几个问题》等文章中多次提到法的功能与作用:

第一,张友渔认为法具有阶级统治作用。他指出:“法和国家是同时产生的阶级统治工具。任何国家的统治者要想巩固他的统治,就必须运用法律这个工具,就必须建立一定的法制。”[3]因此,“从法的作用来讲,法是统治阶级实现其阶级统治的工具,它积极为维护统治阶级的利益,巩固统治阶级在经济上和政治上的统治服务。镇压被统治阶级的反抗,是法的主要作用,它的专政锋芒,是直接指向被统治阶级的。”张友渔在论述法的功能与作用时,非常强调法的历史性和阶级性。他认为:“剥削阶级的法是少数剥削阶级者对广大劳动人民专政的工具,它为维护生产资料的私有制,保障剥削阶级的利益服务。社会主义法则是以工人阶级为领导的广大人民群众对反动阶级的专政工具,它是积极为巩固和发展生产资料的社会主义所有制维护广大人民群众的利益服务。”[4]正因为如此,那么“为了巩固人民的革命成

---

〔1〕《董必武政治法律文集》,法律出版社1986年版,第520页。
〔2〕《张友渔文选》(上卷),法律出版社1997年版,第300页。
〔3〕《张友渔文选》(下卷),法律出版社1997年版,第278页。
〔4〕同上书,第34页。

果，保障社会主义革命和建设的顺利发展，必须建立革命法制。”[1]

第二，张友渔认为法具有调整内部矛盾的作用。他指出：“法的另一作用就是统治阶级通过法来调整内部矛盾……和对敌专政相比，它愈来愈成为更主要的作用，因为大量的问题是人民内部的矛盾问题。”[2]

第三，张友渔认为法有指引作用。他指出：“因而还有第三个作用，就是给人民指出行动的方向，指出他们应当做什么，不应当做什么，什么是合法的，什么是违法的，什么是犯罪，什么不是犯罪。”[3]在《关于发扬社会主义民主加强社会主义法制的几个问题》一文中，张友渔对法的作用做了进一步的总结，他指出：“作为无产阶级专政的主要工具——社会主义法制，它和无产阶级专政的职能相适应，它不仅仅规定镇压敌人的任务，它也必然在保护人民、打击敌人、组织经济、发展文化科学等各方面，担负着任务，发挥着作用。”[4]

三、邓小平、江泽民、胡锦涛论法的功能与作用

（一）邓小平论法的功能与作用

我国改革开放的总设计师邓小平一贯重视社会主义法的功能与作用。1975 年 5 月，邓小平在钢铁工业座谈会上发表的《当前钢铁工业必须解决的几个问题》的讲话中指出，为了把钢铁生产搞上去，必须紧抓四点。在第四点中邓小平指出：“必须建立必要的规章制度……

[1] 《张友渔文选》（下卷），法律出版社 1997 年版，第 113 页。
[2] 同上书，第 34 页。
[3] 同上书，第 35 页。
[4] 同上书，第 51 页。

有些事故发生了，还分不清谁的责任。因此，一定要建立和健全必要的规章制度。”[1] 1975 年 5 月，在国防工业重点企业会议上，他又指出：“一定要坚持质量第一。这个问题很重要，特别是军工产品……质量问题与建立规章制度有关。没有必要的规章制度，质量难于保证，这方面要很好地整顿。”[2] 1975 年 8 月，他在《关于发展工业的几点意见》中又提到：“恢复和健全规章制度。关键是建立责任制。现在许多地方都存在无人负责的现象……你不严，规章制度就恢复不起来，企业的混乱情况就无法改变。”[3] 从这些讲话中可以看出，在改革开放之前邓小平就比较重视工业和企业“规章制度”的建设，对社会主义法的功能与作用有深切体会了。

在 1978 年 12 月召开的中国共产党十一届三中全会上，邓小平指出：“为了保障人民民主，必须加强法制，必须使民主制度化、法律化，使这种制度和法律不因领导人的改变而改变，不因领导人的看法和注意力的改变而改变。”[4] 在回答外国记者关于如何才能避免发生“文革”这种事情时，他强调说：“这要从制度方面解决问题。”他认为，我们过去的一些制度，实际上受了封建主义的影响，包括个人迷信、家长制或家长作风，甚至包括干部职务终身制。因此“我们现在正在研究避免重复这种现象，准备从改革制度着手”[5]。在 1979 年 6 月 15 日召开的全国人民政治协商会议第五届全国委员会第二次会议的开幕词中，邓小平明确指出：“为了实现四个现代化，必须发扬社会主义民主和加强社会主义法制。”[6] 1979 年 6 月 28 日，邓小平在会见日本公

---

〔1〕《邓小平文选》(第 2 卷)，人民出版社 1994 年版，第 11 页。

〔2〕同上书，第 26 页。

〔3〕同上书，第 30 页。

〔4〕同上书，第 146 页。

〔5〕同上书，第 348 页。

〔6〕同上书，第 187 页。

明党第八次访华团时又指出："民主和法制，这两个方面都应该加强，过去我们都不足。要加强民主就要加强社会主义法制，没有广泛的民主不行，没有健全的法制也是不行的……我们好多年实际上没有法，没有可遵循的东西。这次全国人大开会制订了七个法律。有的实际上部分地修改了我们的宪法，比如取消革命委员会，恢复原来的行政体制。这是建立安定团结政治局面的必要保障。没有安定团结生动活泼的政治局面，搞四个现代化就不行，这次会议以后，要接着制定一系列的法律。我们的民法还没有，要制定；经济方面的很多法律，比如工厂法等等，也要制定。我们的法律是太少了，成百个法律总是要有的，这方面有很多工作要做，现在只是开端。"[1]从这些论述中可以看出，邓小平非常重视社会主义法的功能与作用。

1986年6月28日，邓小平在中央政治局常委会上的讲话《在全体人民中树立法制观念》中指出："纠正不正之风、打击犯罪活动中属于法律范围的问题，要用法制来解决，由党直接管不合适。党要管党内纪律的问题，法律范围内的问题应该由国家和政府管。党干预太多，不利于在全体人民中树立法制观念。"[2]1989年春天，当一些人在制造动乱的时候，邓小平指出："控制局势要注意方法。特别要抓紧立法，包括集会、结社、游行、示威、新闻、出版等方面的法律和法规。违法的就要取缔。中国不许随便游行示威，如果三百六十五天，天天游行，什么事也干不了，外国资金也进不来了。"[3]1980年1月，邓小平在中共中央召集的干部会议的讲话《目前的形势和任务》一文中指出："还要对各种犯罪分子继续坚决打击，努力保障和巩固健全的、安定的社会秩序。我们要学会使用和用好法律武器。对违法犯罪分子手软，

---

〔1〕《邓小平文选》(第2卷)，人民出版社1994年版，第189页。
〔2〕《邓小平文选》(第3卷)，人民出版社1993年版，第163页。
〔3〕同上书，第286—287页。

只能危害大多数人民的利益,危害现代化建设的大局。"[1]而"真正要巩固安定团结,主要地还是要依靠积极的、根本的措施,还是要依靠发展经济、发展教育,同时也要依靠完备的法制。经济搞好了,教育搞好了,同时法制完备起来,司法工作完善起来,可以在很大程度上保障整个社会有秩序的前进。"[2]1980 年 12 月,邓小平在中共中央工作会议的讲话《贯彻调整方针,保证安定团结》中指出:"为了保证安定团结,建议国家机关通过适当的法律法令,规定罢工罢课事前要经过调处;游行示威事前要经过允许,指定时间地点;禁止不同单位之间、不同地区的串联;禁止非法组织的活动和非法刊物的印行……全党同志和全体干部都要按照宪法、法律、法令办事,学会使用法律武器(包括罚款、重税一类的经济武器)同反党反社会主义的势力和各种刑事犯罪分子进行斗争。这是现在和今后发展社会主义民主、健全社会主义法制过程中我们必须尽快学会处理的新课题。"[3]1992 年年初,邓小平在南巡讲话中又指出:"在整个改革开放过程中都要反对腐败。对干部和共产党员来说,廉政建设要作为大事来抓。还是要靠法制,搞法制靠得住些。"[4]在这些讲话中,邓小平实际上揭示了我国社会主义法的主要功能与作用是控制局势、打击犯罪、巩固安定团结、保障社会秩序、廉政建设等。

(二) 江泽民论法的功能与作用

江泽民在领导中国改革开放,全面推进有中国特色社会主义事业的过程中,坚持与时俱进的精神,明确地提出了"依法治国,建设社会

---

[1] 《邓小平文选》(第 2 卷),人民出版社 1994 年版,第 253 页。
[2] 同上书,第 254—255 页。
[3] 同上书,第 371 页。
[4] 《邓小平文选》(第 3 卷),人民出版社 1993 年版,第 379 页。

主义法治国家”的方略。江泽民在中国共产党第十四次全国人民代表大会的报告中提出:“同经济体制改革和经济发展相适应,必须按照民主化和法制化紧密结合的要求,积极推进政治体制改革……没有民主和法制就没有社会主义,就没有社会主义的现代化。我们应当在发展社会主义民主、健全社会主义法制方面取得明显进展,以巩固和发展稳定的社会政治环境,保证经济建设和改革开放的顺利进行。”〔1〕江泽民还指出:“我们要实现经济体制和经济增长方式的根本性转变,也必须按照市场的一般规律和我们的国情,健全和完善法制,全面建立社会主义市场经济和集约型经济所必需的法律体系……实践经验说明,法律不健全,制度上有严重漏洞,坏人就会乘机横行,好人也无法充分做好事……依法治国是社会进步、社会文明的一个重要标志,是我们建设社会主义现代化国家的必然要求。”〔2〕可以说,江泽民非常重视法对社会和经济的巩固、稳定和保证作用。1996 年 2 月 8 日,在中共中央举办的法制讲座上,江泽民又指出:“加强社会主义法制建设,依法治国,是邓小平建设有中国特色社会主义理论的重要组成部分,是我们党和政府管理国家和社会事务的重要方针……实行和坚持依法治国,对于推动经济持续、快速、健康发展和社会全面进步,保障国家长治久安,具有十分重要的意义。”〔3〕

江泽民不仅从宏观上对法的作用进行了论述,而且在实践中不断将法的功能与作用具体化,这主要体现在以下几个方面:(1)法制建设有利于维护良好的社会秩序。他明确指出:“在社会秩序的维系,社会风气的治理中,法制建设是很重要的一手。这两手必须同时抓、两手都要硬,而不可偏废。这两手都抓好了,社会秩序、社会风气的治理水

---

〔1〕《江泽民文选》(第 1 卷),人民出版社 2006 年版,第 235 页。

〔2〕同上书,第 511—513 页。

〔3〕同上书,第 511 页。

平就会大大提高,社会上的歪风邪气和消极现象就会大大减少。"[1](2)在金融治理中,他认为法是实现良好金融秩序的保障。1997 年 11 月 19 日江泽民在全国金融会议上指出:"依法治理金融,是贯彻依法治国基本方略的重要方面。健全金融法制,严肃金融法纪,是建立良好的金融股秩序,保证金融安全、高效、稳健运行的根本要求。"[2](3)在财税治理方面,2000 年 1 月,他指出:"坚持依法理财,依法治税。财税法律法规,是规范经济秩序、调节收入分配、实施经济监督的重要法律和制度。"[3](4)在预防和惩治腐败方面,法律能够发挥积极作用。江泽民在中共中央纪律检查委员会第五次全体会议上指出:"我们要依靠发展民主、健全法制来预防和治理腐败现象。这是我们的一贯要求,也是最可靠的措施。反腐倡廉工作要逐步实现制度化、法制化……要加强反腐败方面的立法,完善预防和惩治腐败现象的法律法规,并保证法律法规的贯彻执行。"[4](5)法制建设有助于纠正地方和部门保护主义。他在中国共产党第十六次全国代表大会的报告中指出:"加强社会主义法制建设。坚持有法可依、有法必依、执法必严、违法必究……维护法制的统一和尊严,防止和克服地方和部门的保护主义。"[5]

(三) 胡锦涛论法的功能与作用

新中国第四代领导集体的核心胡锦涛同志对法的功能与作用也高度重视。2002 年 12 月4 日,胡锦涛同志在首都各界纪念中华人民共和国现行宪法公布施行二十周年大会的讲话中指出:"二十年来的

---

〔1〕《江泽民文选》(第 1 卷),人民出版社 2006 年版,第 644 页。

〔2〕《江泽民文选》(第 2 卷),人民出版社 2006 年版,第 75 页 。

〔3〕 同上书,第 516 页。

〔4〕《江泽民文选》(第 3 卷),人民出版社 2006 年版,第 189 页。

〔5〕 同上书,第 555 页。

实践证明,我国宪法是一部符合国情的好宪法,在国家经济、政治、文化和社会生活中发挥了极其重要的作用。”这主要表现在“宪法保障了我国的改革开放和社会主义现代化建设”,“宪法促进了我国的社会主义民主建设”,“宪法推动了我国的社会主义法制建设”和“宪法促进了我国人权事业和各项社会事业的发展”等方面。

2007 年 10 月 15 日,胡锦涛同志在中国共产党第十七次全国代表大会的报告中号召:“全面落实依法治国基本方略,加快建设社会主义法治国家”。他明确指出:“依法治国是社会主义民主政治的基本要求。要坚持科学立法、民主立法,完善中国特色社会主义法律体系。加强宪法和法律实施,坚持公民在法律面前一律平等,维护社会公平正义,维护社会主义法制的统一、尊严、权威。推行依法行政。深化司法体制改革,优化司法职权配置,规范司法行为,建设公正高效权威的社会主义司法制度,保证审判机关、检察机关依法独立公正地行使审判权、检察权。”〔1〕为了更好地发挥社会主义法的功能与作用,胡锦涛同志指出:“我国的法治是社会主义的法治,社会主义法治必须以社会主义法治理念为指导。”〔2〕

四、中国特色社会主义条件下的法的功能

通过在经典著作中“阅读马克思”〔3〕,我们一定能得出包括以下两点在内的共识:一是要理解和发展马克思主义法学原理,首先要阅

〔1〕 胡锦涛:《高举中国特色社会主义伟大旗帜 为夺取全面建设小康社会新胜利而奋斗》,人民出版社 2007 年版,第 30—31 页。

〔2〕 中共中央政法委员会:《社会主义法治理念读本》,中国长安出版社 2009 年版,第 49 页。

〔3〕 陈根发:《论柄谷行人“阅读马克思”》,载《北方法学》2007 年第 4 期。

读马克思、恩格斯和列宁等理论家、革命家的原作，全面正确地掌握马克思主义法律思想；二是真正的马克思主义者，绝不把马克思主义经典著作当成背得烂熟并机械地加以重复的教条，绝不把马克思主义看做一成不变的戒律，绝不期盼从马克思主义本本中觅得解决现实问题的现成答案，而是要善于运用马克思主义，不断做出符合时代需要、国情需要和现实需要的理论创造。[1] 马克思主义与其他政治意识形态的区别是，它是一个科学而不是一个意识形态，其姿态和内涵是其他社会理论所不具备的，即马克思主义是客观的和有关事实的，而其他科学则或多或少是主观的和推测性的。[2] 作为新时代的马克思主义需要回答的首先是“为什么发展”、“为谁发展”、“靠谁发展”和“怎样发展”等一系列重大的事实问题，既要尊重自然、经济和社会的客观规律，又要强调物质文明、政治文明、法律文明和精神文明的共同进步。在中国，马克思主义只有与中国的具体实际相结合，形成马克思主义中国化的成果，才具有强大生命力。中国特色社会主义理论体系，是包括邓小平理论、“三个代表”重要思想以及科学发展观等重大战略思想在内的科学理论体系。以胡锦涛为总书记的第四代中央领导集体，从建设社会主义法治国家的全局的高度，不断地加深对“什么是社会主义法治国家”和“怎么样建设社会主义法治国家”等一系列重大理论和实践问题的认识，提出了“社会主义法治理念”这一崭新的命题。[3] 因此，中国特色马克思主义法学也必然具有时代特征，并能逐步得到完善和科学化。

---

〔1〕 参见王伟光：《努力提高运用马克思主义指导科研的能力》，载《人民日报》2009年12月28日。

〔2〕 参见 David M. Walker, *Marx*, *Methodology and Science*, Ashgate Publishing Company, Burlington, 2001, p. 1。

〔3〕 参见中共中央政法委员会：《社会主义法治理念读本》，中国长安出版社2009年版，第46页。

按照马克思、恩格斯的设想，从资本主义社会到共产主义社会是一个“极其艰难而漫长”的过程，因此法的存在和作用也是一个漫长和变化的过程。马克思说：“如果我们把共产主义本身——因为它是否定的否定——称为对人的本质的占有，而这种占有以否定私有财产作为自己的中介……要扬弃私有财产的思想，有思想上的共产主义就完全够了。而要扬弃现实的私有财产，则必须有现实的共产主义行动。历史将会带来这种共产主义行动，而我们在思想中已经认识到的那正在进行自我扬弃的运动，在现实中将经历一个极其艰难而漫长的过程。但是，我们必须把我们从一开始就意识到这一历史运动的局限性和目的，把意识到超越历史运动看做是现实的进步。”[1]在考察法的历史与作用的变化过程中，一个显而易见的事实是：剥削阶级的法与社会主义的法的功能与作用是存在本质区别的。剥削社会的法学家及其理论的维护者总是歪曲法的本质及其功能，把某一历史阶段的法说成是自然的、超历史的、永恒的和超阶级的法，以抹杀法的经济根源与阶级本质。但是，法律和国家一样，从来就没有、也不能够脱离经济关系而独立，它决定于占统治地位的经济关系、决定于在经济上和政治上占统治地位的统治阶级的利益。因此，在剥削阶级社会中，法的功能与作用主要是巩固统治与服从的阶级关系，巩固剥削阶级的专政及其在社会中的领导作用。社会主义的法律在形式上也存在着“巩固”社会制度的功能与作用，但它巩固的是有利和便利于劳动人民的社会制度，如社会主义公有制的统治、按劳分配制度、男女平等和民族种族平等制度等。另外，社会主义的法同时也是对人民进行共产主义教育的强有力的工具。这就是说，社会主义的法律不仅具有巩固、保护和发展社会主义法律关系的功能，而且还具有教育、宣传和推行共

---

〔1〕《马克思恩格斯全集》(第3卷)，人民出版社2002年版，第347页。

产主义思想和道德的特殊功能与作用。

另一个必须认清的前提是法的历史功能与作用。按照马克思的法权观，任何一个社会的法的功能与作用都有一个历史和变化的过程。“俄国马克思主义之父”普列汉诺夫曾把马克思的这一思想表述为：“社会生产力在发展到一定阶段上就和这个社会中存在着生产关系——或用法律的语言说：所有权关系——发生矛盾，而生产力在此以前是在这些关系中发展起来的。这些关系从促进生产力发展的形式，变成了它发展的障碍。这时候社会变革的时代就到来了……法权的和政治的制度是在人们进行社会生产过程中的实际关系的基础上形成的。在一定的时间以前，这些制度促进着人们的生产力往前发展、促进着人们经济生活的繁荣。”[1]那么，社会主义法律如何才能扬弃这一法的功能的历史局限性呢？最好的办法莫过于按照生产力发展的要求，对社会主义法律中不合时宜的内容做必要的修改和变革。

在列宁领导的无产阶级革命时代和苏联社会主义时期，新型的无产阶级法律扬弃了资产阶级法律的反动功能，尝试性地赋予法律以新的和更多的功能与作用。但是在废除旧法和制定新法的运动中，发生了忽视法的连续性和一般功能、将法的功能单一化的倾向。列宁主义曾经被认为是帝国主义与无产阶级革命时代的马克思主义。斯大林等苏联领导人和部分学者因此将列宁主义看成是斗争的马克思主义，并将法律的功能主要解释为阶级斗争的工具。斯大林曾说：“列宁主义是帝国主义与无产阶级革命时代的马克思主义。更确切地说：列宁主义一般是无产阶级革命的理论和策略，特别是无产阶级专政的理论和策略……人们通常都说列宁主义具有非常战斗、非常革命的性质。

〔1〕［俄］普列汉诺夫：《论一元论历史观之发展》（第3分册），博古译，生活·读书·新知三联书店1964年版，第183、189页。

这是完全正确的。可是,列宁主义之所以具有这个特性,是由于以下两个原因:第一,列宁主义是从无产阶级革命中产生出来的,它不能不具有无产阶级革命的特色;第二,列宁主义是在与第二国际机会主义搏斗过程中长成和强固起来的,而与这个机会主义作斗争,过去和现在都是为对资本主义进行顺利斗争所必要的预备条件。不要忘记:在马克思恩格斯两人和列宁中间,隔着有第二国际机会主义独占统治的整个时代,所以与这个机会主义作无情斗争,也就不能不是列宁主义的主要任务之一。"[1]从这里可以看出,斯大林显然是把包括列宁法律思想在内的列宁主义的斗争性扩大化了,因为事实证明:与第二国际机会主义的斗争并不必然"都是为对资本主义进行顺利斗争所必要的预备条件",这一斗争的扩大化反而削弱甚至破坏了社会主义法律所固有的包容和教育功能。

尽管苏联早期的许多经典和法学著作中经常闪耀着马克思列宁主义的真理光芒,但也确实夹杂着一些错误的理解和臆造。如康士坦丁诺夫曾认为:"没有无产阶级专政就不能建设共产主义。正因为如此,列宁和斯大林才不止一次地强调指出:马克思主义的主要的东西,就是关于无产阶级专政的学说。共产党为了巩固苏维埃国家和揭穿敌人破坏苏维埃国家威力的一切企图,过去和现在一直不断地进行斗争。布哈林分子,曲解马克思主义关于消灭阶级的提纲,为他们的阶级斗争熄灭和国家政权削弱的反革命理论做辩护,党给了布哈林分子以歼灭性的反击。"[2]值得深思的是,当时有许多知识分子也赞成并推动斯大林提起的"文化革命",这是导致苏联早期阶级斗争扩大化、法律功能单一化的主要原因之一。

---

〔1〕［苏］斯大林:《列宁主义问题》,唯真译校,莫斯科外国文书籍出版局印行1950年版,第21页。

〔2〕［苏］康士坦丁诺夫主编:《历史唯物主义》,人民出版社1955年版,第267页。

中国的马克思主义者，特别是共产党的领导们，对马克思主义的理论与实践做出了意义深远的贡献，其中许多贡献从苏联的立场看是非常独特的。与苏联相比，这些独特的贡献是对苏联误读马克思的纠正（corrections of the Soviet misreading of Marx），而这些阐释（readings）是把马克思主义与中国的历史条件相协调的产物。至少在1986年，中国共产党中央委员会已经坚信，在中国社会，大部分矛盾（contradictions）的性质并不是阶级斗争（class struggles），而以往激烈的阶级斗争已经成了经济发展的一个障碍（an obstacle）。[1] 对于新中国的第四代领导集体的主要挑战，也许真的"不仅仅是作为一个执政党如何给社会留下什么（remain relevant），而且主要是如何在新的道路上激励和引导（inspire and lead）民族走向复兴"。[2]

在探讨法的功能与作用的问题上，国内法学界尚没有形成统一的或一致的看法，许多学者根据对马克思主义经典的解读或其他法律思想，提出了自己的看法。有的学者将法的基本功能分为"调整、指引和保障"三大基本功能。[3] 有的学者在论述"法本身的作用和职能"时，认为"法本身的作用即法的规范作用是指法通过对人们思想的影响，实现对人们行为的评价、指引、预测，实现对合法行为的保护和对非法行为的谴责、制裁、警戒和预防的作用。……法本身的职能（或称之为专门法律职能）是指法通过规范人们的行为，确认、建立并发展一定的社会关系并运用法律手段保护这种社会关系的能力。前者是法的调整性职能，即运用法律手段确认、建立、发展一定社会关系，使一定社会关系具有法律关系的性质从而确立一定的法律秩序；后者就是法的

---

〔1〕 Adrian Chan, *Chinese Marxism*, Continuum, London, 2003, p. 177, p. 200.

〔2〕 David Shambaugh, Remaining Relevant, in David M. Finkelstein, Marganne Kivelhan eds., *China's Leadership in the 21st Century*, M. E. Sharpe Armonk, New York, 2003, p. 283.

〔3〕 参见周旺生主编：《法理学》，北京大学出版社2007年版，第157—159页。

保护性职能，即运用法律手段保护这种已建立的法律关系、法律秩序使之不受侵犯或恢复、弥补被侵害的法定权利的职能。”[1]有的学者认为，法的规范作用或功能主要有告示、指引、评价、预测、教育、强制等。在阶级对立社会中，法的社会作用大体上可以归纳为“维护阶级统治和执行社会公共职能”。[2]

作者通过对马克思主义经典文献的解读和社会主义法治经验教训的总结，认为可以把社会主义法的功能概括为四大功能：调整或统治功能、阶级斗争或对敌斗争功能、保障或保护功能、指引或教育功能。

第一，法的调整或统治功能是我国社会主义法的基本功能。尽管在过去和现在都有人认为“统治阶级意志论并不是马克思、恩格斯所做的法本质定义”[3]，但是作者仍然认为法是统治阶级意志的主要体现，社会主义法是以工人阶级为领导的广大人民共同意志的主要体现，因此也具有调整或统治社会主体、社会关系的功能。

第二，法的阶级斗争或对敌斗争功能是社会主义法的传统功能。所有过去的历史都是阶级斗争的历史，这一原理在法律的世界中也没有什么变化。在阶级对立和阶级矛盾尖锐的社会，统治阶级总是利用现行法律为其统治服务，人民则必须利用现行法律服务于生活利益的改善，并为此展开法律的废改立活动。法律就是这样的阶级斗争中两个或数个阶级的交战区域，也是各个阶级的斗争武器。法律虽然主要是统治阶级意志的体现，但也存在体现统治阶级意志相对薄弱和被统治阶级意志有所体现的法律，因此法律虽然主要是统治阶级的武器，但是根据使用该武器的方法和解释的不同，也能成为被统治

---

〔1〕 孙国华、朱景文主编：《法理学》，中国人民大学出版社1999年版，第54—55页。

〔2〕 张文显主编：《法理学》，高等教育出版社1999年版，第351—354页。

〔3〕 张恒山：《法理要论》，北京大学出版社2009年版，第132页。

阶级的武器。[1] 在社会主义初级阶段，阶级状况和阶级斗争虽然发生了根本变化，即作为统治阶级的工人、农民、知识分子和广大爱国者联盟在政治上已经取代剥削阶级而占据绝对优势，被统治阶级只剩下了作为小散群体的敌特、刑事犯罪分子、恐怖分子和腐败分子，但是阶级斗争或对敌斗争却仍然在一定程度上继续存在，有时甚至关系到社会主义制度的生死存亡。因此，即使在社会主义蓬勃发展的当代中国，法的阶级斗争或对敌斗争功能也没有丧失，更不能轻视和削弱，那种认为现在“必须彻底抛弃把法作为阶级斗争的工具”[2] 的想法是既不符合社会主义法的本质特征，也不符合现实。当然，强调社会主义法的阶级斗争或对敌斗争功能与“文革”期间单纯地将法作为“阶级斗争的工具”的做法是有区别的，这是因为法的阶级斗争功能并不是法的最主要功能，也不是法的唯一功能，而仅仅是法的传统功能。

第三，法的保障或保护功能是社会主义法的显著功能。法属于上层建筑的范畴，经济基础对它起决定的作用，但是法并不是完全被动地接受经济基础的作用，它在一定的条件下也能够对经济基础起到反作用，甚至改变一定的经济结构。法的保障或保护功能主要是指法对经济基础和其他上层建筑元素如民主、自由、人权、权利和秩序等的保障或保护功能。

第四，法的指引或教育功能是社会主义法的新兴功能。法是通过规定权利义务和责任来调整人们行为的规范，因此具有指引或教育的功能。社会主义法多是广大人民意志的集中体现，在惩罚犯罪、禁戒非法行为、追求理念和弘扬正义等方面比以往的剥削阶级法都要鲜明、真实和具体得多，可以说是社会主义法的新兴功能。

---

〔1〕 参见陈根发：《论日本马克思主义法学的进取性》，载刘瀚、马长山主编《社会转型与法治发展》，黑龙江人民出版社 2003 年版。

〔2〕 张恒山：《法理要论》，北京大学出版社 2009 年版，第 132 页。

需要特别注意的是，法的功能和法的作用是既有联系又有区别的，法的作用以法的功能为前提，法的作用的发挥必须具备一定的条件。马克思在《1844年经济学哲学手稿》中指出："在现实中，私法、道德、家庭、市民社会、国家等等依然存在着，它们只是变成环节，变成人的存在和存在方式，这些存在方式不能孤立地发挥作用，而是互相消融，互相产生等等。"[1]因此，那种简单地将法的功能与法的作用等同起来的观点和理解是有失偏颇的，这不仅是因为法的功能是内在的而法的作用是其外在的形式，而且还因为法的功能与法的作用有时会出现对立的局面，如徒具形式的剥削阶级的法或"恶法"的功能与作用是缺乏联系或对立的，即缺乏正义的"法的功能"有时也能发挥其外在的"作用"。上述社会主义法的功能如果没有良好的经济基础，或者缺乏政治、道德、文化等其他上层建筑的协调和支持，就不能将其内在功能转化为外在作用。

---

〔1〕《马克思恩格斯全集》(第3卷)，人民出版社2002年版，第329页。

第四章　论民主法律监督

一、法律监督是什么

“监督”的基本词义是“监察督促”。[1]《说文解字》中说：“监，临下也。”“督，察也。”两者的组合有自上而下察看的意思。古代的“监督”一词有两个基本含义：一是监察督视的意思，如《周礼·地官·乡师》中有“遂治之”的说法，汉郑玄注：“治，谓监督其事。”二是监察官员的名称，如《后汉书·荀彧传》：“臣闻古之遣将，上设监督之重，下建副二之任，所以尊严国命而鲜过者也。”清末习用之，设有十三仓监督、崇文门左右翼监督、大学堂监督等官职。[2] 进入现代以来，监督一词的用意越来越广，产生了诸如舆论监督、市场监督、质量监督、行政监督、法律监督、审判监督等制度。在汉语辞海的解释中，存在着

〔1〕 翟文明、李冶威主编：《现代汉语辞海》(2)，光明日报出版社2002年版，第539页。

〔2〕 参见李伟民主编：《法学辞海》(3)，蓝天出版社1998年版，第2265页。

"监督"、"监察"和"督促"三词相互包含部分内容的情况。如在解释"监察"时,说它是"对国家各级机关及其工作人员进行监督并检举其违法失职行为",在解释"督促"时,说它是"监督并催促"[1]的意思。这种解释也影响到了法律监督的解释工作,即对于法律监督的含义并非无争,法律监督的概念和界限并不是十分明确的。

在英语中,Supervision 接近于汉语监督的词义,意即上方(Super)的看法(vision)。在法律中有关 Supervision 的专用语有 Supervision order(监督令)、Supervisor(监督者)、Supervisory control(司法监督控制权)、Supervisory jurisdiction(司法监督权)、Supervisory writ(司法监督令状)等。[2] 不过,在英美等国家,Supervision 多用于法律执行机构(the law enforcement organization)之间的上级对下级和法律执行机构内部的上级对下级所实施的管理监督。[3] 有学者认为,"在西方制度体系中却不存在称为'监督'这样的公法意义上的制度","Supervision 或 Supervisor 都是在非国家性的场合使用"[4],这些看法是有失偏颇的。事实上,西方社会的法治中同样存在法律监督,只不过监督的主体、监督的内容和监督的形式有所不同罢了。早在古希腊雅典民主制初创时期(约公元前 594 年),梭伦的宪法民主改革就在权力机关的内部实行了公民大会、四百人会议、陪审法院和贵族会议分工负责、互相制约的体制,并规定雅典公民是监督公共权力机关的主体。公元前 462 年雅典的阿菲埃尔特宪法改革,进一步剥夺了贵族会议的"一切

---

〔1〕 翟文明、李治威主编:《现代汉语辞海》(1),光明日报出版社 2002 年版,第 261 页。

〔2〕 参见《元照英美法词典》,法律出版社 2003 年版,第 1313 页。

〔3〕 Wayne W. Bennett, Kären M. Hess, *Management and Supervision in Law Enforcement*, West Publishing Company, St. Paul and New York, 1992, p. 8.

〔4〕 孙笑侠、冯建鹏:《监督,能否与法治兼容——从法治立场来反思监督制度》,载《中国法学》2005 年第 4 期。

保卫宪法的格外权力”，提高了公民大会的作用，使其成为了雅典的最高立法机关和行政机关。同时制定了贝壳放逐法、不法申诉制度，使法律监督进一步具体化和程序化。[1] 这一经验后来成为古希腊亚里士多德（Aristotle，前 384—322）“政治三要素论”和近代启蒙思想家“三权分立”学说的主要理论来源。不过，在“三权分立”的现代西方社会，人们确实比较忌讳作为上位权力的法律监督，而习惯于使用权力的 checks and balances 即权力制衡，认为权力制衡体现了法律监督和分权制约的原理。

许多法理学教材都讲到法律监督的问题。有学者认为，法律监督作为一个术语，大致源于新中国成立之初中央领导人对苏联检察机关性质的表述，1979 年《人民检察院组织法》第一次明确规定人民检察院是国家的法律监督机关。1982 年的《宪法》第 129 条进一步将上述规定上升为宪法规范。[2] 后来，法律监督概念不断“泛化”，在学界形成了广义和狭义两种解释。如有学者认为，狭义的法律监督指有关国家机关依照法定职权和程序，对立法、执法、司法等法制运作过程的合法性进行的监察、制控和督导；广义的法律监督指一切国家机关、政治或社会组织和公民，对法的全部运作过程的合法性所进行的监察、制控和督导。[3] 有学者认为，广义的法律监督泛指一切国家机关、社会团体和组织、公民，对各种法律活动的合法性所进行的检查、监督、督促和指导以及由此而形成的法律制度；狭义的法律监督专指有关国家机关依照法定权限和程序，对法的创制和实施的合法性所进行的检查、监察、督促以及由此而形成的法律制度。[4] 有学者认为，狭义上

---

〔1〕 参见许海峰主编：《法律监督的理论与实证研究》，法律出版社 2004 年版，第 15 页。
〔2〕 参见谢鹏程：《法律监督概念应当专门化》，载《法制日报》2004 年 7 月 15 日。
〔3〕 参见张文显主编：《法理学》，高等教育出版社 2003 年版，第 285 页。
〔4〕 参见孙国华、朱景文主编：《法理学》，中国人民大学出版社 1999 年版，第 391 页。

的法律监督,是指法定的国家机关依法对立法、执法和司法活动的具体情况进行的监察和督导;广义上的法律监督,泛指所有国家机关、社会组织和公民对各种法律活动的合法性情况进行监察和督导。[1] 可见,我国学者对法律监督概念的解释虽有所不同,但却大同小异。其共同点在于,都认为狭义的法律监督是指特定国家机关的法律监督,广义的法律监督则是指一切国家机关、社会组织和公民的法律监督。但是,由于学者对法律监督的范围和方法,特别是广义法律监督的范围和方法缺乏界定,因此在法律监督的理论和实践中出现了不一致的理解和学说。如特定的国家机关的法律监督在什么程度上才是适当和有效的,公民的法律监督活动是只受现行法律约束呢还是也包括正义原则的指导?

由于狭义的法律监督具有一定的局限性,因此在我国的法治建设中,人们把法律监督的希望更多地寄托在了广义的法律监督,即全社会和全民对法律的监督。我国要健全和完善的法律监督应该是包括一切国家机关、社会团体和组织、公民对法律的监督制度。这一法律监督制度的实质,必须是以人民民主为基础,以社会主义法治为原则,以权力的合理划分和相互制约为核心,依法对各种行使国家权力的行为和其他法律活动进行监察和督促的法律机制。这是由我国社会主义法治的性质和要求——民主法治的特点所决定的。因为:其一,我国法律监督的基础是社会主义民主。中华人民共和国的一切权力属于人民,因此我国的法律监督在本质上必须建立在人民主权基础之上。法律监督的重点对象是代表人民行使国家权力的所有国家机关及其工作人员的各种公务活动。其二,法律监督的指导原则是“依法治国,建设社会主义法治国家”的宪法原则。民主法治既是构建社会

[1] 参见沈宗灵主编:《法理学》,高等教育出版社2004年版,第452页。

主义和谐社会的一个重要标志,又是构建社会主义和谐社会的重要因素和手段。[1] 这就决定了我国的法律监督必须围绕民主监督来完善和实现制度创新。

二、我国法律监督体制中存在的问题

法律监督体制直接取决于国家的性质、形式、政治体制和历史传统等因素,其完备和发达程度最终是由国家的经济水平所决定的。新中国诞生以来,在社会主义法制建设和法治理念的建设中,也形成了中国特色的法律监督体制。根据监督主体的不同,我国现行的法律监督一般被分为国家监督和社会监督两大系统。国家监督,是由国家机关以国家名义依照法定职权和程序进行的具有法律效力的监督。它包括国家权力机关——各级人民代表大会及其常务委员会的监督、各级国家行政机关的监督和检察机关、人民法院的司法监督。而社会监督,是由国家机关以外的政治或社会组织和人民群众进行的不具有直接法律效力的监督,根据监督主体的不同,一般被分为政治或社会组织的监督、社会舆论的监督和人民群众的监督等。尽管我国现行的法律监督体制具有纵横交错和多层次的结构,但是在运作过程中却存在着许多突出的问题。特别是,法律监督疲软、缺位和难行,可以说是已经成了我国法治建设中的一个痼疾。

我国现有的法律监督体制虽然有了一个基本的轮廓,但实际上并没有形成一个职权明晰、协调配合、高效有力的整体机制。这主要体现在:从纵向关系看,人大监督是具有最高法律效力和最高层次的监

---

〔1〕 参见李林:《充分发挥民主立法在构建社会主义和谐社会中的作用》,载《中国社会科学院院报》2005 年 6 月 30 日。

督，但它与检察机关的法律监督职权划分不清，与行政机关在监督职能上也存在重叠，另外它与其他国家机关在法律监督方面也没有沟通、配合及控制的制度化路径，因此人大的法律监督往往由于受到人力、物力及信息的限制而难以取得实效。从横向关系看，权力机关以外的其他国家机关，在法律监督方面缺乏协调制度，它们之间的监督关系并没有完全理顺，权力配置存在失衡，如检察机关既要行使侦查、批捕、审查起诉、公诉的职能，又要监督公安机关、审判机关的司法活动，而公安机关、审判机关的抗衡手段又明显不足。从国家机关与人民团体、人民群众的法律监督关系看，由于民权意识的淡薄和官僚主义的横行，人民团体和人民群众的法律监督尚处于萌芽阶段，缺乏制度性的保障和宽容。由于法律监督职权不清，监督职能重叠，上下沟通、配合及控制渠道不够畅通，左右缺乏协调，使得我国的法律监督在体制上缺乏有序性和统一性，各行其是，导致整个国家法律监督机制难以发挥其应有的效能。具体地讲，主要存在下列几个方面的问题：

（一）人民代表大会及其常务委员会的法律监督中存在的问题

在现实中，人民代表大会及其常务委员会（以下简称“人大”）的法律监督，除了少数个案监督以外，确实存在着虚化和口号化的问题。人大的监督权一般分为法律监督权和工作监督权。人大以其主体的最高性和权威性而居于法律监督机制的核心，是其他国家机关法律监督权的来源，人大法律监督作用的正常发挥是协调、监控其他国家机关正常、有效进行法律监督工作的基础和保障，直接关系到整个法律监督机制的运行。人大法律监督权的虚化导致了整个法律监督机制的乏力。人大法律监督权的虚化主要表现在以下几个方面：一是在立法监督上主要表现为违宪审查制度的缺失；对违反宪法、抵触上位法及不适当的法律、行政法规、地方性法规、自治条例和单行条例、规章的审查监督缺乏程序而流于形式；行政机关的立法监督权（《立法法》规定上级政府有权改变或撤销下一级政府的不适当规章）与人大的立法监督权之间的协调缺乏切实可行的制度安排，往往妨碍人大的知情权，从而无从监督。二是在执法监督上主要表现为：人大的法律监督与行政机关内部的监督职能重叠并缺乏协调沟通的渠道；非立法性抽象行政行为的监督没有制度上的安排，导致行政机关利用非立法性抽象行政行为来躲避监督，违法行政；政务公开制度不完善，行政权力运作的公开性和透明度不够，影响人大的知情权力和执法监督的开展。二是在司法监督上主要表现为：对司法解释的合法性审查缺乏制度安排；人大与检察机关的法律监督权限、职能划分不清。因此，人大的法律监督机制仍然面临着十分严峻的改革与创新。我们知道，人大的法律监督直接引自苏联时期的法律监督体制，直到 1992 年俄罗斯宪法第 104 条中仍然规定："俄罗斯联邦人民代表大会是俄罗斯联邦最高国家权力机关"，"有权审查和解决属于俄罗斯联邦管辖的任何问题"。但是，俄罗斯 1993 年通过的现行宪法，确立了以总统制为核心的三权分立的国家权力体制，规定总统是国家元首，是俄罗斯宪法和公民的权利与自由的保障，议会则是代表与立法机关，只行使立法与监督职能。[1] 由于俄罗斯最终放弃了人民代表大会制度，因此我国人大法律监督体制的改革也失去了传统的参照物，面临着史无前例的风险与挑战。

取得某些成效的人大个案监督也存在较大的争议。人大的个案监督主要是指各级人民代表大会及其常务委员会对法院审理案件的监督，同时也指对检察院和公安机关办理案件的监督。个案监督兴起于 20 世纪 80 年代后期，其产生和发展不是偶然的，而是我国法治环

---

〔1〕 参见李静杰、郑羽主编：《俄罗斯与当代世界》，世界知识出版社 1998 年版，第 32 页。

境的产物，因此其存在具有一定的合理性。至少在现阶段，个案监督对于克服司法腐败，促进司法公正，缓解群众对司法不公的不满情绪，是有一定积极作用的。但从长远看，克服司法腐败、促进司法公正，最终必须依靠司法制度自身的建设，提高司法人员的素质，完善司法内部和外部的制约机制。个案监督之所以遭到担忧和怀疑，是因为宪法和法律本身没有对这种监督方式和程序作出具体明确的规定，另外，由于个案监督是人大权力对司法的强势介入，在革除司法腐败的同时，也容易损害司法的独立与权威，因此它是一把“双刃剑”。[1] 有学者认为，人大的个案监督是在司法制度和法治建设还不够完善时的“权宜之计”。[2] 但是，对于个案监督的“退出”，作者认为既然它是一个自发性和历史的产物，那么其“退出”也应该是自行消亡，而不宜用立法的形式加以废止。目前应该做的是，对个案监督的范围、主体、方式、原则、程序及责任等予以规范化。

（二）人民检察院的法律监督中存在的问题

我国的专家学者在研究法律监督时，过分地集中在了人民检察院的法律监督上，作者认为这样有可能给人造成一个错觉，好像法律监督的核心就是人民检察院的法律监督。有专家甚至认为，法律监督是以权力为基础的，因此“法律监督的主体就不可能是泛指的享有监督法律实施权利的一切国家机关、社会团体和组织、公民，而只能是法律赋予其享有法律监督权的特定的国家机关”，“只有检察机关的监督才具有法律监督的性质”，人大等的监督“确切地说是一种权力监督，而

〔1〕 傅达林：《法治考量人大个案监督》，载《工人日报网络版》2006年6月12日。

〔2〕 蔡定剑主编：《监督与司法公正——研究与案例报告》，法律出版社2005年版，第99页。

不是法律监督”。[1] 我国《宪法》第129条规定的“中华人民共和国人民检察院是国家的法律监督机关”[2]，这一说法容易在逻辑上造成与宪法第123条规定的“中华人民共和国人民法院是国家的审判机关”那样的排他性解释，即认为审判机关是唯一的，法律监督机关也是唯一的。有学者认为，狭义的法律监督仅指人民检察院行使的，与检察权相一致的专门法律监督。这种观点排斥了作为其他国家机关的人大监督、行政监督和法院监督等重要法律监督形式[3]，忽略了其他国家机关作为监督主体时行使的监督权也是一种国家权力的情况，[4]不利于国家法律监督体制的建设和运行。

我国宪法对检察院职能性质的定位，源于“苏维埃社会主义共和国联盟”早期宪法和法律规定的检察院特有的“一般监督”权。所谓“一般监督”，是指检察院代表国家对于地方权力机关、国家管理机关、各部及其所属机关、所属企业和合作组织是否确切执行法律，它们所颁发的法律性质的文件是否合法，以及公职人员和公民是否确切遵守法律实行最高监督的活动。[5] 我国的1954年宪法和随后颁布的《人民检察院组织法》全面采纳了苏联检察院的“一般监督”职能，规定最高人民检察院对于国务院所属各部门、地方各级国家机关、国家机关工作人员和公民是否遵守法律，行使检察权；地方各级人民检察院对

---

〔1〕 许海峰主编：《法律监督的理论与实证研究》，法律出版社2004年版，第9页。

〔2〕 事实上，把“法律监督”作为检察机关的性质和定位，大致源自新中国成立之初中央领导人对苏联检察机关性质的概括性表述，如1959年9月4日中共中央发给中央局、分局、省、市、县委关于建立检察机构问题的电报中就有类似的说法。1979年人民检察院组织法第一次明确规定人民检察院是国家的法律监督机关。1982年宪法第129条把组织法第一条规定上升为宪法规范。参见谢鹏程：《法律监督概念应当专门化》，载《法制日报》2004年7月15日。

〔3〕 参见汤唯、孙季萍：《法律监督论纲》，北京大学出版社2001年版，第5页。

〔4〕 参见陈力铭：《违宪审查与权力制衡》，人民法院出版社2005年版，第162页。

〔5〕 参见[苏联]列别金斯基：《苏维埃检察院及其在一般监督方面的活动》，陈华星、张学进译，法律出版社1957年版，第4页。

于地方国家机关的决议、命令和措施是否合法,国家机关工作人员和公民是否遵守法律,实行监督。有学者认为,"一般监督"虽然带有苏联检察体制的集权色彩的缺陷,但将检察机关视为国家法律制定和执行的专门监督机关,这一理念和制度设计,应是符合人类社会发展规律的。[1] 但是,我们必须看到的是,强调检察机关的"一般监督"职能,与我国检察机关所面临的打击犯罪任务,尤其是我国刑事诉讼法第3条规定的"检察、批准逮捕、检察机关直接受理案件的侦查、提起公诉"等工作,确实存在着一定的冲突或矛盾。事实上,作为历史概念的"一般监督",也并没有能够在苏联社会主义的法制建设中发挥应有的作用,我国引进这一检察制度后的半个多世纪的法律监督实践中,检察机关的法律监督也没有能够在整个法律监督体制中占据和扮演主要角色。因此,作者认为,对于我国法律监督体制的反思应从广义的角度去分析和思考,即在广义的法律监督——国家机关的监督和社会监督的比较中,重组我国的法律监督机制,包括借鉴或采纳世界上行之有效的法律监督方式。目前应该加强的是作为社会监督的人民团体和人民群众对法律的监督。为了消除人们的误解和认识上的混乱,《宪法》第129条应该修改为:中华人民共和国人民检察院负责检察、批准逮捕、直接受理的案件的侦查和提起公诉,对国家的法律具有监督权。

(三) 人民民主的法律监督中存在的问题

以往,我国学者一般把国家监督看成是我国法律监督的"基本形式",而把社会监督(各政党、各社会团体和人民群众的监督)看成是次要的法律监督体系的组成部分。作者认为这一观点值得商榷,因为

---

[1] 参见何勤华:《关于新中国移植苏联司法制度的反思》,载《中外法学》2002年第3期。

它既不符合“民为贵，社稷次之，君为轻”（《孟子·尽心下》）或“人民的声音是上帝的声音”（Vox populi, vox Dei）的传统法律思想，也不符合目前世界上发达的法律监督制度和思想潮流。实际上，我国《宪法》的“总纲”中也规定了人民至上的原则，《宪法》第 2 条第 1 款规定：“中华人民共和国的一切权力属于人民。”第 2 款规定：“人民依照法律规定，通过各种途径和形式，管理国家事务，管理经济和文化事业，管理社会事务。”《宪法》第 3 条中规定：“全国人民代表大会和地方各级人民代表大会都由民主选举产生，对人民负责，受人民监督。”《宪法》第 27 条中还规定：“一切国家机关和国家工作人员必须依靠人民的支持，经常保持同人民的密切联系，倾听人民的意见和建议，接受人民的监督，努力为人民服务。”因此，在法理上任何把某一国家机构或社会组织凌驾于人民之上的规定和思考方法都是与宪法的精神和社会主义的原则相违背的。但问题是，以往在法律监督的问题上强调国家机关监督的远远超过人民民主监督，并且造成了难以逆转的局面，这已对国家的民主建设起到了阻碍作用。以江泽民为核心的党的第三代领导集体一直非常重视社会主义民主建设，强调要扩大基层民主，保证人民群众直接行使民主权利，依法管理自己的事情；要积极完善民主监督制度，加强对宪法和法律实施的监督，坚决防止和铲除腐败。[1]

法律的制定者、执法者与人民团体、人民群众的关系存在着既相一致又相冲突的方面，这就决定了人民团体和人民群众应该是最有效的法律监督者。董必武先生在 1956 年中国共产党第 8 次全国代表大会上指出：“我们人民民主法制所以有力量，是由于它实事求是地总结了人民斗争的经验和贯彻了群众路线。我国许多重要法律、法令，都

〔1〕 参见李铁映：《论民主》，人民出版社、中国社会科学出版社 2001 年版，第 10 页。

是我们党在实际工作中经过调查研究，提出初稿，同民主党派商谈，逐渐形成草案，经过国家机关讨论修改以后，有的仍以草案形式发交地方国家机关、人民团体一直到县乡，发动广泛的群众讨论；有的还经过一定时期的试行，再由国家立法机关审议通过，才成为正式的法律、法令。正由于我们的法制是这样地贯彻'从群众中来，到群众中去'的原则，所以它也就无隔阂地反映了人民的意见。"[1]同样，法律监督也应该充分地依靠人民群众，建立群众监督的有效方式和机制，这是真正维护我国民主法治的基本保证。

（四）中国共产党的法律监督中存在的问题

作为长期和唯一执政党的中国共产党的法律监督具有特殊的性质。中国共产党的监督是我国社会主义法律监督体系中的重要组织部门，也是马克思主义法学中的一个重要的理论和实践问题。[2] 在新中国成立初期，虽然有政治家强调"党是通过自己的党员和党组织领导国家机关"[3]的，但是长期以来，党组织与国家机关的关系始终没有清楚地划分。从宏观上讲，我国的领导体制经常实行的是党政双重领导体制。这种体制，不同于现存的资本主义国家形态及其以前的一切国家形态的政治体制，是"中国共产党所创立的一种崭新的领导体制"，因此"执政党同国家政权的关系，在思想上、政治上是一种领导和被领导的关系"。[4] 但是，中国共产党的监督与人大的法律监督也存在着不协调的方面，主要表现在：一是人大无法对党实行监督；二是党

[1] 《董必武法学文集》，法律出版社2001年版，第345页。

[2] 参见刘在平、秦永楠主编：《中国小百科全书》(4)，团结出版社1994年版，第357页。

[3] 《董必武法学文集》，法律出版社2001年版，第347页。

[4] 孟祥馨、楚建义、孟庆云：《权力授予和权力制约》，中央文献出版社2005年版，第5—6页。

的监督和人大的监督对其他国家机关的监督没有制度上的协调,人大监督依法处于最高的法律监督地位,但在现实中,当其对其他国家机关行使监督权的时候,往往为党的监督所取代或因为党的监督的介入而不能有效地开展。造成人大监督与党的监督关系不顺的主要原因是人大与党的关系没有理顺。“党领导人大,人大监督党”这是目前人们对人大与党的关系的通行提法。“人大监督党”是有根有据的,因为:其一,我国《宪法》第5条规定:“一切国家机关和武装力量、各政党和各社会团体、各企业事业组织都必须遵守宪法和法律。一切违反宪法和法律的行为,必须予以追究。”其二,宪法和人大组织法还规定:全国人大及其常委会行使宪法、法律监督权,保障宪法和法律在全国范围内的实施;地方各级人大及其常委会在本行政区域内,保证宪法、法律、行政法规的遵守和执行。其三,《中国共产党党章》的总纲中规定:“党必须在宪法和法律范围内活动”。“党领导人大”则只是对我国政治现实的描述,存在的并不代表都是合理的,这在理论上仍有尚待研究的地方,虽然我国宪法在序言中确定了党在国家政治生活中的领导地位,但舍此以外,党的权力性质、权力内容,行使权力方式和程序,以及党的外部监督制度等等都没有做相应的立法,党实际上是游离在法律制度之外,党组织不属于宪法规定的国家机关却又超越了国家机关,其权力不属于宪法规定的国家权力却又超越了国家权力。这种没有法律予以明确约束的“超国家权力”的存在,显然不符合民主法治原则,也不符合我国宪法确立的依法治国建设社会主义法治国家的目标。[1] 党在没有法律具体约束的前提下去领导人大,而作为被领导的人大是受法律约束的,他必须依靠和按照法律去履行监督职能,那么人大到底该按照什么法律去监督这种没有法律

〔1〕 参见李飞:《论法律监督权重新配置与法律监督机制的创新——关于突破我国法律监督困境的制度构想》,载《法律思想网》2006年5月5日。

明确约束的“超国家权力”呢？这显然是个问题，要解决这个问题就必须将党的机构定位在国家机关体系内，将党的领导纳入法制轨道中。可以说，共产党领导的法制化是建设社会主义法治国家必须迈进的一步，这既能巩固宪法赋予党的领导权，又能使党的领导与宪法确立的民主法治的基本治国方略在制度上融为一体。这个问题如果不能很好解决，那么人大监督与党的监督之间的关系就很难理顺，其他国家机关的监督与党的监督之间的关系则自不待言。

自20世纪末以来，国家机关的改革就涉及各自的法律监督职责和改进方案，如：1993年9月，八届全国人大常委会第3次会议通过《加强对法律实施的检查监督的若干规定》；2002年8月，《中华人民共和国全国人民代表大会和地方各级人民代表大会监督法(草案)》经九届全国人大常委会第29次会议初步审议；2006年3月9日，吴邦国在十届全国人大三次会议的工作报告中指出，应当继续把监督工作落到实处，把监督法列入2006年计划安排审议的立法项目；2006年8月27日第十届全国人民代表大会常务委员会第23次会议通过了《中华人民共和国各级人民代表大会常务委员会监督法》。另外，最高人民法院于1999年10月20日制定公布了《人民法院五年改革纲要》确定的39项改革任务，并于2005年10月26日发布了《人民法院第二个五年改革纲要》涉及8个方面的50项法院改革措施，两个纲要都包括改革和加强人民法院内部监督和接受外部监督的各项制度，完善对审判权、执行权、管理权运行的监督机制等内容。最高人民检察院于2000年1月10日通过了《检察改革三年实施意见》，并于2005年9月20日公布了《关于进一步深化检察改革的三年实施意见》，确定了增强检察机关法律监督能力，深化检察改革的主要方向。可以说，这些改革举措，虽然起到了一定的加强法律监督的作用，但却都是各自为战，着眼于本机关的法律监督工作和职责的改进，因此具有局部的、浅层的和非系统的缺陷,缺乏全局性和科学性。在实践中,导致法律监督机制的整体功能形同虚设或难以发挥作用,人们只能设法求助于某个领导发起的个案监督、好人法治,把法治寄托于个人或某一领导集体。[1]

在理论研究方面,有关议论多停留在法律监督的必要性和重要性的层面上,或者仅就法律监督机制的某一具体缺陷提出修补、完善的意见。虽然人们也认识到法律监督机制的缺陷存在着政治体制上的原因,但不少学者认为只有实行"三权分立"才能解决,而忽略了我国社会主义制度的特性和国情。

三、民主法律监督的地位与方式

(一) 民主法律监督的地位

马克思和恩格斯在《共产党宣言》中指出:"工人革命的第一步就是使无产阶级上升为统治阶级,争取民主",而其最终实现的"将是这样一个联合体,在那里,每个人的自由发展是一切人的自由发展的条件"。[2]

---

〔1〕 下面的案例反映了好人法治或类似于传统社会的父母官实施法律监督的一般情况:河南平顶山叶县农民工孟宪潮等7人为讨要6000多元血汗钱,用了半年时间,跑了6次法院,花了1000多元的冤枉钱,还是没有讨回一分钱。2006年5月14日,《河南日报》刊发了《一位农民工的辛酸讨薪路》一文,报道了孟宪潮等7人为了讨回被拖欠的工资,6进法院无结果的情况,引起了省委书记、省人大常委会主任徐光春的高度重视。徐书记对此作出批示:请省人大发挥监督作用,责成有关部门立即解决。接到批示后,省人大组成督察组,于5月19日上午召开主任会议。省政府、省法院迅速作出安排,成立联合调查组,赴焦作、叶县,对有关部门和当事人进行调查。根据调查结果,河南省政府和省高院通报了处理情况:用工单位焦作市市政工程公司、焦作市劳动和社会保障局和叶县劳动和社会保障局被省清欠办通报……叶县法院党组写深刻检查,叶县法院有关人员受到通报批评、行政处分、调离审判岗位处理。最后经协调,孟宪潮等7人终于拿到了自己的血汗钱以及1000元的经济损失费。参见郭富收:《七农民工半年讨不来血汗钱、省委书记一纸批复解决问题》,载《北京晚报》2006年6月22日。

〔2〕《马克思恩格斯选集》(第1卷),人民出版社1972年版,第272—273页。

因此,在社会主义民主和自由的关系上,可以说,民主是前提,是基础。张友渔先生在1943年就指出:“不建筑于民治的基础之上,则不论人治也好,法治也好,都不免成为一种独裁政治。只有实行民治,实行比近代民主国家更进步的民治,使人民享有自己制定法律,修改法律,废止法律,选任官吏,监督官吏,罢免官吏的权力,亦即中山先生所说的直接民权,才能够有治法,也才能够有治人。”[1]按照张老的主张,进步的民主政治是法治的基础,而民主的法律监督则是法治的保证。张老在1980年谈到社会主义民主与法制的关系问题时指出:“社会主义民主是社会主义法制的基础,社会主义法制,是保卫社会主义民主的武器。我们要发扬社会主义民主,同时就必须加强社会主义法制,两者是统一的,不可缺一,不可偏废。”[2]在社会主义法制建设取得阶段性成就的现在,应该特别地强调社会主义民主,这是我国社会主义法治建设的根本保障。在法治社会中的民主建设的主要任务之一就是要加强民主法律监督,这是关系到法治建设能否真正深入人心和发挥作用的关键。正如有学者指出的那样,“人民群众的监督是我国法律监督体系的基础”[3]。为此,必须建立起人民监督的有效形式,赋予人民监督以必要的法律保障。

为了实现人民群众的监督权利,我国已经先后制定了《中华人民共和国行政监察法》、《信访条例》、《人民检察院复查刑事申诉案件规定》、《最高人民法院关于各级人民法院处理各级人民法院刑事案件申诉的暂行规定》、《最高人民法院关于各级人民法院处理民事和经济纠纷案件申诉的暂行规定》、《人民检察院举报工作规定》、《中华人民共和国集会游行示威法》等有关人民群众监督权的法律法规和司法机关的工作规

---

〔1〕《张友渔文选》(上卷),法律出版社1997年版,第298页。
〔2〕《张友渔文选》(下卷),法律出版社1997年版,第46页。
〔3〕刘金国、舒国滢主编:《法理学教科书》,中国政法大学出版社1999年版,第226页。

定。此外，刑事诉讼法、民事诉讼法、行政诉讼法也对公民申诉、控告的权利作出了规定。但是，与人民群众监督的客体及内容的广泛性相比，现有的法律、法规和规定还不够全面、不够系统，相互之间还缺乏协调，各地区的发展也不平衡。[1] 人民群众的法律监督并没有能够有效地得到开展和保证，而且在实践中也产生了许多新的问题，其中最突出的问题是监督面窄，力度不足，缺乏强制力或震慑力。为此，我们必须按照宪法赋予人民群众的广泛的法律监督权利，在监督的广度、深度和强度上下工夫，建立起更加广泛、更加宽容、更加直接的民主监督机制。

民主的要点在于代议制或代表大会制确实是民治的反映，而且通过公民参与、彼此沟通和咨询可以使其更加丰富。但是，“即使在今天，关于民主也没有一个权威性的定义。普选权也许是一个必要的指标，但这也可以为下列情形下定义：可以是通过常见的人民创议进行的直接统治，也可以是不常见的就一个受怀疑的（甚至是受欢迎的）独裁者所举行的公民投票”[2]。由于民主制度天生具有一定的缺陷，因此法律的民主监督也有可能偏离它的初衷。柏拉图在他的《理想国》中认为，民主制度一方面是自由和宽容的，它对我们那些琐碎的要求是不屑一顾的；另一方面它对我们建立理想国家时所宣布的庄严原则是蔑视的，是一种使人乐意的无政府状态的花哨的管理形式，因为它不加区别地把一种平等给予一切人，而不管他们是不是平等者。[3] 民主政治的另一个极端是导致“僭主政治”。柏拉图指出：“人民领袖的所作所为，亦是如此。他控制着轻信的民众，不可抑制地要使人流血；他

---

〔1〕 参见张骥：《论完善法治化的法律监督体系》，载《中外法学》1998 年第 6 期。

〔2〕 [美]路易斯·亨金：《宪政·民主·对外事务》，邓正来译，生活·读书·新知三联书店 1996 年版，第 19 页。

〔3〕 参见[古希腊]柏拉图：《理想国》，郭斌和、张竹明译，商务印书馆 1986 年版，第 333 页。

诬告别人,使人法庭受审,谋害人命,罪恶地舔尝同胞的血液……最后,这种人或自己被敌人杀掉,或由人变成了豺狼,成了一个僭主。"[1]不受约束的民主或者导致无政府主义,或者导致专制和集权,这两种方向都是险途。对民主的必要制约,是良好的法律治理即法治,它在一定程度上表现为一种"斗争的民主制"[2],包括国家以保护自由为名而对自由实施一定的限制。亚里士多德曾指出:"法治应包含两种意义:已成立的法律获得普遍的服从,而大家所服从的法律又应该本身是制订得良好的法律。"[3]法治对于民主的作用在于保障和制约它的任性和运作,避开上述两个极端。它通过对立法设定严格的条件和程序,以减少不良法律产生的可能性,它亦可以对司法设定严格的条件和程序以求最大限度地减少专横权力的危险,但是这一切又往往是通过一定形式的阶级对话和阶级斗争才得以确立。因此,法律的民主监督既不能是无组织或无政府主义的人民监督,也不能委托给某个执政党或领袖实行包办,而必须是遵循法治原则的理性监督和斗争监督,它必须保持在一个恰当的限度内,在正义或自然法的原则中寻找自己的界限,其最高形式是民主法制原则下的民主对话监督。民主对话监督是一种进步的社会运动,而法律的改善往往需要借助于一定的社会运动。社会运动不断结合市民社会的法和制度,把法律规范联结到普通人民的信仰和实践,以便保护那些法律认为是合法的和公众认为是正当的两者之间的关系。这个对社会秩序的联结维护了法律的规范生命力,使法律变得正当、有效和切实可行。[4]

---

〔1〕［古希腊］柏拉图:《理想国》,郭斌和、张竹明译,商务印书馆1986年版,第345页。

〔2〕［日］通口阳一、森英树等:《国家与自由——宪法学的可能性》,日本评论社2004年版,第3页。

〔3〕［古希腊］亚里士多德:《政治学》,吴寿彭译,商务印书馆1965年版,第199页。

〔4〕Jack M. Balkin & Reva B. Siegel, Principles, Practices, and Social Movements, *University of Pennsylvania Law Review*, Vol. 154, 2006, p. 946.

(二) 民主法律监督的方式

以往的法律监督论者常常把人民群众的监督简单地归入“舆论监督”的范畴。笔者认为,真正的人民监督不能是没有任何法律地位的舆论监督,而必须是具有一定强制力和对话途径的民主监督。这种对话的民主监督在本质上是民主法治国家中得到承认的有效斗争。哈贝马斯曾指出,民主法治国家行使政治权力具有双重途径,即对现实问题从制度层面上加以处理,以及根据程序对各种不同利益加以调节,这两种途径都必须看做是法律系统的具体实施。但是,在政治舞台上,针锋相对的是集体行为者,他们为了集体目标和集体财富的分配而你争我夺,互不相让。只有在法庭上和在法学话语中,才会涉及个体的可诉权利。即使是已经生效的法律,随着语境的变迁,面对新的要求和新的利益格局,也必须重新加以解释。这场斗争的核心是解释和贯彻历史上未能兑现的要求,实际上就是为了争夺重新恢复集体行为者的合法权利,维护其尊严不受轻视。〔1〕

最近在江苏省等地出现的“人民监督员”对人民检察院查办职务犯罪工作进行外部监督的实践〔2〕,在一定程度上体现了这种对话民主监督或“承认斗争”的法律监督作用。最高人民检察院开展人民监督员制度试点工作三年来,全国已有86%以上的检察院开展了这项工作。三年来的实践表明,这一制度在检察机关防范违法办案、排除外

〔1〕 参见[德]尤尔根·哈贝马斯:《包容他者》,曹卫东译,上海人民出版社2002年版,第237页。

〔2〕 针对查办职务犯罪案件中决定逮捕、撤销案件和不起诉等环节容易发生执法不公、执法不严问题,人民检察院系统引入外部监督机制,由人民监督员监督办案。江苏省1215名人民监督员自2004年上岗以来,共有408件“三类案子”进入了监督程序,人民监督员经过评议、表示不同意检察机关的决定和拟处理意见的18件案件中有7件被检察机关采纳。参见项至陵、葛小林:《人民监督员外部监督职务犯罪》,载《现代快报》2006年2月17日。

部干扰、保证办案质量、促进执法公正等方面发挥了积极作用。[1] 据报道，截止到2006年12月底，全国各级试点检察院共监督对职务犯罪嫌疑人不服逮捕决定而检察机关拟维持逮捕决定、经立案侦查后拟撤销和拟不起诉的“三类案件”15736件。其中，经人民监督员独立评议表决，同意检察机关拟定意见的有15000件，占95.3%；不同意的有736件，占4.7%。检察机关采纳人民监督员意见的有331件，占44.9%。人民监督员提请上级检察院复核333件，占未采纳监督意见案件的82.6%；上级检察院采纳监督意见258件，占77.4%。[2] 正如有学者指出的那样，人民监督员制度“是推进检察改革、保障检察权的正确行使，维护社会公平正义，接受人民监督的一项非常重大的举措”[3]，是检察机关落实宪法的规定，主动接受人民监督的一项制度创新[4]。可以说，从人民监督员制度的理论和实践层面看，它“不失为推进社会主义民主法治进程的有益探索”，是“一种新型的社会监督制度安排”。[5]

另外，以多数人的共同利益关系为背景的“公共诉讼”、“集团诉讼”等公益诉讼形式，也具有人民民主法律监督的机能。公益诉讼案件在多数情况下存在着原告人数众多，具有集团性和扩散性等特征，而作为被告一方大多是行使国家公权力的政府机关或实力雄厚的大企业，是社会的实际统治集团。因此，公益诉讼形式的法律斗争，在本质上是弱势群体对强势群体或统治集团的一种对话和斗争方式，即公

---

〔1〕 参见黄东黎：《人民监督员制度亟待立法规范》，载《法制日报》2006年9月2日。

〔2〕 参见杜萌：《人民监督员制度试点工作取得突出成效："三类案件"近五成监督员意见被采纳》，载《法制日报》2007年2月26日。

〔3〕 李卫东：《人民监督员制度的实践思考》，载《人民检察》2005年第4期。

〔4〕 参见左卫民、吴卫军：《人民监督员：理念与制度的深化和发展(1)》，载《人民检察》2005年第1期。

〔5〕 徐汉明：《人民监督员制度的根据、特征与功效》，载《法学评论》2006年第6期。

益诉讼的宗旨实际上是代表穷人、少数民族、身残者、女性、老人等弱势群体开展法律斗争。这种法律斗争对于国家公共政策和法律的解释、调整、修改和创制起着十分重要的催产作用，是民主法律监督不可缺少的方式。长期以来，我国对政治行为、立法行为、国家决策行为等缺乏有效的可诉机制，从而使法律的实施缺乏直接的民主监督。我国现行的民主法律监督中最大的缺陷就是不具备监督性质的可诉性，法律监督缺少司法救济制度做保障。“无救济即无权利”，缺乏司法救济的权利必然形同虚设，只有将人民的法律监督权转换成可诉性的权利，民主法律监督才能借助司法制度资源得到落实和健康发展。

为了保证人民民主对话和民主监督的权利，国家必须制定出一系列的程序规则，除了改善已有的《集会游行示威法》和《信访条例》等法规外，必须尽快出台《突发事件应对法》、《人民监督员法》、《公益诉讼法》等与法律监督机制有关的法规。在这些法规中，必须明确政府应急能力中的法律能力，即限制和停止人民的自由和权利，限制国家决策的民主程序的条件、程度、时间和方式，究竟怎样才是合适和正当的；政府采取限制或紧急措施不能没有任何道德和社会约束，不能为了克服危机而无所顾忌、为所欲为，也不能以克服危机为由而不计任何物质和社会代价；政府的依法行政和经济开发不得侵犯社会公共利益。

（三）《监督法》的意义及其局限性

近二十年来，有不少人呼吁尽快制定一部法律监督法，以求有关部门的法律监督有法可依。2002 年 8 月 23 日，各级人大代表和全国人民期盼已久的《中华人民共和国全国人民代表大会和地方各级人民代表大会监督法（草案）》终于提请第九届全国人大常委会第 29 次会议审议，2006 年 8 月 27 日第十届全国人民代表大会常务委员会第 23

次会议，以155票赞成、1票反对和5票弃权的强势，通过了以上述草案为基本内容的《中华人民共和国各级人民代表大会常务委员会监督法》（以下简称《监督法》）。《监督法》以宪法为依据，坚持马克思列宁主义、毛泽东思想、邓小平理论和“三个代表”重要思想，坚持人民民主专政，坚持社会主义道路，坚持改革开放，总结我国人大常委会监督工作的实践经验，从我国的国情和现阶段的实际情况出发，规定了各级人大常委会对本级人民政府、人民法院和人民检察院的工作实施监督的方法、内容和程序。《监督法》共9章48条，自2007年1月1日起施行。主要包括：总则；听取和审议人民政府、人民法院和人民检察院的专项工作报告；审查和批准决算；听取和审议国民经济和社会发展计划、预算的执行情况报告；听取和审议审计工作报告；法律法规实施情况的检查；规范性文件的备案审查；询问和质询；特定问题调查；撤职案的审议和决定；附则。

按照宪法和有关法律规定，我国民主体制的根本性制度是人民代表大会制度。在人民代表大会统一行使国家权力的前提下，采取行政、审判、检察的权力划分。根据这一结构，国家行政机关和司法机关的权力均源自本级人大和人大常委会，因此从理论上讲，人大的监督权应该是至高无上和日常性的。但是，在现实中，各级人大及其常委会的崇高权力却受到种种羁绊，而无从实施。从法理上说，人大及其常委会所拥有的权力中，仅次于立法权和预算审议权的，就是监督权。通过这一权力，人大也可以确保其他部门执行法律及人大的决议，但事实上，各级人大的这一权力并未产生宪法所隐含的那种力量。《监督法》的出台，明确了人大常委会的监督权，也规范了行使这一权力的程序。比如，《监督法》明确规定，“一府两院”要将对人大常委会审议意见的研究处理情况，向人大常委会提出书面报告。人大常委会认为必要的时候，可以作出决议。“一府两院”要在决议规定的期限内，将执行决议的情况再次向人大常委会报告。这就意味着一旦人大常委会启动了工作监督的程序,就能一抓到底。尤其重要的是,《监督法》赋予了各级人大常委会以一种强有力的政令撤销权,即县级以上地方各级人大常委会有权撤销下一级人大及其常委会作出的不适当的决议、决定,有权撤销本级人民政府发布的不适当的决定和命令。这些具体规定都具有很强的针对性,对整治地方保护主义和官僚主义,确保依法执政都具有直接的指导意义。

《监督法》的出台,标志着人大对"一府两院"监督权力的法制化和规范化,其"形式意义大于现实意义"。[1]《监督法》出台的直接动力虽然直接来自国家决策层,但其根本动力在于人民群众的推动。现代监督制度的核心,是建立以权力制约权力、以公民权制约政府权力、以社会权益制约国家权力的长久机制。因此,《监督法》的审议和通过,可以说是我国民主政治建设的一个进步,在中国民主政治发展中具有里程碑意义。《监督法》的制定之所以历时 20 年才出台,主要是因为这部法律的政治性很强,涉及国家的政治制度和国家体制。《监督法》明确规定,人大常委会工作监督的重点,是紧紧抓着关系改革发展稳定大局和群众切身利益、社会普遍关注的重点问题。[2] 可以说,《监督法》的实施确实对于各级人大常委会依法行使监督职权,推动社会主义民主法治建设具有一定的现实意义。但是,各级人大常委会的法律监督毕竟只是人民民主法律监督的一种特殊形式,它必须建立在广泛的民主对话的法律监督基础之上才能发挥有效的作用。另外,由于《监督法》没有涉及我国的法律监督体制,也没有明确人大监督与检察监督、社会监督等的关系。因此,它虽然在我国法律监督体制的建

---

〔1〕 林楚方:《监督法:民主政治生长点》,载《南方周末》2002 年 9 月 5 日。

〔2〕 参见袁祥:《监督法规范国家权力机关对"一府两院"监督权》,载《光明日报》2006 年 8 月 28 日。

设中具有示范作用,但却不是法律监督体制本身的构建和规定。

四、完善我国法律监督制度的思考

通过上述考察,笔者认为,新中国的法律监督制度最初来自苏联的人民代表大会法律监督体制和检察院的"一般监督"制度,由于这一法律监督制度与当时中国的国情和国家理念相适应,以致形成了中国特色的法律监督制度。但是,由于这一监督制度缺乏与其他国家特别是西方法治国家的法律监督制度之间的沟通和交流,并且没有把重点放在人民群众对贪官污吏违法犯法的民主监督程序的构建上,以致逐渐导致功能减弱和制度虚设。《中华人民共和国各级人民代表大会常务委员会监督法》部分地解决了自上而下的法律监督中的程序问题,开启了依法监督和民主监督的先机,但却不能完全体现民主对话监督的精神。为了能够使我国的法律监督制度与世界接轨,笔者认为,应该在未来的法律监督体制中养成人民民主对话的监督形式和法律规则,从而使我国社会主义的法律监督体制直接建立在宪法规定的"一切权力属于人民"的自治原则之上。江泽民在1994年1月曾指出:"一切事情,都要顺应人民群众的要求和愿望去做,才能取信于民,我们的工作才能步步主动、节节胜利。这个历史真理任何时候都不能忘记。"[1]在完善法律监督和权利制约制度的设计和行动中,这个论断具有格外浑厚的历史回音。

---

〔1〕《江泽民文选》(第1卷),人民出版社2006年版,第363页。

第五章　论分权与权力制约

有权力，就会产生权力的集中与分权思想，因此权力制约的理论和实践与国家的产生一样古老。权力制约并不像某些人所说的那样，就必须实行三权分立，或最好的权力制约就是三权分立，社会主义国家的分权和权力制约的伟大实践，也为人类社会的分权思想提供了新的和科学发展的经验。

一、分权与权力制约是什么

有学者认为，分权（decentralization）是权力分散（deconcentration）和权力下放（devolution）的一对孪生程序。分权，能够通过恢复决策程序的自治权和主动权以对抗官僚政治，保护个人免遭来自强大、孤高和缺乏人情味的官僚政治的威胁，同时为健康的民主社会提供一个制剂和基础。[1] 分权能把政治竞争规范到有效地组织、检查、平衡和分散权力的政府体系，而这一体系将能自动运转，并依靠内部机构相互之间的竞争来控制机构的界限和阻止专横的勾结。在牛顿学说的视觉中，分权是"一台会自己运转的机器(a machine that would go of itself)"。[2]

四十多年前，乐观的殖民主义强国、新兴独立的国家和一些西方的援助机构开始帮助发展中国家规划、引进和实施分权的改革和程序。这一漫长的时期至少经历了三个值得注意的阶段，虽然各个阶段所强调的重点不同，但都有渐增的目标。在20世纪60年代早期，分权的倡议者主要聚焦在利用外国干涉支持殖民地走向独立，实现政治公正和提升对公共物品和服务的要求。少数国家追随联邦制的解决办法并考虑在中央与地方政府之间的分权战略，但是大多数新兴独立的国家却在单一制国家模式内部考虑分权。分权的第二个阶段发生在20世纪70年代中期到80年代早期。援助机构激励那些长期独立的和新出现的国家采取分权的改革和程序，以推动发展目标，诸如改善管理和资助项目的承受力、实现经济增长的公正分配和在发展进程中增加乡村地区的参与。援助机构的建议在很大程度上适合那些单一制的国家，尽管一些大国，如印度、墨西哥和尼日利亚具有联邦制度，并且按照宪法规定把权力下放到了州或地方政府。分权的最后一个阶段开始于20世纪80年代中期，援助机构使用结构上的调节制约机制压迫有关政府采纳行政分权的改革和程序。在一定程度上，这些措施满足了市民社会的紧急需求、支持了民主制度的建设，并顺应了

---

〔1〕 Shalini Rajneesh, *Rural Development through Democratic Decentralization*, Deep & Deep Publications PVT. LTD., New Delhi, 2002, p. 38.

〔2〕 Daryl J. Levinson & Richard H. Pildes, Separation of Parties, not Powers, *Harvard Law Review*, Vol. 119, 2006, p. 2312.

种族、宗教或国家主义者对地方自治和更大自治权的要求。它首先促进了现实的和有效的生产，增加了公共物品和服务的供应，建立了以市场为方向的经济（market-oriented economies），在那里公共部门的任务能够有效地得到私有化。[1]

西方的分权思想可以追溯到古希腊亚里士多德的“政体三要素”学说。亚里士多德认为，一切政体都有三个要素组成：其一是关于城邦一般公务的议事机能；其二是行政机能；其三是审判机能。倘使三个要素都有良好的组织，则整个政体也将是一个健全的机构。各要素的组织如不相同，则由以合成的政体也不相同。[2] 当然，亚里士多德提出的构成政体的“三个要素”，与“三权分立”的立法、行政和司法并非是一一对等的，虽然它们之间在名词上是一一对应的。亚里士多德的分权学说开了分权论的先河，此后西方历代政治思想家们无不从这里汲取自己所需要的东西，它成了分权学说逻辑进展的思想链条上的第一个环节。[3] 在政治思想史上，英国的洛克（John Locke，1632—1704 年）是第一个系统地提出并阐释国家分权构想的学者。他把国家权力分为立法权、执行权和对外权，而非现代意义上的立法、行政和司法的三权分立。洛克认为，立法权“是每一个国家中的最高权力”；负责执行法律的权力叫做执行权，它与立法权往往是分立的；而包括战争与和平、联合与联盟以及同国外的一切人士和社会进行一切事务的权力，可以称之为对外权，它与执行权是有区别的。[4] 用现代的眼

---

〔1〕 John M. Cohen, Stephen B. Peterson, *Administrative Decentralization: Strategies for Developing Countries*, Kumarian Press, Connecticut, 1999, pp. 1 – 2.

〔2〕 参见［古希腊］亚里士多德：《政治学》，吴寿彭译，商务印书馆 1965 年版，第 215 页。

〔3〕 参见朱光磊：《以权力制约权力——西方分权论和分权制评述》，四川人民出版社 1987 年版，第 23 页。

〔4〕 参见［英］洛克：《政府论》（下），叶启芳、瞿菊农译，商务印书馆 1982 年版，第 89—91 页。

光看,对外权实际上也是执行权的一部分,所以洛克的分权理论不是三权分立论,而是两权分立论。资产阶级"三权分立"与制衡理论的创立者是法国的孟德斯鸠(Montesquieu,1689—1755)。孟德斯鸠也与洛克一样,认为君主立宪政体是最好的政体,但是为了实现和保障政治自由,防止国家权力腐败,"就必须以权力制约权力",实行立法、行政和司法权力的分立。孟德斯鸠认为:"当立法权和行政权集中在同一个人或同一个机关之手,自由便不复存在了;因为人们将要害怕这个国王或议会制定暴虐的法律,并暴虐地执行这些法律。如果司法权不同立法权和行政权分立,自由也就不存在了。如果司法权同立法权合而为一,则将对公民的生命和自由施行专断的权力,因为法官就是立法者。如果司法权同行政权合而为一,法官便将握有压迫者的力量。如果同一个人或是由重要人物、贵族或平民组成的同一个机关行使这三种权力,即制定法律权、执行公共决议权和裁判私人犯罪或争讼权,则一切便都完了。"〔1〕

近代分权制度在我国的实践,起始于中华民国的创立者孙中山先生所主张的"五权分立"思想和章太炎先生提倡的"三权分立"思想。孙中山先生在批判性地考察了西方分权思想的基础上,结合当时中国的国情,提出了立法、司法、行政、考试和监察五权分别独立、互相制约的思想。这一分权思想与孟德斯鸠的三权分立学说相比,在反对封建专制、提倡人民主权、扩大直接民权等方面,都更彻底和具有中国特色。1924年1月发表的《中国国民党第一次全国代表大会宣言》指出:"民权运动之方式,规定于宪法,以孙先生所创之五权分立为原则,即立法、司法、行政、考试、监察五权分立是也。凡此既以济代议政治

---

〔1〕[法]孟德斯鸠:《论法的精神》(上),张雁深译,商务印书馆1961年版,第155—156页。

之穷，亦以矫选举制度之弊。近世各国所谓民权制度，往往为资产阶级所专有，适成为压迫平民之工具。若国民党之民权主义，则为一般平民所共有，非少数人所得而私也。于此有当知者：国民党之民权主义，与所谓'天赋人权'者殊科，而唯求所以适合于现在中国革命之需要。"[1]章太炎先生虽然在形式上借鉴孟德斯鸠的三权分立学说，但他从当时中国的国情出发，反对议会制度，主张以民选的总统为国家元首，执掌行政、军事、外交大权，而立法权和司法权则由"明习法律"的专家来行使。[2]

社会主义国家的分权实践开始于列宁领导的苏维埃社会主义联邦共和国。1917 年十月革命胜利之初，列宁曾设想苏维埃政权应该仿效巴黎公社，是一个"议行合一"的政体。但是，由于俄国经济文化落后，疆域辽阔，所以不具备直选苏维埃代表统一行使立法权与行政权的条件，急迫的国内外形势迫使全苏维埃任命了一个以政治经验丰富、领导能力较强的共产党人为核心的国家管理机构——全俄苏维埃代表大会及其常设机关中央执行委员会和人民委员会。尽管 1918 年的苏俄宪法规定这两套班子的三个机关都有立法权，但行政权却是专由人民委员会掌握的，这种做法与巴黎公社一套班子一个机构的"议行合一"制已经有了很大差别。到 1936 年斯大林时代修改宪法时，根据多年来的经验，更进一步取消了三个机关都有立法权的规定，明确了立法权归代议机构——苏联最高苏维埃，行政权则交给人民委员会(后来改称部长会议)。这一划分已根本不是"议行合一"，实际上形成了立法权与行政权的分离和分工。[3] 由于这一分权体制比较适合于经济文化欠发达的社会主义国家，所以我国和其他一些社会主义国

[1] 《孙中山选集》(下)，人民出版社 1956 年版，第 526 页。
[2] 参见贾国发:《清末民初法文化流变》，东北师范大学出版社 2003 年版，第 180 页。
[3] 参见马宏:《分权问题再思考》，载《人大研究》2003 年第 1 期。

家建国后,都相继采取了类似的由两套班子分别负责立法和行政的分权制度。我国现行宪法明确规定人大常委会委员不得在政府部门任职,表明我国的政体实际上也是议行分离的。但是,由于教条主义的影响,上述已在各社会主义国家政权中长期实行的分权体制,从斯大林时代到最近却一直被许多人否认是分权,而仍然被说成是“议行合一”。更有甚者,因为马克思当年在总结巴黎公社经验时,曾赞扬和推崇了“议行合一”的权力体制,有人便认定“议行合一”是无产阶级政权的唯一形式,而议行分立则是资本主义政权的统治形式。其实,马克思在总结巴黎公社的经验时,并没有说“议行合一”就是唯一的无产阶级政权模式。相反,马克思曾明确指出:“巴黎无产阶级用以欢迎二月革命的‘社会共和国’口号,不过是表示了希望建立一种不仅应该消灭阶级统治的君主制形式,而且应该消灭阶级统治本身的共和国的模糊意向。公社正是这种共和国的一定的形式。……人们对公社有各种不同的解释以及公社代表各种不同的利益,证明公社是一个高度灵活的政治形式,而一切旧有的政府形式在本质上都是压迫性的。公社的真正秘密就在于:它实质上是工人阶级的政府,是生产者阶级同占有者阶级斗争的结果,是终于发现的、可以使劳动在经济上获得解放的政治形式。”〔1〕由于巴黎公社“不过是在特殊条件下的一个城市的起义,而且公社中的大多数人根本不是社会主义者,也不可能是社会主义者”〔2〕,因此马克思认为公社也只是“共和国的一定的形式”。可见,我们不能把巴黎公社的“议行合一”原则绝对化和教条化,而必须在本国国情和法律全球化的视野中确立“可以使劳动在经济上获得解放的政治形式”,包括议行分立的政体形式。

〔1〕《马克思恩格斯选集》(第2卷),人民出版社1972年版,第374、378页。
〔2〕《马克思恩格斯选集》(第4卷),人民出版社1972年版,第422页。

二、比较分权与权力制约论

分权与权力制约并不是资本主义政权的专利，从人类社会各个阶段的统治模式和变化看，具有或多或少的共同性，即使在专制的奴隶社会和封建社会，政府的分权与制约也是加强其统治的重要实践之一。在古代中国，两千多年前的秦朝就曾设置了有权监督其他权力机构及官吏的专职监察机构——御史大夫。汉朝曾实行以十二部刺史专门监察全国官吏的制度。唐太宗时制定了“监察六事”，即监察机构负责督查惩办官吏为恶不善、办事不公、农桑不勤、以权谋私、嫉贤妒能、祸害百姓等行为。在古希腊的奴隶主民主制城邦国家，也已萌发了分权政府的雏形。在欧洲中世纪，少数封建共和制国家也施行过分权制度。到了资本主义时期，分权制衡则更是成为了资产阶级国家政权最一般、最普遍的制度。至今，几乎所有的资本主义国家政权都是按照分权与制衡的原则构建和运行的。

政治权力之间的分工与制衡指向的对象多为行政权、立法权，而司法权在这种政治权力交锋中一般不会成为众矢之的。即使在美国这样司法比较强大的国家，制宪者们也认为司法机构是力量最弱、危险最小的一个分支。[1] 因此，在权力制约制度的设计上，标榜法治国家的缔造者和继承者们，都首先以加强和调整司法权在政治权力框架中的位置和创制司法机构本身的合理体制为己任。

马克思曾经指出：“现代国家最完善的例子就是北美。”[2]美国联邦宪法严格地划分了立法、行政和司法的“三权分立”，即国会掌握立

---

〔1〕 参见蒋惠岭：《加强监督与优待司法》，载《法制日报》2005 年 10 月 31 日。

〔2〕 《马克思恩格斯全集》（第 3 卷），人民出版社 1956 年版，第 70 页。

法权,总统掌握国家行政权,最高法院及国会设立的各级法院掌握司法权。在长期的历史进程中,三权之间已经形成了密切的制衡关系。美国总统对国会最强有力的制约武器,就是他拥有的对国会通过的法案的批准权和否决权。根据宪法的规定,如果被总统否决的法案不能以 2/3 的多数在国会的众议院和参议院两院通过,该法案就算被取消,但是,总统所批准或否定的只能是法案的全部,而不能是法案的部分。反之,国会也有许多限制总统的办法。如总统任命的高级军、政、法官员,均须经过参议院的同意;参议院可以对总统的违法行为进行弹劾;总统与外国缔造的条约,要经参议院的批准;众议院具有对政府开支的全部经费详细地进行表决的权力。行政权与司法权的相互制约,主要表现为,最高法院的法官由总统任命,但是九名最高法院的法官却终生任职,他们可以利用自己作为宪法的最终解释者的特殊地位,以宣布总统法令违宪的方式牵制行政机关的权力。而立法权与司法权之间的相互制约,则较为微妙。最高法院的法官虽由总统提名和任命,但要经过参议院的同意;参议院对高级官员的弹劾,包括专门审查他人的法官和首席法官。同样,面对立法机关,司法机关也不是无所作为,他们可以"比较超脱于纷乱的政治生活之外"的方式,行使立法监督权,并以多种方式提出"新的政策"。另外,美国宪法对联邦与州之间的权力也做了明确的划分,其原则可以概括为两条:一是联邦的地位高于各州;二是联邦政府同各州各有其专有的权力,两者并无统属关系。美国各州都有自己的宪法,州政府也同联邦政府一样,根据制衡原则,分为立法、司法、行政三个权力系统。州政府对联邦政府保持着一定的独立性。例如,联邦非经州的同意,不得改变州的疆界;联邦只有在州议会的请求下,才能前去平定内乱;各州拥有"专有权力"监督州内各级地方政府;在不违宪的前提下,州政府的行为如果同联邦政府有抵触，也可以自行其是。[1] 由于美国的分权具有高度的融合与制衡的特点，因此有学者认为"在美国联邦的统治机构下，立法权、行政权和司法权并没有专门地分配给立法府、行政府和司法府，各该三权都横跨两个机关乃至三个机关分散配置。换言之，立法府、行政府和司法府的各个机关都共同拥有二权乃至三权。可见，美国联邦的统治形态并不是'三权分立制'，而是'三权共有的三机关分立制'或'三权共立制'"。[2] 在世界上，实行或接近美国分权模式的国家还有印度尼西亚共和国、墨西哥合众国、巴西联邦共和国等。

近现代资本主义国家中的另一种重要的分权模式是君主立宪的英国政体模式。恩格斯在1844年曾指出："英国宪法是一座颠倒过来的金字塔，塔顶同时又是底座。所以君主这一要素在实际上变得愈不重要，它在英国人眼光中的意义就愈重大。大家知道，没有一个地方比英国更崇拜统而不治的人物了。"[3] 英国的政体虽然不像美国的总统制那样，明显地体现分权的原则，但却是美国分权模式的逻辑起点。在英国，掌握立法权的议会和掌握行政权的内阁与首相，负有连带责任。英国议会和美国国会、英国首相和美国总统在职权方面基本上是一样的。它们之间的差别，在于它们各自的组织以及二者之间的关系。英国的最高行政长官——首相，不是由选民直接选出，而是由议会下院的多数党领袖担任，内阁成员均是这个多数党的领导人物，这种制度，把立法机关和行政机关紧紧地拴在一起。因此，如果内阁失去下议院的信任，就必须或者总体辞职，或者提请名义上的国家元

---

〔1〕 Ann L. Griffiths, *Handbook of Federal Countries 2002*, McGill - Queen's University Press, London, 2002, p. 346.

〔2〕 [日]阿部竹松：《美国宪法与民主制度》，日本株式会社2004年版，第77页。

〔3〕《马克思恩格斯全集》(第1卷)，人民出版社1956年版，第682页。

首——英王解散下议院，通过大选重新确立立法机关和行政机关。在形式上，英国议会是国家的最高权力机关，内阁居于从属地位，但实际上，是内阁实实在在地控制着议会。因此，内阁是国家权力系统的核心。英国的一切重要方针、政策都由内阁直接操纵。它操纵着议会下院，支配着“国民道德感情的表现”的国王，对司法机关也有重大的影响。而首相又是内阁的核心，他的主要职权包括主持内阁会议，任免政府重要官员，指导各部大臣的工作，调解和裁决政府各部门之间的争端，直接审批政府各部那些不需要提交到内阁例会讨论的比较重大的问题。另外，根据1888年和1894年通过的《地方管理法》规定，英国实行地方自治，中央政府和地方政府之间的关系，是监督与被监督的关系。但事实上，中央政府和地方政府之间只是实行极为有限和狭窄的分权。中央政府对地方政府的控制是实质性的，其主要手段是立法上的限制、行政上的监督，财政上的控制，以及对地方选举出的官员的任免。地方政府所负责的事务，如郡级政府分管教育、社会治安，社会福利等，区级政府分管环境保护、文化娱乐和住房等事务，不过是“一堆杂差杂役”，因此地方政府充其量“不过是中央政府的代理机构”。[1] 英国分权模式的基本特点是立法权和行政权的融合，是典型的内阁制政体。目前在世界上采纳这一体制的，既有实行君主立宪的日本国、泰王国和比利时王国，也有实行共和制的印度共和国、德意志联邦共和国、意大利共和国等。

当代法国的分权模式，虽然是美英模式的一个嫁接和混合，但却具有一定的创新和启发性。1946年，法国制定的第四共和国宪法，实行内阁制政体，但与英国的内阁制不同，法兰西共和国赋予国民议会

〔1〕 朱光磊：《以权力制约权力——西方分权论和分权制评述》，四川人民出版社1987年版，第148页。

以较高的政治地位,处于下势的内阁解散议会比较困难。1958 年,戴高乐将军主持制定了法兰西第五共和国宪法,在坚持传统的人权和国民主权原则以及分权原则的前提下,集英国和美国两种模式,创制了独特的分权模式。首先,共和国总统的产生和权限,类似美国总统,但却比美国总统具有更为优越的地位。总统是国家元首、军队的最高统帅,虽然他不同时是政府首脑,但有权主持内阁会议和任命作为政府首脑的内阁总理以及其他高级军政官员。使美国总统望尘莫及的是,法国总统的任期长达 7 年,并且拥有极其重要的解散议会的权力,提议再次审议议会提出的法律的权力。在立法机关和行政机关的关系方面,类似于英国模式。《法国宪法》第 39 条规定:“立法的创议权同时属于总理和议会议员。”同时,政府和议会负有连带责任:政府要对议会负责,议会可以谴责政府,当议会通过对内阁的不信任投票案、否决政府的总政策声明和施政纲领时,总理必须向总统提出政府总辞职。但是,在国家元首和政府首脑的关系方面,法国独具特色:总统既是国家元首,又亲临行政事务,但政府总理也有次于总统的很大权限。美国的国务卿不可与法国的总理同日而语,因为法国总理“领导政府的活动”,并在总统的命令上副署。和英国首相一样,法国总理对国会负责,并“保证法律的执行”。〔1〕 总的来看,总统制定大政方针,总理组织具体实施。行政机关对国家生活的领导一旦发生失误,引起议会不满或议员选举的结果出现逆转,任期内的总统不受影响而由内阁和总理代为受过,以维护政局的稳定。另外,自 1982 年以来,法国进行了地方分权改革,将中央的权限向地方转移。为了适应这一变化,法国在 2003 年对宪法进行了修改,重新定义国家与领土单位关系的性

---

〔1〕 [法]古斯塔夫·佩泽尔:《法国行政法》,廖坤明、周洁译,国家行政学院出版社 2002 年版,第 119 页。

质，宣称法国是一个“地方分权”的国家，进一步扩大了地方自主权。虽然法国的分权模式不及英国和美国古老，但是由于它集中了双方的特色，坚持了分权原则，又比较适合于那些政党、派别较多的国家，因此也为一些国家，如赞比亚共和国、坦桑尼亚联合共和国等所效仿。

三、我国分权与权力制约制度的理念与现实

分权的学说与权力本身一样古老。从人类历史的权力构造进化痕迹看，有权力就有分权，而无论这种分权是多么的勉强和微不足道；有分权就有权力制约，而无论这种制约是多么的微弱和徒具形式。我国的权力分工与制约体制是新型的社会主义权力制约制度，在本质上带有调整和探索的性质，因此对它的理论研究就格外具有现实意义。与西方的“三权分立”政体相对立，我国的政体是人民代表大会制度——民主集中制，在形式上保留了“议行合一”的某些特征。这一政体的模式源自 1871 年的巴黎公社。马克思在《法兰西内战》中指出：“公社是由巴黎各区普选选出的城市代表组成的。这些代表对选民负责，随时可以撤换。其中大多数自然都是工人，或者是公认的工人阶级的代表。公社不应当是议会式的，而应当是同时兼管行政和立法的工作机关。……法官已失去表面的独立性，这种独立性只是他们用来掩盖自己向历届政府卑鄙献媚的假面具，而他们对于这些政府是依次宣誓尽忠，然后又依次背叛的。也如社会其他一切公务人员一样，他们今后应该由选举产生，对选民负责，并且可以撤换。”[1]巴黎公社的机构在组织上是简单和讲究效率的，它实现了所有资产阶级革命都提出的廉价政府的口号，因为它取消了两项最大的开支，即常备军和官

---

〔1〕《马克思恩格斯选集》（第 2 卷），人民出版社 1972 年版，第 375 页。

吏，建立了真正民主制度的基础。从整个公社的领导机构来看，它是兼任立法和行政的工作团体，但并不意味着公社内部不存在任何分工。事实上，当公社委员会作出重大决定之后，它还是通过组织各种委员会去分头执行的。我国虽然存在着立法权、行政权和司法权等由相应的国家机关分别行使的事实，但并不实行“三权分立”或者“五权分立”，而是分工负责。在我国，立法权代表了全国人民的统一意志，居于首位；司法权是适用这种已经被立法机关法律化了的人民意志，所以处于从属的地位；行政权也只是执行那已被制定成法律了的人民意志，而不能用来与立法机关对抗。[1]

但是，理念上的合理并不等于就一定能够在现实中发挥预期的效用，并且一个新的政体机制的孕育也离不开旧的国家机器的某些合理形式。马克思在分析巴黎公社的历史形态和意义时指出：“但是，无论廉价政府或‘真正共和国’，都不是它的终极目的，而只是伴随它出现的一些现象。……工人阶级并没有期望公社做出奇迹。他们并没有想靠人民的法令来实现现成的乌托邦。他们知道，为了谋得自己的解放，同时达到现代社会由于其本身的经济发展而不可遏制地趋向着的更高形式，他们必须经过长期的斗争，必须经过一系列将把环境和人都完全改变的历史过程。工人阶级不是要实现什么理想，而只是要解放那些在旧的正在崩溃的资产阶级社会里孕育着的新社会因素。”[2]可见，马克思认为巴黎公社的经验也是随着社会经济的发展而变化发展的，工人阶级的根本任务在于解放“资产阶级社会里孕育着的新社会因素”。但问题是，巴黎公社和作为巴黎公社的延续和发展的苏联东欧社会主义阵营，都已经或是被迫或是主动地退出了历史

〔1〕 参见何华辉、许崇德：《分权学说》，人民出版社 1986 年版，第 121 页。

〔2〕《马克思恩格斯选集》（第 2 卷），人民出版社 1972 年版，第 377 页。

舞台,因此关于社会主义政体的探索和实践就必须站在反思与“和谐”的立场,深入改革和增加兼容性,才具有与其他分权政体长期共存的可行性。

“绝对的权力产生绝对的腐败”,这是为人类历史所证明了的真理。高度的集权是腐败的母体,腐败则可能导致亡党亡国。腐败对于一个正在变革中的社会确实具有极大的危害性,能否抑制腐败,消灭腐败现象,关系到一个社会的经济、政治社会的健康发展,因而是发展中国家走上现代化道路的关键。邓小平在1989年“六·四事件”后同几位中央负责同志的谈话《第三代领导集体的当务之急》中指出:“在这次事件中,没有反对改革开放的口号,口号比较集中的是反对腐败。当然,这个口号对某些人来说是一个陪衬,其目的是用反腐败来蛊惑人心。但对我们来说,要整好我们的党,实现我们的战略目标,不惩治腐败,特别是党内高层的腐败现象,确实有失败的危险。新的领导要首先抓这个问题,这也是整党的一个重要内容。”[1]值得注意的是,我国目前的权力制约论,主要是迫于反腐败的需要,并且在政治上被限定在了重在“惩治腐败”而忽视变革现行权力体制的层面,这是我国权力制约的特点,也是我国权力制约论的局限之所在。

四、邓小平的权力制约思想

在新中国的宪政建设中,邓小平的权力制约思想具有重要的指导意义。邓小平早在1941年4月15日发表的《党与抗日民主政权》一文中就初步提出了权力制约的思想。他指出:“三三制政权的实质是民主。”这种联合专政,“既是在政权中有各个抗日党派的代表参加,就

---

〔1〕《邓小平文选》(第3卷),人民出版社1994年版,第313页。

必然在政权中反映出不同的利益、不同的政治主张、不同党派阶级的民主政治斗争。我们不但不惧怕这种民主政治斗争，而且要发展这样的民主政治斗争，因为它对于我们是有利无害的。”并且明确提出“反对‘以党治国’的观念”，反对“把党的领导解释为‘党权高于一切’”，主张“党对政权是采取指导与监督政策”，教导党员同志在工作方式上首先“要民主。各种重要问题都要经过政府正式会议讨论，一般问题也要尽量征求非党干部的意见，取得大家的同意。比如当县长的同志，切不可大权在握，一切武断独断，要多找一些人商量，各科的事要经过各科去办，大胆地信任非党干部去做各种工作，而加以必要的指导和检查”[1]。

1980年8月18日邓小平在中共中央政治局扩大会议上的讲话《党和国家领导制度的改革》中指出：“党和国家现行的一些具体制度中，还存在不少弊端……从党和国家的领导制度、干部制度方面来说，主要的弊端就是官僚主义现象，权力过分集中的现象，家长制现象，干部领导职务终身制现象和形形色色的特权思想。”并客观地分析了新中国历史上由于权力过分集中、缺少必要的分权给国家带来的祸害，他指出：“党成为全国的执政党，特别是生产资料私有制的社会主义改造基本完成以后，党的中心任务已经不同于过去，社会主义建设的任务极为繁重复杂，权力过分集中，越来越不能适应社会主义事业的发展。这个问题长期没有足够的认识，成为发生‘文化大革命’的一个重要原因，使我们付出了沉重的代价。现在再也不能不解决了。”[2]为了实行法制立国，邓小平曾提出必须对权力、对领袖实施监督，强调要用法律和制度制约权力，并把政治体制的运行纳入法制的轨道。[3]

---

〔1〕《邓小平文选》（第1卷），人民出版社1994年版，第85页。

〔2〕《邓小平文选》（第2卷），人民出版社1994年版，第327—329页。

〔3〕参见张文显：《邓小平民主法制思想之精华》，载《法制与社会发展》2004年第5期。

邓小平在1986年6月的中央政治局常委会上指出："党要管党内纪律的问题，法律范围的问题应该由国家和政府管。党干预太多，不利于在全体人民中树立法制观念。这是一个党和政府的关系问题，是一个政治体制的问题。……党管政府怎么管法，也需要总结经验。党政分开，从十一届三中全会以后就提出了这个问题。我们坚持党的领导，问题是党善于不善于领导。党要善于领导，不能干预太多，应该从中央开始。这样提不会削弱党的领导。"[1] 邓小平还强调"要注意政治体制改革，包括党政分开和下放权力。……政治体制改革同经济体制改革应该相互依赖，相互配合。只搞经济体制改革，不搞政治体制改革，经济体制改革也搞不通，因为首先遇到人的障碍。"[2]

在邓小平思想的指引下，2002年11月8日江泽民在中国共产党第十六次全国代表大会所作的《全面建设小康社会、开创中国特色社会主义事业新局面》的报告中专门阐述了"加强对权力的制约和监督"在"政治建设和政治体制改革"中的地位和作用，提出要"建立结构合理、配置科学、程序严密、制约有效的权力运行机制，从决策和执行等环节加强对权力的监督，保证把人民赋予的权力真正用来为人民谋利益"。[3]

五、推动权力制约制度的变革

分权的问题，是一个重要的政治问题；权力制约，即政治权力之间的妥协和规则设定则是宪法必须予以明确的政体问题。因此，权力制

---

〔1〕《邓小平文选》（第3卷），人民出版社1993年版，第163页。

〔2〕同上书，第164页。

〔3〕江泽民：《全面建设小康社会开创中国特色社会主义事业新局面——在中国共产党第十六次全国代表大会上的报告》，人民出版社2002年版，第36—37页。

约制度的改革，往往与政治体制的改革和宪法修改具有相依性。新中国成立以来政治体制变革的经验和教训告诉我们，在现阶段中国特色的社会主义市场经济条件下，必须采取一定形式的分权和权力制约。新中国成立之初，我国政体的分权制约主要表现在由中国人民政治协商会议暂行代议和立法权，而行政权由中央人民政府及其执行机关——政务院行使。后来又成立了国家的人民监察委员会和最高人民监察署，负责对政府机关及其公务人员和所有公民遵守法律的监督。这充分体现了特殊历史条件下权力分工和制约的思想。但是不久，由于党在指导思想上的“左倾”错误，权力集中和以党代政的倾向日趋严重，1957 年以后又推行了党的一元化领导，1959 年撤销了国家监察部，造成各种权力越来越集中于党，集中于党中央甚至个人。在“文革”期间，集权思想登峰造极，出现了“中央文革小组”和集党、政、军权于一体的“革命委员会”这样极度集权的权力机构。邓小平在总结我国历史上高度集权的教训时指出：“我们在历史上多次过分强调党的集中统一，过分强调反对分散主义、独立性，很少强调必要的分权和自主权，很少反对个人过分集权。”[1]这是导致“文革”和阻碍社会主义事业发展的一个重要原因。

但是，与实行多党制的国家相比，我国现阶段的国家权力之间的分工与制约只能是相对的，即在任何分工负责的国家和地方权力机关的联系上，实际上都难以实现党政分开的理想。这样，在我国政治体制改革的反思中，就必然会产生一个“党政一体化”的构想和挑战。俄罗斯科学院的加列诺维奇曾指出：政治主导力量的问题对俄罗斯和中国来说都是一个复杂的问题，俄罗斯国内还没有形成稳定的、具有影响力的政党。中国的情况也并不像它表面看上去那么简单。在思想

〔1〕《邓小平文选》（第 2 卷），人民出版社 1994 年版，第 329 页。

意识和宣传教育工作方面存在许多问题,都各自出现了一些政治老化综合症。尽管如此,“我们彼此都还没有一个政党能够在今天和近期给人民提供一种统一的民族信念”。[1] 而这种民族信念需要现有的和新生的各个政党和人民团体之间达成广泛的共识,这应该是我国在分权或权力制约创新道路上的必由之路。因此,我国的分权与权力制约实际上面临的是一个国家权力如何民主化的问题。而“权力民主化”的必要条件,部分是“那些抗衡权应当尽可能地具有民主性质,并且突出归属于由真正自愿的联合体、真正参与式的群体组成的多元群体社会”[2];部分是能够在真正民主协商和“民主对话”的基础上实施民主集中制的政治和法治。

---

〔1〕[俄]尤·米·加列诺维奇:《世纪之交的俄罗斯与中国》,王扬、米俊敏、何希泉译,四川人民出版社 1999 年版,第 256 页。

〔2〕[美]乔·萨托利:《民主新论》,冯克利、阎克文译,东方出版社 1998 年版,第 487 页。

第六章　论法律宽容

从宗教宽容到法律宽容，在思想观念和制度设计上都走过了一个漫长的历史过程。由于世界各国的宗教及其文化的差异，导致了宗教宽容政治化和法律化进程的差异。宗教宽容的政治化和法律化首先开始于17世纪英国的洛克和法国的培尔等学者的倡导，最终在美国的宪法及其修正案中得到了较好的体现。但是，这一进程在我国却长期未能得以顺利实现，宽容的实践仍然主要停留在宗教和道德的层面，宗教和道德宽容未能对法律宽容起到应有的影响和作用。[1] 因此，在我国的法哲学领域仍然存在着一个如何推进宗教宽容法律化和如何运用法律宽容的理论问题。

一、“宽猛相济”与法律宽容

在古代中国的伦理思想中，包含有丰富的类似于现代法律宽容思

〔1〕 参见陈根发：《宽容的法理》，知识产权出版社2008年版，第30—49页。

想的成分。《周易》的“丰卦”篇中就有：“天地盈虚，与时消息，而况于人乎……雷电皆至，丰；君子以折狱致刑。”意思是人如天地之变化，不可能什么人什么时候都明智，因此执法者要把握违法犯罪的相对性，要像宽容亲人一样宽容他人，既要惩罚违法犯罪者，也要挽救帮助他们。[1] 春秋战国时期的“百家争鸣”不仅是古代中国宽容思想的一次伟大实践，而且在各家学派的讨论和争鸣中形成的政治、道德和法律理论也包含有丰富的宽容思想。如儒家以“仁爱”为本，墨家以“兼爱”为行动指针，道家提倡“慈爱”，尽管三家在各自理念的实践和实施方法上存在不同的见解，但三家的学说却包含有共同点的“爱”，都包含有“宽容”的成分。“宽容”一词最早出自《庄子·天下》的记载：“常宽容于物，不屑于人，可谓至极。关尹、老聃乎！古之博大真人哉！”[2]孔子也曾用宽宏大量的龙来比喻老子。《庄子·天运篇》中说：“孔子见老聃归，三日不谈。弟子问曰：‘夫子见老聃，亦将何归哉？’孔子曰：‘吾乃今于是乎见龙。龙合而成体，散而成章，乘云气而养乎阴阳。予口张而不能胁，予又何归老聃哉！’”[3]《荀子·非十二子篇》则对“宽容”有精辟的解释。荀子说：“遇君则修臣下之义，遇乡则修子弟之义，遇友则修礼节辞让之义，遇贱而少者则修告导宽容之义。无不爱也，无不敬也，无与人争也，恢然如天地之苞万物。”[4]另外，《宋书·郑鲜之传》中有：“我本无术学，言义尤浅，比时言论，诸贤

---

〔1〕 也有学者把“雷电皆至，丰；君子以折狱致刑。”直译为：隆隆的雷电和闪闪的电光一齐大作，声威与光明具备，象征丰厚盛大；君子观此，效法雷之威和电之明审断狱讼，动用刑罚。参见《四书五经大系》（第2卷），天津古籍出版社1998年版，第147页。

〔2〕 《庄子集释》（下），[清]郭庆藩撰，王孝鱼点校，中华书局2004年版，第1095页。

〔3〕 刘志雄、杨静荣：《龙与中国文化》，人民出版社1992年版，第10页。

〔4〕 意即：“面对君王就奉行臣子之道，面对同乡就讲求长幼之道，面对长辈就遵行子弟之道，面对朋友就实行礼节之道，面对卑贱而年纪又小的人就实行劝导宽容之道。对人没有不爱护的，没有不尊敬的，从不与人争执，心胸开阔如同天地包容万物那样。”参见《荀子》，潘嘉卓等译注，广州出版社2004年版，第21页。

多见宽容。”[1]

我国的宽容思想从其产生一开始就是与法律宽容联系在一起的。孔子曾对仁与宽容的关系有专门的论述：“夫温良者，仁之本也；慎敬者，仁之地也；宽裕者，仁之作也。”即孔子认为，温和善良是仁的根本，谨慎恭敬是仁的基础，宽容则是仁的具体做法。[2] 在孔子看来，“仁”实际上是关于人与人之间的关系准则，其出发点应该是承认他人与自己一样也是人。孔子曾说：“性相近也，习相远也。”（《论语·阳货》）所以应该“能近取譬”即推己及人，承认别人。孔子还说：“三军可夺帅也，匹夫不可夺志也。”（《论语·子罕》）即我们应该承认别人也有独立的意志，肯定人人都有独立的人格，对人要宽容，这就是“仁”的核心。当然，孔子的“仁爱”或“宽容”是有界限的，孔子用“是可忍，孰不可忍也”（《论语·八佾》）表达了他的主张。据《春秋左传·昭公二十九年》记载，孔子在批评晋国铸造刑鼎、铸刻范宣子所著的刑书时说：“贵贱不愆，所谓度也……贵贱无序，何以立国？”即强调“仁爱”必须以“贵贱”秩序为界限。从总体上讲，孔子赞同和提倡的治国方略是曾为春秋时代的郑国政治家子产及其子太叔所实践的“宽猛相济”的政策。根据《春秋左传·昭公二十年》的记载，春秋时，郑国著名的政治家子产，治国有方，郑国一度兴旺发达。公元前522年，子产病重，嘱咐其子太叔曰：你当政后注意，唯有有德的人才能用宽大政策使百姓服从，其次就莫如严厉措施。子产死后，其子太叔继任执政。他不忍心严厉而务行宽大政策。结果郑国盗贼猖獗一时，为害甚烈。于是太叔立即调整政策，严厉打击不法之徒。孔子对这件事很赞赏。他说：好啊！政宽则百姓不受约束，不受约束则以猛来整治；过猛则百姓要

[1] 李伟民主编：《法学辞海》（第3卷），蓝天出版社1998年版，第2395页。
[2] 参见《孔子家语》，中国文史出版社2003年版，第31页。

受到伤害,受到伤害就再实行宽容的政策。宽以济猛,猛以济宽,政事因此和平。东汉“建安七子”之一的王粲在《儒吏论》中说:“吏服雅训,儒通文法,故能宽猛相济,刚柔自克也。”[1]孟子在孔子学说的基础上,则更是将“仁爱”的界限明确为:“或劳心,或劳力。劳心者治人,劳力者治于人;治于人者食人,治人者食于人,天下之通义也。”(《孟子·滕文公(上)》)

由于儒家面对现实,有一套政治、伦理和道德修养的理论可讲,子不语:“怪,力,乱,神”,而是主张“三人行,必有我师”(《论语·述而》)的宽容哲学,加上历代儒学大师又极力向人们宣传正心修身齐家治国平天下的道理,自汉武帝以后,几乎普及和上升为国教,备受封建统治阶级的推崇。德国的马克斯·韦伯在《儒教与道教》一书中也指出:“祖先崇拜和作为世袭制臣民心态基础的世俗的孝之基本意义,也正是儒教国家的实际宽容的最重要的绝对界限。这种宽容,一方面表现出同西方古代态度的亲缘关系,另一方面,也表现出同这种态度的本质区别。国家祭祀的对象是那些官方承认的大神。但是,皇帝偶尔也参拜道教与佛教的圣迹,不过,不必磕头——甚至在孔圣人面前倒也要磕头的——,只要有礼貌地鞠个躬就够了……不过,政治观点总是要求相当残酷的迫害。皇帝的谕诏,甚至孟子这样的著作家,都以迫害异端为己任。”[2]可见,我国古代的法律宽容实际上就是一种治国理论和方略,与西方从宗教宽容发展到法律宽容的进程是有区别的。美国的郝大维教授等曾指出:“在传统中国,如同在其他亚洲社会一样,存在着一种活力,它促使儒教、道教和佛教和谐相融,形成一种丰

---

〔1〕 参见杨五湖总主编:《案件学大辞典——办案大全》,人民出版社1990年版,第645页。

〔2〕 [德]马克斯·韦伯:《儒教与道教》,王容芬译,商务印书馆1999年版,第264—265页。

富的传统,而这种传统最后都不破坏其任何的构建部分。这种‘价值观的综合’(values synthesis)为容忍与服从的发展模式提供了基础,因为这一模式不要求政治与精神文化作彻底的分离。”[1]可惜的是,这种传统的宗教宽容和法律宽容思想从近代以来并没有得到很好的传承和发展,与“严刑峻法”、“严惩”或“严打”的法律思想相比,法律宽容的市场和声音要小得多,这与古代中国法律思想中的“宽猛相济”方略相比,可谓次序颠倒了。

二、法律宽容的生成

西方的法律宽容是与宗教宽容一起生成和发展起来的。这一法律宽容的最佳形象表现是英国文豪莎士比亚作品《威尼斯商人》中法院对犹太人夏洛克的审判。莎士比亚在该剧本中描写的是基督教宽容思想形成初期的社会风貌,当时的宽容主要被看成是对商人破产和异教徒的一种慈悲和救济。剧中写到了乔装成律师的正义化身鲍细霞小姐请求犹太富翁夏洛克给予债务人安东尼奥以宽容的劝说,对宽容的本质和理由做出了阐释。但是正如夏洛克的女儿吉雪加把灵魂得救看成是改信基督教、威尼斯法庭在执行裁定中免去了夏洛克的死刑并设法让他改信基督教那样,当时的宽容虽然被作为了一种解决社会问题的政策,但其理念却是定位在“与圣母玛利亚相比更像耶稣基督”的思想线上的。[2] 莎士比亚对“慈悲的品德”(The quality of mercy)做了这样的赞美:“慈悲不是出于勉强,它是像甘霖一样从天上

〔1〕［美］郝大维、安乐哲:《先贤的民主:杜威、孔子与中国民主之希望》,何钢强译,江苏人民出版社2004年版,第99页。

〔2〕 Maurice Hunt, *Shakespeare's Religious Allusiveness: Its Play and Tolerance*, Ashgate Publishing Company, 2004, p.51.

降到尘世，它不但给幸福于受施的人，也同样给幸福于施与的人；它有超乎一切的无上威力，比皇冠更足以显出一个帝王的高贵：御杖不过象征着俗世的威权，使人民对于君上的尊严凛然生威；慈悲的力量却高出于权力之上，它深藏在帝王的内心，是一种属于上帝的德性，执法的人倘能把慈悲调剂着公道，人间的权力就和上帝的神力没有差别。”[1] 我国也有学者把“the quality of mercy”直接翻译为“宽容”。[2]

宽容思想上升到法律的尝试，最早发生在美国建国时期对宗教和信仰的宪法规定。信仰的自由，可以说一直是离开宗教控制森严的欧洲，移民北美寻找新天地的先觉者们的最大希望。尽管如此，在美国建国初期也曾有若干个州已经承认或企图承认英格兰教会为国教。为了反对和避免在其他州也把某一宗教教会确立为国教，弗吉尼亚州的政治家和法律人首先开始探讨以立法形式来保护宗教信仰的自由。1776 年，当弗吉尼亚作为一个州正在为自己通过一个权利法案时，梅森提出了一个旨在保证不同宗教的“容忍”(toleration)条款。梅森也许认为他表达的是这一时代的开明和进步的思想感情，但是年轻的麦迪逊想要和得到的更多，这一条款被修改为宗教的自由活动一律平等。在 1785—1786 年间，当弗吉尼亚州的立法机构考虑更新有关支持已经建立起来的教会的税收法案时，杰弗逊和麦迪逊领导了反对这一立法的斗争。麦迪逊撰写了大量的请愿书和抗议书以反对这一法案。他雄辩地提出，一个真正的宗教是不需要法律支持的；任何人，无论是信教者还是非信教者，都不应该纳税去支持任何种类的宗教机

---

〔1〕 郑土生、冼宁、李肇星主编：《莎士比亚戏剧故事全集②》，朱生豪译，中国戏剧出版社 2001 年版，第 128—131 页。

〔2〕 “宽容不受约束，它像天上的细雨，滋润大地，带来双重祝福，祝福施予者，也祝福被施予者。它力量巨大，贵比皇冠，它与王权同在，与上帝并存。”参见苏隶东：《学会宽容》，中国民航出版社 2004 年版，第 5 页。

构；一个社会的最好趣味总是有赖于人们思想的完全自由；而残酷迫害则是某一宗教国教化的不可避免的结果。麦迪逊的抗议书得到了弗吉尼亚州的广泛支持，结果是不仅上述被提出的税收法案没有得到通过，而且州众议院还通过了由杰弗逊起草的著名的"弗吉尼亚宗教自由法案"（Virginia Bill for Religious Liberty）。[1] 虽然弗吉尼亚州的做法得到了一些州的赞赏和效仿，但是它并没有同时为所有 13 个州所采纳，因此没有立即被写入 1787 年签署的宪法，只是在第 6 条中规定："宗教信仰永远不得作为担任合众国的任何官职或公职的一个必要条件"。[2] 但是，此后许多法律人认为，缺乏信教自由的保障，作为宪法是极其不完备的，因此 1789 年 9 月在第一条修正案提交各州审批时，增设了"国会不得制定关于确立宗教或禁止自由从事宗教活动的法律"（Congress shall make no law respecting an establishment of religion, or prohibiting the free exercise thereof）的内容。另外，在 1789 年 3 月的第一届国会上，麦迪逊还提出了一个更加彻底的相关修正条款，即"任何州均不得侵犯良心的平等权利"（no state shall violate the equal rights of conscience）。挑剔的人也许会说，后来这一"平等权利"在参议院中被否决了，并且从未递交给各州进行有可能的批准。[3] 但是麦迪逊去世后，这一条款被证明为是正确的，现代的最高法院使用了"并合"（incorporation）的概念，把宪法解释为好像包含有麦迪逊

---

〔1〕 Kathleen M. Sullivan and Gerald Gunther, Constitutional Law (Fourteenth Edition), Foundation Press, New York, 2001, p. 1435.

〔2〕 ［日］塚本重赖：《注解美国宪法》，日本酒井书店 1979 年版，第 168 页。

〔3〕 麦迪逊提出的"平等权利"条款虽然没有被直接采纳，但是第一届国会制定的宪法第一条修正案接受了麦迪逊的部分思想，规定："国会不得制定关于确立宗教或禁止自由从事宗教活动的法律；不得制定剥夺言论自由或新闻出版自由的法律；不得制定剥夺人民和平集会和向政府请愿的法律。"国会于 1789 年 9 月 25 日提交各州立法机关，至 1791 年 12 月 15 日，该条修正案与其他 9 条修正案一起得到了 3/4 的州的批准。参见《美国法典——宪法行政法卷》，中国社会科学出版社 1993 年版，第 20 页。

曾经偏爱的条款。这一平等原则(与具有推论性质的概念,即政府在宗教事务中必须保持中立),在现代宗教条款的实际争议得到辩论和裁决当中,提供了重要的假设。因此,在这方面如果有理由对麦迪逊的遗产提出异议的话,那也不是因为在支持这一平等原则中他的热情和能力的任何不确定性。如果有什么问题的话,那就不得不涉及这一原则本身的价值。[1] 有学者指出,麦迪逊的政教分离思想并不是要贬低宗教,"而恰恰相反,他是在自由的前提下将宗教实践看得更为虔诚。在它成为政治见解之前,它首先是关于宗教的洞察。麦迪逊的观点在美国历史上一直被维护着"[2]。这也是在教会和政治分离的制度下,美国宗教比在任何其他现代工业化的社会里更为繁荣兴旺的内在原因。

其实,从法律本身的进化和法学发展的历史看,它与宽容思想的实践也存在着紧密的内在联系。这一奥妙在英国和美国的"希克林法"的演变中有一个恰如其分的展现。众所周知,尽管《圣经》、特别是《旧约》中的某些章节可以与欧洲中世纪法院认定的所谓"淫书"的内容相媲美,但是基督教早期的革命领袖圣保罗及其信徒们给清教徒精神播下了极为重要的克制感官享乐,以性享乐为邪恶的思想。由于性行为会使人们感受快感,所以作为清教徒对性除了它的生物功能即繁衍后代以外,其他性感觉都不能容忍。正因为这个缘故,他们认为任何有性描写的文学艺术作品都是邪恶的,其作品应该受到严厉的惩罚。这些偏见被以后的一些法律和法官肯定了下来。在1868年的英国,审判长科伯恩在"希克林案件"上对涉及性描写的文艺作品作出了严厉的裁决。他无视作品的主题思想和科学价值,简单地认为:即使

〔1〕 Steven D. Smith, *Getting over Equality: A Critical Diagnosis of Religious Freedom in America*, New York University Press, 2001, pp. 12 – 13.

〔2〕 [美]加利·威尔斯:《美国宪法之父——詹姆斯·麦迪逊传》,刘红、冉红英译,安徽教育出版社2006年版,第11页。

一个文艺作品从总体上说是一部杰作，但哪怕书中只有一段性描写，或是只用了一两个淫秽词语，那么这本书也将被列入色情文学的范围。科伯恩的这一裁决后来被称作“希克林法”，在美国该法也同样被适用于对“色情”文艺作品的裁决。1933 年美国纽约南区的法官约翰·伍尔西在詹姆斯·乔伊斯的《尤利西斯》一案中，作出了具有历史影响的判决，这个判决得到了纽约巡回上诉法院的支持。案由是有人控告《尤利西斯》为淫秽读物，请求法院对作者进行严惩。伍尔西法官在审理此案时做了这样一个实验：他找来两位性欲中等的熟人，请他们从头至尾看完《尤利西斯》并说出自己的感受。伍尔西法官在听取了两位读者的感受后宣布：我有兴趣地发现，他们两个人都同意我的观点，把《尤利西斯》作为进行淫秽检查的必读物，认真地把它读完。结果是：它并没有激起人的性冲动或淫秽思想的倾向。这两个人对该书的唯一反应是：带着悲剧色彩，极其有力地表现了男人和女人的内心世界。伍尔西法官的这种做法的历史意义是，不再以“长官意志”来决定性文艺作品的命运，而改由公众的感受和社会影响为判决的根据了。不久，纽约高级法院的奥古斯塔·汉斯法官对“希克林法”作出了新的解释。他说，制定一个适合于各种案件的法令是困难的，检测一本书是否淫秽色情，最重要的应该是看全书的效果，也就是说，色情描写是否在全书中占支配地位。具体地说，对于现代出版的作品，应该尊重当代文艺评论家及公众的意见；对于古代出版的作品，应该对当时的历史条件和社会公论表示尊重。伍尔西、汉斯法官的富有宽容精神的法理解释，表明了“希克林法”在美国的失败，虽然美国的一些法院直到 20 世纪 50 年代仍旧沿用“希克林法”来检测文艺作品，这只能说明法律在进化中的一种滞后现象。可是，在法律较为保守的英国，大约又过了 1/4 世纪，法院在“色情”作品的审理上才接受了的新的、革命性的概念。1959 年，英国颁布了《淫秽书刊检测法》，这是对“希克林法”全面的、实质性的否定。该法规定了一套崭新的检测淫秽色情的方法,即在认定一个作品是否淫秽色情时,规定必须同时具备下列两个条件:一是某部分的全部内容能促使人腐化堕落;二是对这些人必须检查他所处的所有条件,获得书的渠道,受教育的程度,是否能从听、读、看三个方面来理解作品中的性内容和性描写。[1] 从“希克林法”的历史沿革中,我们可以清楚地看到宽容的法理和“法律宽容”的生成轨迹。在这个世界上,有许多法律确实是为了暂时需要盲目或草率地制定出来的,而且各地的法律之间也各不相同,即使在同一个地方也经常存在相互矛盾的情况。当裁判所依据的法律只能引起争吵、诡辩时,只有宽容能够唤起公正的思想,成为裁判的原则。

三、法哲学上的宽容原则

在西方宪法史上,有所谓的宽容条款,它在集权主义猖獗的16世纪和17世纪中被解释为赦免性的容忍、宗教禁令的宽免、移居国外的许可等,在性质上都是国家(强者)对人民(弱者)的一种恩赐,或被认为是一种“政治上的睿智”。但是在现代宪法中却并未见到“宽容”或“容忍”的用语[2],“宽容”似乎尚未完全被确定为是人民的具体权利或义务。如在德国联邦基本法及各邦的宪法中,也没有直接出现“宽容”(Toleranz)的字眼,而仅仅出现了“忍耐”(Duldsamkeit)、“尊重”(Achtung)和“顾虑”(Rücksichtnahme)等几个与“宽容”接近的用语,但是上述这些类似规定,在司法实务中和法学研究教学领域则一般被解释为宽容原则。

---

〔1〕 参见刘达临:《世界性史图鉴》,郑州大学出版社2005年版,第259—264页。

〔2〕 参见李震山:《论宽容与宪法》,载刘幸义主编:《多元价值、宽容与法律》,台湾地区五南图书出版股份有限公司2004年版。

德国的拉德布鲁赫在他的《法哲学》中把宽容看成是与赦免相关的一个法律概念。他认为，赦免“不仅是一种和善的法律形式，而且是完全与法律无关的领域中映射进法律领域的，并使冷漠昏暗的法律世界真正得以可见的耀眼光芒……赦免使与法律无关的价值领域兀立于法律世界的中央，比如宗教的慈悲价值、伦理的宽恕价值”[1]。法国的保罗·利科也与拉德布鲁赫一样，认为宽容原本“不属于法律秩序”，“甚至也不属于法的层面”，但是由于“宽容源于一种天赋的理由”，因此它“不仅仅是一种超法律价值，还是一种超伦理价值”。并且，“从其目的而论，宽容还是规避不了法的领域……宽恕的‘目的’不是消除记忆，不是忘却；相反，宽恕的‘目标’是消除债务，而这与消除忘却的‘目标’是不可调和的”[2]。按照拉德布鲁赫和利科的理论，我们可以把法律宽容理解为是从“完全与法律无关的领域”或法律秩序以外的领域中映射进法律领域的超法律价值或超法律原则。

拉德布鲁赫的高足考夫曼在他的《法律哲学》中进一步指出：宗教宽容学说原则上并没有错误，错误的只是，这些原则直接从道德领域被转移到了法律领域。“法律与道德尽管有许多接触点，但是并不相同。因此，对于法学上涉及宽容的问题——学校祷告、宗教学校、学校及法庭中的十字架、婚姻问题、吸烟者与非吸烟者的争议、将道路命名为 Rosa Luxemburg 或将大学命名为 Karl von Ossietzky、外国人问题、战争役的拒绝、堕胎、自愿结扎、依请求而同情杀人等，均不能单纯以宗教或世界观团体的教条——道德见解予以解决。的确如此，但是法律领域的宽容问题并未因此而穷尽。特别有一个刚好是法律上的问题会出现，亦即：法律的真实性或正确性如何？以及对于正确法的认识

[1] [德]G·拉德布鲁赫：《法哲学》，王朴译，法律出版社 2005 年版，第 176 页。
[2] [法]保罗·利科：《论公正》，程春明译，法律出版社 2007 年版，第 165 页。

又如何？于此宽容是否有其适用或支配，因为是涉及真理、教条论上不宽容的原则？”[1]人们或许可以从宽容原则具有何种法律意义的观点，做出不同的论述，但是应该能够比较顺利地达成如下共识：由于宽容确保多种价值观的并存，因此展现出一项重要的秩序要素，并将一种有趣的思想带进了法律讨论当中。如有学者在探讨我国“宽严相济”的刑事政策时指出：“宽严相济的‘宽’，是指宽大、宽缓和宽容，表现为以下三种情形：一是非犯罪化；二是非监禁化；三是非司法化。宽严相济的‘严’，是指严格、严厉和严肃。”[2]在建设社会主义和谐社会的时代背景下开始尝试的“刑事和解”制度，实际上也是一个宽严相济的刑事政策的体现，对被告人而言无疑是一种宽大或宽容。“刑事和解”的理论基础并不是一定的具体方法、对策和程序，而是一系列的原则和价值，主要体现的是宽恕或法律宽容的原则。可以说，无论是中国古代的和合文化，还是西方宗教中的宽恕、博爱理念，都十分推崇和缓、宽容的纠纷解决方式，倡导人们化解冲突，和睦友爱相处。[3] 在现实的法院审理中，法官事实上也经常可以围绕法律——比法律更为宽容，透过法律的解释作出判决，以实现个案正义。可以说，这种在宽容原则指引下的法律解释是一种普遍的现实的法律宽容。那么，当宽容通过规避法律秩序而使自己置于法律秩序之上方时，这种状态对法律秩序本身而言是否就是某种副作用呢？如果我们从法哲学的角度来审视司法的话，下面的结论也许更能为人们所接受：司法虽然是人类的正义，但它决不能将自己设想为最终的裁判。司法的远大目标是

---

〔1〕［德］考夫曼：《法律哲学》，刘幸义等译，法律出版社2004年版，第460页。

〔2〕陈剑虹主编：《宽严相济刑事政策在检察工作中的运用》，中国检察出版社2007年版，第5页。

〔3〕参见陈光中、葛琳：《刑事和解的理论依据与适用构想》，载黄京平、甑贞主编：《和谐社会语境下的刑事和解》，清华大学出版社2007年版，第16页。

不仅要使自己与野蛮的复仇、酷刑相分离，而且也要与宗教式的复仇和不宽容相分离，这就需要一种神圣的法律宽容原则。

宽容原则在我国的法律世界中遭受冷遇和不畅有其自身解释方面的原因，但更为直接的是法哲学与实定法之间的对话不足所造成的格局。要尽快地消除人们对宽容原则的误解，最好的办法莫过于在法哲学上阐明法律宽容概念的起源和价值，并在法律的制定和实施中有效地借鉴域外的经验。有学者在研究"司法对传媒的宽容"时指出："强调以宽容的态度对待传媒，可以在域外的经验中找到理由。英美法的藐视法庭罪前紧后松的适用即明显证明了这一点……美国司法对传媒的宽容，是因为他们相信只有经历了舆论的风雨，法官才能变得更为强大与坚韧，才能更独立、更公正，以此赢得人民的信任、尊敬与服从，树立司法真正的权威。"〔1〕今天，人类正面临人口爆炸，所以宽容原则越来越迫切。在1996年底，世界上已经有24个城市的人口超过了1500万。在这种城市和人口日益膨胀的情况下，秩序应该如何地运作，特别是随着人口密集地区的暴增，暴力与犯罪亦随之增加。这个世界若没有宽容，必然成为地狱。考夫曼曾发出这样的感慨："的确如此。在面对当今复杂、充满风险的情况时，我们所能提供的，不能再是如结构单纯、数量较小的中世纪社会所能提供者：一个封闭、静态、当权、不宽容的世界。这并不夸张：宽容在今日世界，乃至于明日世界是一个人类的命运问题——Dürrenmatt甚至称此为一个存活的问题。"〔2〕从法律的层面而言，正如有学者指出的那样，宽容应该成为"宪政生态主义的价值取向"〔3〕之一。现代宪法之所以不同于历史上

〔1〕 康为民主编：《传媒与司法》，人民法院出版社2004年版，第277—279页。

〔2〕 [德]考夫曼：《法律哲学》，刘幸义等译，法律出版社2004年版，第475页。

〔3〕 魏健馨：《和谐与宽容——宪法学视野下的公民精神》，法律出版社2006年版，第68页。

的一切权力分配方式就在于不同的政治势力之间能够达成妥协，容许不同的政治集团和合理主张在法律范围内存在，体现出宪政的宽容与民主精神。

当然，真正的宽容并不意味着容忍一切，而是意味着容忍那些应该容忍的事物。这一原则在早期的宗教宽容中就有所实验了。如法国的伏尔泰在他的《论宽容》中指出："虽然在《旧约》中有许多表示宽容的例子，但是也有严厉的事例和律法。"[1]可以说，宽容与严厉是对立统一的关系，两者并行不悖、相辅相成才是法律宽容的理想状态。而区分应该容忍的和不应该容忍的事物，这要求我们对人类生活中的重要事实有全面的理解。在规则的意义上，对这些事物的促进和保护是由适当的规则和适当的限制两个方面所预先假定的，因此，一部有关这些事物的禁止性宪法，与允许有关它们的错误方法的宪法一样，将同样对真正的宽容起到损害作用。美国宪法的构造和批准方式似乎对这一问题有比较好的理解。一方面，他们献身于联邦和州政府对各种各样的事物的促进和保护；另一方面，通过权利的保证——禁止那些最终会暗中破坏他们的方法，其构造和批准方式将更好地促进和保护这些事物。可以说，宪法本身的前景应该与真正的宽容广泛地保持一致。但不幸的是，某些宪法解释的方法并非如此。[2]

四、法律宽容的价值

在现代多样性的社会中，宽容已经成为了一个不可或缺的生活原则。多样性社会中的独立生存力，要求生活其中的个人知道如何去应

---

〔1〕［法］伏尔泰：《论宽容》，蔡鸿滨译，花城出版社 2007 年版，第 136 页。

〔2〕J. Budziszewski, *True Tolerance: Liberalism and the Necessity of Judgment*, Transaction Publishers, New Brunswick and London, 1992, p. 44.

付不可避免的差异性和冲突。从结论上说，那就是，宽容是当代社会的一个基本价值，而法律宽容则是法治社会的基本价值之一。我们不需要同意密尔所主张的个人的差异性，即使这些令人不快的差异是丰富我们所有人的生活中的实验。我们也不必同意某些现代哲学家所提出的冲突的超价值是“迎接我们走上右倾路线的标志”[1]。宽容的重要性仰赖于下列这些比较朴素的主张：首先，差异性和冲突是不可避免的；其次，宽容为处理那些并不违反其他诸如正义、自由和平等的基本价值的差异性和冲突提供了程序上的最低限度。无论你对差异性和冲突欢迎与否，或顺从，或痛恨，它们却都是生活的事实。人们在许多问题上经常会出现一些喜欢或不喜欢、违法或不构成违法、违反现行法律但不违反自然法或正义的意见。如堕胎（abortion）曾经是一个世界性的争论点，而法律宽容通常是处理这些争论的一个程序价值。尽管在最初的步骤上法律宽容不是一个实质性的价值，但它却是在意见和价值发生分歧的情况下，和平地处理诸如有关堕胎那样的争论点的先决条件。美国的怀特教授曾指出：“当我们不再用我们与我们对上帝的信仰、与自然或者进步的关系来作为界定自身的主要参照时，差异的存在便具有了一种非常不同的价值。它们不再是某种一上来就需要被说明、被规范化、被无可奈何地宽容的东西，而是一个该被赞扬的东西……对差异的注意成为了对有限性的确认。”[2]

法律宽容在一定程度上允许一个社会的价值和平地或和谐地演进。在不存在法律宽容的地方，就会发现众所周知的诸如大屠杀、私刑、恐怖主义、暗杀和种族清洗等恐惧。如果对手们不同意容忍另一

〔1〕 W. Paul Vogt, *Tolerance & Education: Learning to Live With Diversity and Difference*, Sage Publications, Thousand Oaks and London, 1997, p. 24.

〔2〕［美］斯蒂芬·K. 怀特：《政治理论与后现代主义》，孙曙光译，辽宁教育出版社2004年版，第150页。

方以寻找共同基础为目的的长期争论，那么其主要选择只能是一种形式或另一种形式的斗争和战争，或怀有敌意的“冷漠”。当然，有时对手们宁肯选择斗争和战争，有些斗争和战争也似乎是“正义”的，值得人们为之去战斗。但是，在许多情况下，解决冲突的其他方法如和解、宽容等则是更可取的。法律宽容也许听起来是非常消极的、有限的甚至与法治国家的其他原则难以相融。有人也许会问，与宽容他人的责任和罪行相比我们难道不能有更高的目标了吗？是的，我们能够有，并且也应该有。但是，如果我们拥护多元主义，如果人们及其行为上的不同之处和法律上的不同认识是有意义的话，那么我们就需要有一个法律宽容的原则。美国实用主义的创始人之一威廉·詹姆士在《多元的宇宙》中这样表达宽容乃至法律宽容的价值：“生命总是从它的全部资源里立即找到了同时满足许多对立面的方法。这正是我们的文明所呈现的相辅相成的方面。我们用武装来保障和平，我们用法律和制度来保障自由……我们容忍无政府主义的和革命的言论才是减少这些危险的唯一办法；我们的慈善事业不施惠于乞丐才能完成这个事业想要达到的目的；真正的享乐主义者须要极大的节制；通过极端的怀疑，才能导向确实；节操不意味着无知，而意味着知道罪恶，而且克服罪恶；服从自然，我们才能征服自然；等等。”〔1〕

约翰·罗尔斯在他广泛议论的政治自由主义中也采取了类似的立场。罗尔斯认为，如果要在自由和平等的市民中建立一种公平的合作体系，那么该社会就必须建立在政治和法律宽容的原则之上。这是因为，在一个自由社会中，合理的人类活动的自然结果更具有多样性，而不是变少了。甚至在田园诗般的条件中——一个没有偏见、愚昧或

〔1〕［美］威廉·詹姆士：《多元的宇宙》，吴棠译，商务印书馆2002年版，第54—55页。

利己主义倾向的社会——通情达理的人们仍然会经常对基本价值、生活哲学、政治和法律规则表示不同意见。这一认识的性质和限度，罗尔斯称之为“判断的负担”(burdens of judgment)，在通情达理的人们之间制造出分歧。在一个自由社会中，可能没有一个真正的普适的教义，因此通情达理的人们必须学习与不同的人一起生活，该社会的政治和法律规则必须包含有宽容的核心。宽容，首先可以作为“权宜之计”(modus vivendi)——例如，结束宗教战争的一个办法——但是，罗尔斯断言，在社会、政治和法律的演进过程中，宽容最终将凭借自己的魅力变成一种价值。[1] 这是因为，政治和法律可以与有关最重要问题的信仰相分离。这就是说，公民在这类问题上的共同信仰并不构成一个民主社会的必要条件，对于公民美德来说，只要有一种为典型的有神论者和典型的无神论者所共有的道德官能就足够了。罗蒂曾指出：“罗尔斯所提倡的哲学宽容，实乃是对杰弗逊所提倡的宗教宽容的一种可能的扩展。‘宗教’和‘哲学’都是模糊的词语，总是可以作出说服性的重新定义的。当这些词的定义足够宽泛时，每一个人，甚至是无神论者，都可以说具有一种宗教信仰(在蒂利希‘终极关怀的象征’意义上)。”[2] 例如，关于对表达的宽容，其中的一个主要论证是基于“真理原则”(the Truth Principle)给予表达与行动不一致的豁免。发现真理的经验表明，既然一个可能性中存在着错误，因此我们就不能仅仅依靠那些出现在我们眼前的所谓正确的东西作出判断。这就是说，即使在已经确定的情况下我们也必须保持一些不确定的因素，而容忍是与意愿和领会那些远离我们的不同认识方式的能力相连接

---

[1] Jhon Rowls, *Political Liberalism*, Columbia University Press, New York, 1993, pp. 54 – 58.

[2] [美]理查德·罗蒂：《后哲学文化》，黄勇编译，上海译文出版社2004年版，第166页。

的。我们也许能够很快地发现,真理的特征已经出现在了我们的视野中,但它却仍然是不完全的,只有通过其他不完全的真理的补充才能得到完善。即使我们相信已经知道了真理是什么,那么我们也不能停下来休息,而应该继续把我们的真理付诸于试错法(trial-and-error),以证明我们并没有犯错。此外,我们应该保证每个人和各种意见都能够得到被听取的机会,否则我们就会在发现真理的道路上设置障碍。这一假定是,尽管我自己并不相信,但是承认他人的想法也许是正确的这一可能性,就是承认我的想法也许是错误的可能性。这一假定也有足够的空间适用于那些完全持不同意见的团体和个人。一个观点之所以应受到怀疑,简单地说是因为它为少数人所掌握,并也许阻碍真理的发现。尽管许多新的思想和创新开始于少数人的想法,但是我们在头脑中必须注意到上述负面影响的存在。这一"真理原则"指示我们对那些强烈地和认真地被相信是正确的意见提出质疑,以探索一些更加深远的真理和揭露它们的错误方面。这一论证的方法事实上已经为美国的最高法院在一些判决中所利用。[1]

五、法律宽容是什么

我们可以把法律宽容看成是一个法律从严厉到宽松的历史过程,其进度和界限经常取决于各国宗教宽容思想的发展和世俗化。从静态意义上讲,我们可以把法律宽容的本质理解为"严刑峻法"的一个对立面,它是在宽容原则下谋求法律革命和法律人性化的结果,其内容主要包括立法宽容和执法宽容二个环节。在法律的价值取向中,宽容

〔1〕 Raphael Cohen-Almagor, *The Boundaries of Liberty and Tolerance*, University Press of Florida, Gainesville, 1994, pp. 106 – 107.

与自由、人权等概念是紧密相连的，一般地说自由和人权都是在宽容原则的指导下展开的，在某种程度上，可以说宽容是自由和人权的前提或必要条件。如法律上的言论、思想、良心等自由实际上都取决于统治集团的宽容意识，对酷刑、死刑的废除和对破产公民的免责救济等宽容实践，则是扩大人权的前提条件。法律宽容或法律上的宽容原则，虽然是来自法律秩序或法律领域之外的一种超法律价值或超法律原则，但却是现代立法和执法中不可或缺的一个调整原则。2007 年 12 月 29 日修订的我国《科学技术进步法》第一次用法律形式，对“宽容失败”作出了规定，该法第 56 条明确规定：“国家鼓励科学技术人员自由探索、勇于承担风险。原始记录能够证明承担探索性强、风险高的科学技术研究开发项目的科学技术人员已经履行了勤勉尽责义务仍不能完成该项目的，给予宽容。”至此，可以说，在我国，法律宽容也有了法律上的依据。

第七章　中国民间对日索赔的法理

本章以李秀英诉日本政府赔偿案和右翼文人名誉侵害案为中心，探索我国民间对日索赔的法理，着重考察日本侵华战争的受害者李秀英诉日本政府赔偿案和右翼文人名誉侵害案的学者意见，揭示该两次诉讼的内在联系。笔者认为，日本左翼学者支持李秀英诉日本政府赔偿案的法律意见书所阐明的法理，是李秀英诉右翼文人名誉侵害案得以胜诉的前提，具有一定的合理因素。我国的民间对日索赔是有法理依据的，而日本左翼法律人和友好人士的帮助则是对日索赔法理之外的最大的“法理”。

一、李秀英等诉日本政府“731、南京大屠杀等损害赔偿请求事件”

李秀英（1919—2004 年）是南京大屠杀的幸存者，也是见证日军暴行的“活证据”。李秀英原住在上海，1937 年 8 月上海受到日军的空袭，她回到娘家所在的南京。1937 年 12 月，日军进攻南京期间，李秀英因怀有 7 个月的身孕，无法逃往外地，与其父一起躲进了南京国际安全区五台山小学（美国教会学校）的地下室避难。12 月 19 日，3 个日本兵闯进五台山小学的地下室，图谋强奸李秀英。性格倔强的李秀英与日本兵殊死搏斗，身中 37 刀。日本兵走后，其父设法将她送进南京鼓楼医院（美国教会医院），经美国医生罗伯特·威尔逊先生的抢救，李秀英得以保存性命，但肚子里的孩子却因此流产了。美国约翰·马吉牧师在治疗现场拍摄了影片，一直保存至今。另外，当年留在南京的西方人士拉贝、麦卡伦、马吉等人的日记与书信中对这件事情也有记载。马吉当年拍摄的影片《南京暴行纪实》中也有李秀英在鼓楼医院治疗时的动态画面。1946 年远东国际军事法庭在审判日本战犯期间，中国检察官曾询问李秀英，并在庭审时出示了李秀英的书面证词。

1994 年，李秀英参加了北京的战争被害者集会，遇到几个愿意为受害者起诉日本政府提供帮助的日本律师，遂决定起诉。1995 年 8 月李秀英等 10 名战争受害者在日本提起诉讼，要求日本政府赔偿损失约 1 亿日元，东京地方法院民事第 24 部受理了这一“731、南京大屠杀等损害赔偿请求事件”。该案审理期间，原告方得到了北海道大学法学部奥田安弘教授、铃木贤教授等以法律“意见书”、证人证言等形式的法律援助。虽然 1999 年 9 月 22 日东京地方法院判决驳回了原告的诉讼请求，认为“个人直接向外国请求战争损害赔偿的权利不能得到认可”，但是该判决承认南京大屠杀和日本“731 部队”的人体实验等侵害事实，敦促日本政府应为过去的侵略行为“真挚地向中国国民谢罪”。[1] 这一审理中有关学者和法官通过探讨不法行为损害赔偿的法理,对东京地方法院后来判决“李秀英诉右翼文人名誉侵害案”的胜诉起到了重要作用。

二、李秀英状告日本右翼文人名誉侵害案

1998 年,日本右翼文人、“自由历史观学会”成员松村俊夫在其编撰的《对南京大屠杀的大疑问》[2]一书中,污蔑李秀英是“假”证人,称现在的李秀英不是当年的李秀英。该书一度成为日本的畅销书,并成为右翼分子否定南京大屠杀的“宝书”。日本右翼伺机以书中的内容为借口,攻击李秀英。他们不仅污蔑李秀英的证词是伪造的,而且恶意中伤李秀英为历史作证是受到了侵华日军南京大屠杀遇难同胞纪念馆的幕后操纵,在精神和名誉上给李秀英造成了极大的损害。

上述侵害事实发生后,渡边春己、尾山宏、小野寺利孝等一批有正义感的日本律师自发组成律师团,帮助李秀英在日本东京提起诉讼。1999 年 9 月 17 日李秀英向日本东京地方法院提起诉讼,要求《对南京

---

〔1〕 该判决的要点如下:(1)驳回原告方的诉讼请求;(2)日本在中国的各种军事行动无疑属于侵略,应真挚地向中国国民谢罪;(3)南京大屠杀这一事态是存在的,731 部队的人体实验也是不容置疑的;(4)战争行为中的损害赔偿,作为个人直接向日本请求的权利,不予认可。理由如下:既然已经根据和平条约等解除了战争状态,对于国家间乃至民族间的与战争有关的赔偿问题有了合意,那么就应该积极地肯定它们的存在和内容,并以此作为一个句号……根据互让的精神努力构筑现在和将来各国乃至各民族之间的和平与友好关系是当前最好的方略,值此期间,如果承认个人不经过国家间的外交谈判而能够直接要求外国赔偿过去战争被害的权利……从谋求国家间、民族间、各地区的和平和安全这样的大局看,都等于留下了纷争的火种,从将来防止战争这一观点看,只能是有害无益的。……有关对外国的个人战争被害的恢复赔偿问题,根据国家间的政治性判断、通过外交谈判解决,是回避再次战争、维护和平最好的,或不得已的、现实的唯一方法。东京地判 1999・9・22 判タ1028 号 110—111 页。参见[日]阿部浩己:《国际人权》,现代文化社 2003 年版,第 240 页。

〔2〕 参见[日]松村俊夫编:《南京大虐杀への大疑问》,日本株式会社展转社 1998 年出版,共 408 页。

大屠杀的大疑问》的编撰人松村俊夫、发行人相泽宏明和出版发行社"日本株式会社展转社"，各自赔偿名誉损失费1200万日元（约82.8万人民币，当时的100日元约为6.9人民币），并公开登报道歉。[1] 同年10月16日，该院民事第39庭受理了本案。2002年5月10日，东京地方法院判决松村俊夫等被告各自支付名誉损害赔偿金150万日元，但是对于原告提出的公开登报道歉这一诉讼请求未予支持。东京地方法院的冈久幸治审判长认为："被告方在比较多种资料时，没有充分地根据资料的性质进行批判和研讨作业，以至于把李秀英与被害人推定为别人的理由不能成立。"[2] 一审判决后，被告向东京高等法院提起上诉。李秀英得知这一消息后，以被告未登报公开道歉以及赔偿金太少为由，也向东京高等法院提出上诉。

东京高等法院第21法庭受理了此案。该庭经过同年12月5日和2003年2月4日两次开庭审理，于2003年4月10日作出了维持一审的判决。日本法院实行三审终审制度，二审判决下达后，原被告双方均在判决之日起10日内向上一级法院——日本最高法院提出上诉。在三审期间的2004年12月4日，李秀英抱憾去世。2005年1月20日，日本最高法院作出终审判决：根据《日本民事诉讼法》第318条

---

〔1〕 对于原告的诉讼请求和法院的判决，国内媒体皆有误解，即报道为"原告要求被告赔偿名誉损失1200万日元"和"法院判决被告支付名誉损害赔偿金150万日元"。其实，当时的被告有3人，即编撰人松村俊夫、发行人相泽宏明和出版社日本株式会社展转社。原告方的诉讼请求为：(1)要求被告们对原告、各自支付1200万日元，以及对此支付从1999年10月16日起到支付完毕为止年五分比例的滞纳金。(2)要求被告们在朝日新闻、每日新闻、读卖新闻、产经新闻及日本经济新闻的全国版上，按照附件一记载的谢罪广告，在附件二记载的条件下，各登载一次。(3)诉讼费用由被告们负担。对此，东京地方法院的判决是：(1)被告们对原告各自支付150万日元，以及对此支付从1999年10月16日起到支付完毕为止年五分比例的滞纳金。(2)驳回原告的其余请求。(3)诉讼费用分为五分，原告负担四分，其余由被告们连带负担。(4)本判决的第一项可以先予执行。参见[日]本多胜一、渡边春己、星彻：《南京大屠杀 历史改窜派的败北》，日本教育史料出版会2003年版，第102—103页。

〔2〕 [日]《产经新闻》2002年5月11日。

第1款的规定，认为被告松村俊夫等人的上诉理由不充分，因此不予受理，维持东京高等法院的二审判决。[1]

李秀英案是近年来关于南京大屠杀历史问题在日本司法方面的首起胜诉案件，也是近年来中国公民在日本进行的涉及日军侵华史的四十多起诉讼中，除花冈劳工案于2000年11月以和解方式结案外，唯一一起胜诉案件，曾引起国内和国际社会的广泛关注。2003年4月10日二审判决下达后的当晚，江苏电视台、江苏广播电视台、南京电视台、扬子晚报等媒体，均在第一时间做了报道。翌日，新华社、中新社、人民日报、新华日报、南京日报等媒体也迅速做了报道，北京晚报、新民晚报等省市的媒体则做了转载，中央电视台在"午间新闻"、"新闻联播"、"晚间新闻"中反复做了报道。此后，中国国际广播电台的"中国之窗"、江苏人民广播电台的"金陵之声"、南京电视台的"法制现场"等栏目对本案做了专访，进行了深度报道。[2]

由于认识上的局限性，李秀英等10人于1995年提起的"731、南京大屠杀等损害赔偿请求案"并没有引起国人足够的重视，国内的媒体和相关机构对这次诉讼几乎没有做必要的报道和分析，但对李秀英1999年提起的"名誉侵害案"则做了较好的报道和分析。笔者认为，李秀英参加的上述两个诉讼，在法理上具有不可分割的连续性，李秀英"名誉侵害案"的胜诉是以"731、南京大屠杀等损害赔偿请求案"所确立的事实和援助学者所阐明的法理为前提的。围绕"731、南京大屠杀等损害赔偿请求案"的日本学者和专家之间的争论，明显地反映出了日本法律人中支持战争受害者提起诉讼和不认可战争受害者诉讼权的"左"、"右"两种法理学说，在我国法律人参与民间对日索赔的诉

---

〔1〕 参见徐机玲、姚玉洁：《李秀英诉日本右翼案终审胜诉》，载《北京青年报》2005年1月22日。

〔2〕 参见朱成山：《透视李秀英案东京胜诉》，http://www.sina.com.cn. 2005年7月5日。

讼活动中，具有重要的启发和参考意义。

三、日本学者的法律意见

1995年8月李秀英等10人对日本政府提出战争受害赔偿诉讼后，日本北海道大学的奥田安弘教授在1998年7月22日法庭的口头辩论上作为证人出庭为原告方的诉讼权利作证，并先后于1998年7月22日、1998年11月9日和1999年1月14日分三次向东京地方法院提出专家“意见书”，支持原告方的诉讼请求。1999年1月，北海道大学的铃木贤教授也向东京地方法院提出专家“意见书”，支持李秀英等提起的诉讼活动。在这些“意见书”的影响下，原告方律师也“根据法例第11条，以‘中华民国’法律的适用为轴心展开了工作”。[1]

（一）审判的准据法及其解释问题

奥田安弘教授在1998年7月22日的“意见书”（以下简称“第一意见书”）的开头指出：本意见书，探讨本案的国际司法问题。根据诉状，原告方要求赔偿从1937年到1943年在“中华民国”由于被告（日本国）的不法行为所遭受到的损失，这就产生了一个应该适用哪一个国家的法律作为准据法的问题。另外，当准据法是外国法的情况时，还产生了一个该准据法的内容如何确定的问题。被告对于这一点，以本案属于国家赔偿请求为由，根据不适用国际私法的学说（以下简称“国际私法不适用说”）或者依照公务员所属国家法律的学说（以下简称“公务员所属国法律说”），主张日本法是准据法。并且主张，即便

---

〔1〕［日］高木喜孝、南典男、松本克美、水岛朝穗：《思索战后补偿审判的现在与未来》，载《法律时报》2004年第76卷1号。

适用法例第 11 条,那么根据该条第 2 项和第 3 项,也因为累积适用日本法,而不负赔偿责任。但是,这些主张都是对法例的错误解释。确实,关于对国家的损害赔偿请求(下称“国家赔偿请求”),不否认存在以公务员所属国法律说为妥当的情况。但是,说因为是国家赔偿请求,并不等于公务员所属国法律说就一定是妥当的。其中,存在一定的界限。在 1998 年 7 月 22 日向法庭陈述的“证人证言”中,奥田教授更加明确地指出:“国际私法不适用说,原来是以日本现在的国家赔偿法从形式上看是属于行政法乃至公法的领域这一点为根据的,但是国际私法适用还是不适用的问题,不应该只考虑日本一个国家的国家赔偿法的观点,而应普遍地从法律关系的方面加以考察。在国家赔偿责任中,总而言之,因违法行为给他人造成损害时,以其损害的公平分配为目的,是否应让加害人赔偿损害这一点才是问题的关键,从法律关系的方面来看,国家赔偿责任也完全与通常的不法行为责任没有什么变化。”[1]因此,奥田教授认为,从结论上说,在本案中,毋宁应该承认《日本法例》第 11 条的适用,以不法行为地法的“中华民国”的法律为准据法。另外,根据法例第 11 条第 2 项和第 3 项,不能说被告当然免除了损害赔偿的责任。因为,根据“中华民国”的法律,被告负有民法上的不法行为责任(使用者责任),根据这一责任所产生的债权虽然涉及消灭时效的问题,但“其援引属于权利滥用的情况时,并不适用时效的规定”[2]。

关于准据法的决定问题,奥田教授在“第一意见书”中,首先考察了德国、法国、意大利、奥地利、美国和英国的判例与学说,认为:“欧美各国的判例,关于公务员在外国的不法行为也绝不是单纯地采用公务员所属国法的学说,正如 1982 年奥地利最高法院的一个判决所述的

〔1〕 [日]东京地方法院关于证人奥田安弘的《调查书》,1998 年 7 月 22 日,第 8 页。

〔2〕 [日]奥田安弘:《关于 731、南京大屠杀等损害赔偿请求事件致东京地方法院的意见书》,1998 年 7 月 22 日,第 3 页。

那样，在本国国民向在外使馆请求保护、外国人进行签证申请等的情况下，确实是当事人之间的（公法性质的）法律关系比不法行为地更具有密切关联性，因此公务员所属国法的适用也是被允许的。但是，在当事人之间，不存在这样的公法性质的关系时，就必须返回到不法行为地法的原则。”[1]在考察了外国的判例和学说后，奥田教授对日本山田镣一、住田裕子、泽木敬郎、宇贺克也和下山瑛二等教授的学说也做了认真的考察和分析，得出了类似的结论。他在小结中写道：“在日本的学说中，找不到明确地赋予国际私法不适用说以基础的见解。其中，住田说将其前提都弄错了，山田说和泽木说只是把国际私法不适用说作为一种可能性加以论述。宇贺说，无论从哪个方面讲，都可以说是保留了态度，另外也对本案这样的战后补偿情况加以了区别。再者，根据下山说，即便在采用国际私法不适用说的情况下，日本的国家赔偿法也只是适用于日本主权所及的范围，在超出这一范围请求赔偿时，一般适用不法行为地法。另外，关于公务员所属国法律说，在山田说中，只是作为一种可能性加以了列举，其论据没有得到充分的表示，因此欧洲国际私法中的付从性联结理论，作为日本法例的解释也是可能采用的。这就是说，日本公务员在日本的不法行为，根据《日本法例》第11条，日本法成为准据法；关于在外国的不法行为，例如像日本人请求在外使馆的保护、外国人进行签证申请的情况那样，只有在与被害人之间存在（公法性质的）法律关系的情况下，作为该法律关系的准据法，才适用公务员所属国法。但是，像本案这样，加害人与被害人之间并不存在特别的法律关系，由于不法行为的发生，当事人之间才开始产生债权债务关系，因此不能承认这样的付从性联结。为什么

[1] [日]奥田安弘：《关于731、南京大屠杀等损害赔偿请求事件致东京地方法院的意见书》，1998年7月22日，第38页。

呢？这是因为，公务员所属国法只是作为在不法行为发生前就已存在的（公法性质的）法律关系的准据法而被允许适用的。另外，在不存在这样特别法律关系的情况下，如果适用公务员所属国法的话，则是违反上述这样的不法行为地法主义，进而违反了国际私法上的正义。因此，在本案中，应该回到原则上来，适用《日本法例》第11条。”[1]在“证人”调查中，奥田教授进一步明确指出：把欧洲的“付从性联结理论”这一法理适用于这个“731、南京大屠杀事件”的话，我们可以看到，在这里“付从性联结”的要件并不具备，即日本军在中国杀伤中国百姓时，加害人的日本政府与被害人的中国百姓之间，在该不法行为发生之前具有什么样的法律关系呢？那是找不到的。例如，如果存在中国的百姓到日本大使馆去申请签证这样的情况时，那才出现公法性质的法律关系，而作为其法律关系准据法的日本法才可能适用。在不存在这种特别法律关系的本案中，承认“付从性联结”而适用日本法的做法，是可笑的。[2]

《日本法例》第11条第1项规定：“根据事务管理、不当得利或不法行为而产生债权的成立及其效力，适用作为其原因的事实发生地的法律。”[3]奥田教授认为：由于本案的不法行为地是中国，事件发生的当时，施行“中华民国”法律，因此应以“中华民国”法律为准据法。但是，在以外国法为准据法的情况下，产生了一个该外国法的适用解释问题。在说明这一问题时，奥田教授引用了山田镣一《国际私法》中的观点：“在应该适用外国法时，对外国法的解释，不是从作为日本法院的立场出发，而当然应该站在该外国法院的立场上像该外国的法官做

---

〔1〕［日］奥田安弘：《关于731、南京大屠杀等损害赔偿请求事件致东京地方法院的意见书》，1998年7月22日，第52—53页。

〔2〕参见［日］东京地方法院关于证人奥田安弘的《调查书》，1998年7月22日，第13页。

〔3〕［日］《模范六法》，日本三省堂1999年版，第53页。

的那样去做。因此，适用外国法规定的解释，应该在作为该外国法秩序的构成部分、与其法律秩序全体的关联中来进行，不应割裂各个规定而采取国内法的解释方法。另外，外国法规定的解释，并不一定要像该外国国内事件中解释的那样来解释，而必须是该外国适用于涉外事件的解释。”奥田教授认为，把山田的学说应用到本案的话，就会得出如下结论：必须预测中国的法官如果适用“中华民国”法于本案的话，将会如何地判断，从而对“中华民国”法进行解释。因此，不能因为偶尔适用条文与日本法的有关规定相似而将日本法的解释照样适用，而是要尽可能参照“中华民国”的判例和学说，站在中国法官的同一立场上来做判断。[1]

关于适用法的确定问题，铃木贤教授在1999年1月提出的意见书中，明确指出：在本事件发生的当时，中国大陆施行的法律，如果要在本案中适用的话，那就是当时的中国法，即“中华民国”的法律。因此，在本案中，对于南京大屠杀关系的原告请求的可否，至少应根据“中华民国”的法律。但是，关于本案的中国东北地区发生的事件，虽然当时“中华民国”的统治实际上未及于此，该地区施行日本的傀儡政权“满洲国”的法律，但是因为“满洲国”缺乏独立国家的要件，因此应一并适用“中华民国”的法律。[2] 在确认具体适用的法律规定时，铃木教授考察了“中华民国”国家赔偿法和民法的制定、解释和学说，认为被告具备了“中华民国”“民法”第188条规定的责任要件[3]，“负有

---

〔1〕 参见[日]奥田安弘：《关于731、南京大屠杀等损害赔偿请求事件致东京地方法院的意见书》，1998年7月22日，第55—56页。

〔2〕 参见[日]铃木贤：《关于731、南京大屠杀等损害赔偿请求事件致东京地方法院的意见书》，1999年1月，第2—4页。

〔3〕 参见原“中华民国”“民法”第188条第1款：受雇人因执行职务不法侵害他人之权利者，由雇佣人与行为人连带负损害赔偿责任。但选任受雇人及监督其职务之执行已尽相当之注意或纵加以相当之注意而仍不免发生损害者，雇佣人不负赔偿责任。

源自雇佣人的不法行为责任”。铃木教授指出:在本案被害发生的20世纪30年代后半叶到40年代初,“中华民国”“宪法草案”(1936年)第26条规定有关于公务员的不法行为可以向国家请求赔偿的内容。但是,包括草案内容的宪法直到1946年才得以实施,其中第24条规定了受害人请求国家赔偿的条件。[1] 由于不存在使国家赔偿具体化的国家赔偿法等法律,因此如果请求国家赔偿的话,只能根据民法的不法行为规定。1961年3月14日,台湾地区“最高法院”作出决议,认为“民法”第28条(法人对于其董事或其他有代表权之人的责任)、第188条(雇佣人的责任),符合“宪法”第24条中所说的“法律”。之后,在这方面也曾出现了几个判例,但是受到学界的严厉批判,台湾地区“最高法院”于1973年10月30日的第三次民庭总会上表明了否定基于“民法”的国家赔偿。总的来说,在本案侵害发生期间,“中华民国”的国家赔偿制度处于一个例外的时期,直到1980年台湾地区“国家赔偿法”制定为止,可以说没有实定法上的制度。那么,如果对于外国政府请求的损害赔偿不属于国家赔偿的话,是否适于通常的民事损害赔偿呢?包括不法行为条款的“中华民国”的“民法‘债’”篇,是于1929年11月22日公布的,并于翌年5月5日实施,其后至今一直未做修改。关于不法行为的责任,在“民法”第184条中规定了一般不法行为的责任;在188条中规定了雇佣人应负的不法行为的责任;在“民法”总则(1929年5月23日公布、同年10月10日施行)第28条中规定了法人应负的损害赔偿责任。由于被告日本国不是自然人,在此不妨解释为法人。作为法人的不法行为责任,究竟应该适用哪一条呢?在“中华民国”的判例和学说上,关于法人自己的行为,一般是否定直接适用第184

[1] 参见“原中华民国”“宪法”第24条:凡公务员违法侵害人民之自由或权利者,除依法律受惩戒外应负刑事及民事责任。被害人民就其所受损害并得依法律向国家请求赔偿。

条。而“民法”第28条，当时强调的是法人自己的责任。这一法理，大概从20世纪30年代就已经成立，因此在本案中不能直接适用第184条去追究被告的责任。更进一步说，本案中的直接加害行为人，不是具有代表日本国权限的人（法人的机关），因此也没有适用第28条的余地。那么，被告是否符合第188条所说的“雇佣人”的条件呢？关于第188条的成立要件，中国台湾地区学者王泽鉴认为应具备下列三个条件：其一，行为人是受雇人；其二，是执行职务的行为；其三，受雇人的行为符合一般不法行为的成立要件。本案的直接加害人是被告的雇佣人，即符合上述第一点，这是没有异议的。关于第二点，本案这样的加害行为，特别是南京大屠杀中发生的对李秀英的加害行为，是否符合“因执行职务不法侵害”的条件呢？我们知道，士兵进行掠夺、强奸、伤害、杀人等行为，是战争期间的所谓“常识”，根据历史研究的成果，在南京事件发生时，实际上受雇士兵日常性地实施上述行为的情况，被告“显然是知晓的”，因此本案的各种加害行为，可以解释为“民法”第188条所说的“因执行职务的不法侵害”。最后，关于第三点，加害行为人的行为符合第184条所说的一般不法行为责任的成立要件，是完全没有疑问的。因此，对本案的事实和责任的认定，应该适用“中华民国”“民法”第188条。[1]

（二）对“国家无答责”的批判

针对被告代理人提出的旨在免除日本侵略责任的“国家无答责”的辩解，奥田教授迎面予以了痛击。他在“第一意见书”中指出：所谓“国家无答责”的理论，原本是在绝对主义时代，在王权神授学说的影响下，出现的国王不可谬的法理，即国家（国王）是不可能出现违法或

---

〔1〕 参见［日］铃木贤：《关于731、南京大屠杀等损害赔偿请求事件致东京地方法院的意见书》，1999年1月，第6—11页。

作恶的。之后，否定王权神授说、根据原始契约论赋予君主主权以根据的霍布斯也没有对统治者的无谬性展开争论。岂止如此，霍布斯只是把神授的主权改说成了是人民给予的东西，并根据“统治者与被统治者的自同性”理论，赋予“国家无答责”以根据。后来，在卢梭的社会契约论中，虽然仍然把主权保留在了国民，但是统治者与被统治者的同一化得到了论述，即卢梭也主张“任何人对于自己自身不可能做坏事”、“一般意思经常是正确的”等。其后，“国家无答责”的理论就被建立在了“国家与法律秩序的自同性”基础之上了，即近代国家只要自己规定是法治国家，则是以在法的范围内行使国家权力为前提的。即使说“国家不可能出现违法或作恶”、“统治者与被统治者的自同性”乃至“国家与法律秩序的自同性”，它们也都仅仅是以国家与本国国民（乃至服从该国家管辖的外国人）之间的关系为前提的，而并不适用于外国国家的不法行为。这就是说，外国国家是可能作恶的，另外也缺乏作为“国家无答责”适用前提的“自同性”。因此，“国家无答责”的理论不适用于外国国家。在本案中，即使当时的“中华民国”法律采用“国家无答责”的理论，那也不能免除作为外国国家的被告的责任。因此，被告负有“中华民国”法律中的一般不法行为法上的责任。[1] 奥田教授在分析了《日本法例》第 11 条第 2 项[2]对第 1 项的限制条件后，进一步指出：在本案中，根据日本法评价的对象是，“在中华民国日本军杀伤了中国的百姓”这一事实。关于这一点，如前所述，被告主张适用“国家无答责”的理论。但是，正如对《日本法例》第 11 条第 1 项的解释中说明的那样，“国家无答责”的理论仅仅适用于国家

---

〔1〕 参见[日]奥田安弘：《关于 731、南京大屠杀等损害赔偿请求事件致东京地方法院的意见书》，1998 年 7 月 22 日，第 59—61 页。

〔2〕 参见日本《法例》第 11 条第 2 项：前项规定，关于不法行为，在外国发生的事实根据日本法律不属于非法时，予以适用。

与本国国民(乃至服从本国管辖的外国人)之间的关系,即"国家无答责"的理论中自己设有适用范围的限制,说是因为要求日本国给予赔偿,而解释为可以无限制适用的做法是行不通的。在本案中,成为评价对象的是"在中华民国日本军杀伤了中国的百姓"这一事实,日本国与日本国民(乃至服从日本国管辖的外国人)之间的关系并没有成为问题。因此,日本国的"国家无答责"理论,不能适用于本案。〔1〕

"国家无答责"的本质是"公权力无责任原则",或"国家无责任原则"。这是日本1890年制定的民法典中确立的实体法上的原则,并不是判例的法理。在1890年制定的日本民法典中,设置了有关不法行为的规定,但是没有对国家和地方公共团体的损害赔偿责任作出规定,关于这一点1898年制定的民法典也一样。这里的问题是,日本民法上的不法行为的规定,是否适用于因国家和公共团体的活动而给国民造成损害的事件,并且是否也适用于在外国对一般外国人造成损害的事件。京都大学的芝池义一教授认为:"作为法律形式论,战前的学说是依据公法和私法的区别论来赋予公权力无责任原则以根据的,即作为公法关系的公权力的行使不适用民法的规定。那么,其背后具有怎样的实质性考虑呢?实证性地寻找这一问题的解答,似乎是困难的。"〔2〕南山大学的小林武教授则在"对原朝鲜女子勤劳挺身队员的损害赔偿等请求事件"(名古屋地方法院1999年第764号)的"意见书"中指出:所谓"国家无答责"就是,即使国家的权力行为给个人造成损害,也不承担赔偿责任的"法理"。根据被告日本国的理解,这是一个以帝国宪法下对于国家的权力作用不适用民法和没有国家赔偿责

〔1〕 参见[日]奥田安弘:《关于731、南京大屠杀等损害赔偿请求事件致东京地方法院的意见书》,1998年7月22日,第69页。

〔2〕 参见[日]芝池义一:《战后补偿诉讼与公权力无责任原则》,载《法律时报》2004年第76卷1号。

任的立法为根据的实体法上的法理。即便如此,那也不是根据现代国家的一般原则所做的理解,而是在绝对主义天皇制度下得到强化了的前现代的日本公权力中特有的原则。日本接受作为新宪法根本规范的波茨坦宣言的行为,意味着已经否定了这一国家的特权,因此可以解释为“国家无答责”的原则实际上在接受这一宣言时起就已经崩溃了。[1]

(三) 如何解释诉讼时效和除斥期间

针对被告提出的诉讼已超过法律规定的时效的辩解,奥田教授结合《日本法例》第 11 条第 3 项[2]的规定予以了反驳,认为被告引用《日本法例》第 11 条第 3 项说明原告方提起的诉讼已经超过了中国和日本法律规定的时效的说法是错误的。他在“第一意见书”中指出:本来法例第 11 条第 3 项只是规定了“损害赔偿和其他处分”,即使从文理上解释,大概也不能读出其中包含了时效和除斥期间的意思。虽然没有这样不包含时效和除斥期间的明确学说,但是因为这一点是太明白不过的了,因此没有专门论述的必要。要研究的是,“中华民国”“民法”第 197 条第 1 款的规定:“因侵权行为所生之损害赔偿请求权,自请求权人知有损害及赔偿义务人时起 2 年间不行使而消灭。自有侵权行为起逾 10 年者亦同。”即法律规定了 2 年的短期消灭时效和 10 年的长期消灭时效。关于后者,日本民法同样规定(《日本民法》第 724 条后段)[3]在案例上有被解释为“除斥期间”的。关于这一点,中

---

〔1〕 参见[日]小林武:《对原朝鲜女子勤劳挺身队队员的损害赔偿等请求事件的意见书——战后补偿的国家责任》,2002 年 8 月 15 日,第 8 页。

〔2〕 参见日本《法例》第 11 条第 3 项:在外国发生的事实,根据日本法律属于非法且被害人不符合日本法律承认的损害赔偿和其他处分的,不得提出请求。

〔3〕 《日本民法》第 724 条:因不法行为的损害赔偿请求权,自被害人或其法定代理人知道损害及加害人之时起 3 年间不行使的,因时效而消灭。从不法行为之时开始,经过 20 年的,亦同。

国的王泽鉴等学者主张对消灭时效与除斥期间做严格的区别。[1] 的确,“中华民国”“民法”第197条第1款规定了不法行为所产生的损害赔偿请求权因时效而消灭,可以说是明确地以维护新秩序为目的的。因此,其中的10年期间也属于消灭时效。但应该同时引用的是“中华民国”“民法”第148条的规定,即:“权利之行使不得违反公共利益或以损害他人为主要目的。”在本案中,被告援用消灭时效,属于权利滥用的情况,因此是不能被允许的。[2]

关于诉讼时效,铃木教授在他的“意见书”中指出:根据“中华民国”的判例和学说,“中华民国”“民法”第197条第1款所规定的期间是消灭时效,这一点是无可怀疑的。在本案提起诉讼时,从知道原告方的损害及赔偿义务人后2年乃至从不法行为发生时开始经过10年,如果没有时效中断的事由(“中华民国”“民法”第129条),则被认为时效已经完成。但是,直到最近,期待原告方实施时效中断的请求和提诉这样的行动,由于以下事情,是特别困难的。因为在原告们生活的中国,中日战争后,又发生了国民党与共产党的内战,直到1949年中华人民共和国成立才完全恢复和平。更重要的是,通过诉讼请求损害赔偿开始为大众所认知的,是进入20世纪80年代以后,明确地讲是1986年《中华人民共和国民法通则》制定以后的事情。在彻底破坏法制的时期,作为现实问题,期待一般的中国

---

〔1〕 时间的经过,影响权利之存续或行使者,除消灭时效外,尚有除斥期间。除斥期间者,乃权利预定存续之期间,故亦称预定期间。法律所定期间究为除斥期间,抑或为消灭时效,须斟酌条文所使用“因不行使而消灭”或“时效”等字样、权利性质,以及法规实质具体内容而为判断。除斥期间经过后,权利当然消灭,当事人纵不援用,法院亦应依职权加以调查。请求权罹于消灭时效者,请求权仍得行使,唯权利人行使请求权时,义务人得主张拒绝给付之抗辩权,故消灭时效非经当事人援用,法院不得依职权以之作为裁判之资料。参见王泽鉴:《民法总则》,中国政法大学出版社2001年版,第518—519页。

〔2〕 参见[日]奥田安弘:《关于731、南京大屠杀等损害赔偿请求事件致东京地方法院的意见书》,1998年7月22日,第75—76页。

人对日本提起诉讼,是苛刻的。并且,在中国共产党执政时期,考虑到中华人民共和国国内政治的现实,对于像本案那样的很可能涉及日本在战争期间的不法行为这一两国外交中的敏感问题,提起诉讼,作为现实问题也是不可能的。更何况,在1972年以前,日本与中国并没有正式解除战争状态,尚未建立外交关系。实际上,中国市民以外国企业为诉讼对象所提起的损害赔偿诉讼的最初判例,是1989年5月上海海事法院所做的一个判决。本案与这一事例不同,不是伴随营业活动的单纯事故,而应考虑到是政治性很强的战争被害人的损害赔偿事件这一特殊性。考虑到上述因素,中国的一般市民实际上可能提起这样诉讼的明确时间是,中国外交部发言人明确表示默认民间赔偿请求的1992年3月,乃至当时的外交部长钱其琛明确表示没有放弃民间赔偿的1995年3月。在此以前,以日本政府为对象提起损害赔偿诉讼的,属于丧失政治立场和要冒风险的无谋之勇。再加上,受提起诉讼的财力、出国自由的限制,原告们处于不能从中国政府得到积极援助的境地,如果李秀英等没有遇到日本律师辩护团的话,就是到现在,凭原告们自己的力量也不可能提起诉讼。对于克服上述困难、提起诉讼的原告,被告作为抗辩,如果援用"中华民国""民法"第197条关于时效的规定,主张原告的请求权因时效而消灭,那只能是属于"中华民国""民法"第148条规定的权利滥用的情况,是不能认可的。[1]

(四)对"国际私法不适用说"的批判

对于奥田安弘教授于1998年7月22日提出的"第一意见书",

〔1〕参见[日]铃木贤:《关于731、南京大屠杀等损害赔偿请求事件致东京地方法院的意见书》,1999年1月,第10—15页。

东京大学的道垣内正人教授于同年9月26日接受日本法务省的询问,向法院提出了一个相反的意见书。道垣内教授的主要观点如下:其一,在行使国家公权力时公务员因履行职务上的违法而给私人造成损害情况下的赔偿责任问题,不属于应该根据国际私法决定准据法的私法的法律关系,而是公法的法律关系,在本案中,应适用日本的国家赔偿法。而且,正如《日本国家赔偿法》的附则第6项所规定的那样,对于国家赔偿法"施行前的行为的损害,仍然按照先例处理"。由于在行为当时的日本,采取了"国家无答责"的原则,因此日本国不应该承担赔偿责任。其二,假设,本案这样的请求,在国际私法上,基于不法行为,决定本案的性质为损害赔偿请求,适用《日本法例》第11条,根据不法行为地法的中国法,其不法行为成立的话,那么根据《日本法例》第11条第2项所适用的日本法,在日本公权力行使时,公务员对于其履行的职务,因故意或过失违法给他人造成损害时的赔偿责任,如既述的那样,根据国家赔偿法附则第6项的规定,适用行为时的"国家无答责"原则的结果,不法行为也不成立,结果是赔偿责任得以否定。其三,更进一步说,假设适用《法例》第11条,并且不能否认根据《法例》第11条第2项所成立的不法行为,不受不法行为地的中国法对消灭时效和除斥期间所做规定的约束,也承认损害赔偿请求,那么根据《日本法例》第11条第3项,只有在日本法规定的范围内才承认对不法行为的救济,而根据《日本民法》第724条后段的规定,请求权已经因除斥期间的经过而消灭,其结果是不能承认本案的请求。[1]

对于道垣内的"意见书",奥田教授在1998年11月9日提出的"第二意见书"中予以了驳斥。奥田教授首先指出:在日本,关于国家

---

〔1〕 参见[日]道垣内正人:《对奥田安弘意见书的意见书》,1998年9月26日,第2—4页。

赔偿责任准据法的审理判决,直到现在也找不到,在学说上也不存在真正的学术论文,大多只是在一般的体系书和判例评论中简略地提到而已。这样,在日本的判例和学说中线索少的情况下,可以说,参照外国的判例学说是当然的。另外,一般地说,国际私法以各国实体法的不统一为前提,负有决定适用哪个国家的法律的任务。而国际私法本身在各国的差异,并不是本来理想的状态,因此各国私法的统一化一直在进行。原来,日本的法例自身也是在广泛参照了欧美各国的立法、条约、判例和学说,特别是德国的做法后制定的。并且 1989 年的法例修改,也主要是参考了 20 世纪 60 年代到 80 年代后半期各国国际私法的立法和草案,因此这样的比较法上的考察,不仅在立法论上,在解释论上也是非常重要的。关于国家赔偿责任的准据法,可以说,比较法性质的考察是必不可少的。因此,无视这一点的道垣内的意见书,是极其缺乏说服力的。[1] 奥田教授在分析道垣内意见书的错误所在时指出:道垣内意见的"国际私法不适用说"是以萨维尼型的国际私法及与国家利益联系的强弱为前提的,这样的前提本身是有疑问的,另外,根据这一前提的具体立论,也很难说能够找到"国际私法不适用"的根据。道垣内教授在考察了战前日本"国家无答责"的法理变更到现行《日本宪法》第 17 条、并进而制定了日本国家赔偿法的经过的基础上,得出了"这样的经过本身说明国家赔偿是深深地关系到国家政策的"。奥田教授认为,这根本就不能推导出"国际私法不适用"的结论,因为战前国家政策变更的例子还有家族制度,即战前的家族制度在现行《日本宪法》第 24 条中进行了变更。因此,原因行为即使是应该根据公法加以判断的问题,国家赔偿制度本身到底也是损害

---

〔1〕 参见[日]奥田安弘:《关于 731、南京大屠杀等损害赔偿请求事件致东京地方法院的意见书(二)》,1998 年 11 月 9 日,第 3—4 页。

的赔偿这样个人的私法性救济，即国家赔偿制度也与通常的不法行为法一样，在加害人（国）因违法行为给被害人个人造成损害时，也承认损害赔偿责任，以加害人与被害人之间损害的公平分配为目的。[1] 在本案中，所谓公务员行使的公权力（即日军的杀伤行为）及损害事实（中国百姓的死伤），都发生在日本国外。因此，在这样的超出日本国家赔偿制度适用范围的本案中，其结果是发生了不法行为法的一般请求权。而不法行为法的一般请求权，正是应该根据国际私法来决定准据法的。“国际私法不适用说”，最后是只能在国家赔偿法乃至“国家无答责”的法理能够直接适用的限度内，才能排除国际私法，而这样的直接适用并不是无限制的。对于超出这一直接适用范围的案件，还是应该根据国际私法规定的准据法来判断损害请求权的成立及效力。[2]

1998 年 10 月 9 日东京地方法院在另一个对菲律宾原从军慰安妇起诉日本政府请求损害赔偿案件（1993 年第 5966 号和 17575 号，以下简称“菲律宾判决”）的判决中，驳回了原告的诉讼请求。奥田教授除了在 1998 年 11 月 9 日提出的“第二意见书”中对该判决进行批判外，还专门于 1999 年 1 月 14 日向法院提出了“第三意见书”，彻底批判了日本法院的错误和被告方据以主张的“国际私法不适用说”。奥田教授指出：菲律宾案件的判决，原告方首先根据《日本法例》第 11 条第 1 项，提出了以菲律宾法为准据法的主张，关于这一点，法院以下列三个理由驳回了原告的主张：其一，加害行为是公法色彩浓厚的行为；其二，当时的日本法是采用“国家无答责”的法理；其三，菲律宾法对于本国主权效力不及的外国国家是不适用的。在 1998 年 11 月 26 日展开的“731、南京大屠杀等损害赔偿”案件的最终书面准备中，被告方把菲

〔1〕 参见［日］奥田安弘：《关于 731、南京大屠杀等损害赔偿请求事件致东京地方法院的意见书（二）》，1998 年 11 月 9 日，第 42 页。

〔2〕 同上书，第 44—45 页。

律宾案件的判决解释为“国际私法不适用说”，这样的说法是不对的。因为，在菲律宾案件的判决中，第一点结论只是说“因为有私法规定的冲突，所以在适用法例中有很大的疑问”。第二点结论只是说“关于《日本法例》第11条不法行为的概念所包含的东西，不是没有疑问的”。因此，菲律宾案件的判决并没有明确主张“国际私法不适用说”，而可以说，在一定程度上承认了《日本法例》第11条适用说的成立余地。再者，在第三点中正如所述的“即使适用菲律宾国内法的旧法”那样，是根据《日本法例》第11条适用说对菲律宾国内法所做的解释，与“国际私法不适用说”是没有关系的。当然，菲律宾案件判决的上述三点内容本身都是缺乏妥当性的。[1] 这是因为，首先，菲律宾案件的判决中说：“法例第11条是关于在涉外关系中存在私法规定的冲突时，决定其准据法的规则”。但是，法例是对“涉外的私法关系”规定准据法的规则，并不以“私法规定的冲突”为对象。即国际私法调整的对象始终是“涉外的私法关系”，而不是“法律的冲突”。其次，菲律宾案件的判决所认定的“原告方所主张的各种加害行为，是附属于国家权力作用的公法色彩非常浓厚的行为，在当时日本的法律制度下，对国家权力的作用一般不适用私法。因为存在私法规定的冲突而适用法例，是有很大疑问的。”这一判断，更是从把国际私法的调整对象看成是“私法规定的冲突”的误解中产生的，是误解了国际私法的本质。菲律宾案件的判决，漫不经心地只是强调加害行为的公法色彩，完全无视被害人救济的私法性质，即原告在此请求的，并不是国家刑罚权的行使，也不是作为国家权力作用的行政行为的取消等，而是请求其所受损害的经济赔偿，因此没有理由排除外国法的适用。[2]

---

〔1〕 参见[日]奥田安弘：《关于731、南京大屠杀等损害赔偿请求事件致东京地方法院的意见书(三)》，1999年1月14日，第2页。

〔2〕 同上书，第5页。

四、中国民间对日索赔的法理

在纪念第二次世界大战结束50周年的1995年，日本首相（社会党人）村山富市发表了一个声明："日本在不很遥远的过去一个时期，沿着一个错误的国策，走上了战争的道路，不仅使日本人民陷入了一个重大的危机，并且由于殖民主义统治和侵略，也给很多国家、尤其是那些亚洲国家造成了巨大的损害和痛苦。为了在将来不再重犯这样的错误，我认为，应以谦恭的精神，承认这些不可否认的历史事实，并在此再次表示我深切的痛悔之情，声明我衷心的谢罪。"[1]七年后，日本国内民众在对待历史问题上发生了分化，即发生了"不谢罪派"与"谢罪派"之间的冲突和争论。"不谢罪派"认为，既然日本已经对过去的行为表示了足够的谢罪，因此没有必要每当亚洲邻国和其他人要求时就重复谢罪。"谢罪派"则认为，既然日本在战争期间犯下了可怕的暴行，那就应该继续表示官方的谢罪或对战争受害者提供经济补偿。

第二次世界大战后，日本政府对于战后赔偿问题在法律上和政治上都采取了懈怠的态度，没有表示正式谢罪。1952年4月28日生效的《旧金山媾和条约》第14条a款规定"日本应对战争中发生的损害、痛苦向联合国支付赔偿"，但同时规定"现在，日本的资源对于赔偿所有上述的损害及痛苦且同时履行其他债务是不充分的"，所以"放弃联合国所有的赔偿请求权，从战争进行中日本国及日本国民所采取的行

---

〔1〕 Yutaka Kawashima, *Japanese Foreign Policy at the Crossroads: Challenges and Options for the Twenty-First Century*, Brookings Institution Press, Washington, 2003, p. 14.

动中产生的联合国及其国民的请求权”(b款)。[1] 事实上,当时日本政府除了与基于该条款没有放弃赔偿的菲律宾和越南签订了赔偿协定外,对于没有成为该条约当事国的其他亚洲国家,均采取了以放弃赔偿请求为条件提供生产资料和劳务、经济与技术协力乃至日元贷款等经济合作的办法,“解决了国家间的赔偿问题”。根据这一现实,日本政府虽然免除了国家间水平上的战争赔偿,但是对于在战争中遭受到损害的各个被害人却没有作出充分的解释和结论。[2] 学者家永三郎曾指出:日本国家的战争责任,必须由作为公法人的大日本帝国和作为其继承者的日本国全面地承担,虽然国家制度和机关成员发生了很大变化,但其责任并没有消灭。战后,日本虽然与一些国家签署了媾和条约或恢复了邦交关系,即使国际法上的责任已经消灭了,但是国际道德上的责任却没有消灭。况且,当对旧敌国人士和旧殖民地人士造成的损害是这些个人的不能恢复的生命和部分肉体丧失的情况时,这些个人在战后,无论其所属的国家与日本国之间订立怎样的协定,日本国也都仍然存在诸如损害赔偿等其他性质的责任。[3]

抗日战争胜利后,当时的国民党政府曾在对日索赔方面做过一番努力,但是由于美国对日本的扶持政策,使得在外交和军事上有求于美国的国民党政府在对日索赔的谈判中作出让步,1952年4月27日与日本签订了所谓的“日华条约”,宣布放弃战争赔偿。1971年10月25日,第26届联合国大会恢复了新中国在联合国的一切合法权利,驱

---

〔1〕 有的学者将《旧金山媾和条约》第14条的内容概括为:“日本应对在战争中受到伤害的盟国予以赔偿,鉴于目前日本经济状态的困难,盟国在希望获得赔偿之际,也可考虑以日本人劳务形式(并非金钱及财物)的赔偿。”并认为,这一条款意味着几乎盟国全都放弃了对日要求赔偿的权利。参见《东亚三国的近现代史》,社会科学文献出版社2005年版,第4章。

〔2〕 参见[日]内藤光博、古川纯编:《东北亚的法与政治》,日本专修大学出版局2005年版,第26页。

〔3〕 参见[日]家永三郎:《战争责任》,日本岩波书店2002年版,第261页。

除了台湾当局在联合国的一切机构。1972 年 7 月以后,在中日两国邦交正常化的谈判中,周恩来总理就放弃战争赔偿问题做了专门指示,对日本采取了宽容的态度。[1] 1972 年 9 月 29 日,中日两国在北京发表了包括中国政府“放弃对日本国的战争赔偿要求”[2]在内的《中华人民共和国和日本国政府联合声明》(简称中日联合声明);1978 年 8 月 12 日两国签署了《中日和平友好条约》。必须指出的是,中国政府虽然放弃了对日本的战争赔偿要求[3],但是这一政治和外交层面的协定并不当然意味着中国政府同时也代理所有的战争受害者放弃了民间索赔的要求[4]。事实上,在 1972 年 9 月的中日邦交正常化谈判中,周恩来总理也认为:“中日关系正常化是政治问题。用法律论来解决这个问题是错误的。”据说,周恩来总理曾当面斥责在谈判中主张日中战争已根据“日华条约”第 1 条宣布结束的日本外务省条约局长高岛益郎是“法匪”。[5] 在 1998 年江泽民总书记访问日本时,中日两国

---

〔1〕 周恩来总理指示的主要内容如下:(1)中日邦交恢复以前,台湾的蒋介石已经先于我们放弃了赔偿要求,共产党的肚量不能比蒋介石还小。(2)日本为了与我国恢复邦交,必须与台湾断交。中央关于日本与台湾的关系,在赔偿问题上采取宽容态度,有利于使日本靠近我们。(3)如果要求日本对华赔偿,其负担最终将落在广大日本人民头上,这样,为了支付对中国的赔偿,他们将长期被迫过着艰难的生活。这不符合中央提出的与日本人民友好下去的愿望。参见王先勇:《中国为何放弃对日本的战争赔偿要求》,www. 21cn. com. 2002 年 10 月 18 日。

〔2〕 《中日联合声明》(五)规定:“中华人民共和国政府宣布:为了中日两国人民的友好,放弃对日本国的战争赔偿要求。”

〔3〕 有人认为:“日本的战争赔偿问题是中国的一个巨大历史错误”,或“一个伟大的历史错误”、“一个极其严重的政治错误”。参见《中国国际战略研究网》(www. chinaiiss. org) 2005 年 10 月 22 日。

〔4〕 有学者认为,国家间的战争损害范围主要由施政当局和民间的战争损害两个部分构成。政府放弃了对战争加害国追索赔偿要求,不等于民间的战争索赔权也被放弃。中国政府所做的放弃不可能是包括民间的求偿权利,按照当时生效并实施的 1954 年宪法,中国政府也不可能超越其职权,在未经全国人大或人大常委会批准的情况下擅自替人民做主放弃赔偿权。参见管建强:《论中国民间对日索赔的权利》,载《政治与法律》2006 年第 2 期。

〔5〕 [日]升味准之辅:《日本政治史》(第 4 册),董果良译,商务印书馆 1997 年版,第 1167 页。

政府又发表了一个旨在“建立和平与发展的友好合作关系”的联合声明，日方表示奉行1972年两国政府共同发表的联合声明和1995年8月15日前首相村山富市发表的声明，强烈地意识到在过去一个时期对中国的侵略中给中国人民造成的极大痛苦和损害的责任，并对此表示深切的悔恨。这一声明被认为是继1972年中日两国的联合声明和1978年两国友好和平条约之后，中日关系史上的第三个关键文件。[1]

我们知道，在同为第二次世界大战战败国的德国，对于纳粹的不法行为，根据联邦补偿法，不论国籍，都对个人进行了补偿。除了各种战争补偿，为了对那些被强制掳掠、强制劳动的人们进行补偿，德国还设立了由政府和企业赞助的“记忆·责任·未来”基金，虽然未必是充分的，但却现实地向受害人个人支付着一定的补偿金。与日本相比，可以说德国战后补偿的领域已经“法化”了。[2] 执教于美国奥克兰大学的山崎先生在近作《日本对第二次世界大战的谢罪：一个修辞学的研究》中也指出：在比较“谢罪”或比较一般的“面对过去”的问题时，“德国的悔罪是以补偿、纪念和法院起诉战争罪犯为标志的，但是日本在任何这些领域几乎没有什么表现”。[3] 更有甚者，一部分日本人，不仅拒绝给予战争受害者任何经济补偿，并且设法否定南京大屠杀，不想承认掳掠朝鲜半岛、菲律宾、荷兰等国的女性充做从军慰安妇，甚至连在中国东北地区把中国、朝鲜半岛和俄罗斯等国的俘虏活活送到残忍的生物实验台这样的事实都想否认。不管在哪一个案件中，都是在无可反驳的证据面前，才勉强承认。这样的态度，使得他国人民对

---

〔1〕 Kazuhiko Togo, *Japan's Foreign Policy* 1945 – 2003: *The Quest for a Proactive Policy*, Koninklijke Brill NV, Leiden and Boston, 2005, p. 152.

〔2〕 参见[日]广渡清吾：《近代主义·战后补偿·法化论》，载《法律时报》1996年第69卷11号。

〔3〕 Janew Yamazaki, *Japanese Apologies for World War* Ⅱ: *A Rhetorical Study*, Routledge, Londen and New York, 2006, p. 115.

日本将来的意图产生了疑念。[1] 在日本国内，一些律师和学者也建议用立法来解决战后补偿问题，其实有个别判例也肯定了立法的不作为责任，触及到了补偿立法的必要性。[2] 1995年日本一些民间团体和律师开始提出各种类型的“战后补偿法试案”，经过8年努力，唯一被提升到国会审议的只有以在野三党名义提出的《战争期间性强制被害人问题解决促进法案》，但最后也被废弃了。[3] 因此，对于立法解决，不能抱以太大的期望；即使某种立法得以通过，也会产生体系性压低补偿金额的倾向，对于不足部分仍应通过诉讼来解决。

从一系列日本战争赔偿案件的审理看，双方的争论焦点主要在于“国家无答责”、时效或除斥期间、受害人的诉讼请求权等几个方面。本案以前的战争赔偿审理，一般都局限在了日本国内法的理论，本案法律“意见书”中提起的适用国际私法的意见，具有一定的创见性。以奥田教授和铃木教授为代表的学者“意见书”为我国民间对日索赔的诉讼法理提供了有益的探索——国际私法乃至中国法的适用。他们提出的审理战争损害赔偿案件应该适用当时的“中华民国”“民法”的意见，虽然没有全面地考虑到新中国成立后的旧法效力和继承问题，也没有照顾到与李秀英等被告具有最密切联系的新中国的法律适用问题，但是提出日本法院在审理战后补偿的案件中应该换位思考，适用中国法，这是具有一定现实意义的。同时，奥田等教授在“意见书”中也提出了一个民间对日索赔中我国台湾地区的法律效力问题，在特殊的国际民事诉讼活动中把我国台湾地区的民法作为一个判断不法

---

〔1〕 参见[日]本多胜一、渡边春己、星彻：《南京大屠杀与历史改窜派的败北》，日本教育史料出版会2003年版，第246页。

〔2〕 参见[日]西林章：《战后补偿诉讼的现在》，载《法学教室》2000年第4期。

〔3〕 参见[日]高木喜孝、南典男、松本克美、水岛朝穗：《思索战后补偿审判的现在与未来》，载《法律时报》2004年第76卷1号。

行为的标准,从法理的角度看,包含有合理的因素。

在战后补偿的审判中,出现了一些以“国家无答责”为根据的驳回损害赔偿请求的判决。这一“国家无答责”的法理是日本旧宪法规定的国家不能被追究责任的原则,它违反了“正义公平的原则”和“公共秩序”,显然不能再适用于战后的赔偿诉讼。[1] 实际上,明治宪法体制下的“公权力无责任原则”的适用也仅限于公权力行为,而对于“私行政中的损害”则一直适用民法,因此在战后补偿的审判中一律以“国家无答责”作为审判的依据,具有“明显的不当性”。[2] 关于时效和除斥期间的问题,则更应该考虑到受害人的具体情况。单纯地以超过诉讼时效或除斥期间为由,判决简单免责,是违反正义的,实际上在日本国内的判决中对于重大的人权侵害的司法救济也存在不受时效和除斥期间限制的情况。[3] 在承认损害事实的情况下,因时间的经过而判决责任消灭,这难道能够带来“法的安定性”吗?不,它能带来的也许是“违法的安定性”或“不法的安定性”。[4] 日本的法院一般认为,战争的被害者个人有无对加害国请求国际法上的损害赔偿权,应根据个人是否足以成为国际法的权利主体,为了符合这一权利主体,个人在国际法上必须具有以自己的名义主张权利和承担义务的可能性,但这只是以条约规定的具有程序保障的例外情况。神户大学的藤田久一教授曾指出:在完全区别国际法构造和国内法构造的所谓二元论下,实际上陷落在这两个构造缝隙之中的,尤其是对于个人的权利义

---

〔1〕[日]西林章:《战争损害与国家无答责的法理》,载《法政论集》(新泻大学)1998年第31卷2号。

〔2〕[日]石村修:《考虑战后补偿的视点》,载内藤光博、古川纯编:《东北亚的法与政治》,专修大学出版局2005年版,第23页。

〔3〕[日]田中宏:《思索战后60年》,创文社2005年版,第33—35页。

〔4〕[日]松本克美:《战后补偿诉讼的新展开——以安全照顾义务及时效·除斥期间问题为中心》,载《立命馆法学》2002年3号。

务问题，正如在“个人请求权往国家请求权的埋没”这一外交保护权的法理中所象征的那样，是采取了无视的态度。战争受害者的个人，在二元构造的法律形式中，根据国家间的协定（如和平条约等）、理应以自己的国家为中介得到某些赔偿，或赔偿的可能性。但是，这完全取决于国家的裁量。在现实中，正如从这些诉讼的原告主张中可以看出的那样，不能说是已经对被害人进行了足够的补偿，离正义的实现还非常遥远。换言之，正义与法律构造乃至法理之间的矛盾，在这里得到了集中的表现。但是，如果回到法律的目的在于正义的实现这一基本原则，那么我们就不能对个人的牺牲置之不理，而应该尽可能地展开以实现正义为目的的法律解释乃至立法。[1]

谁是我们的朋友，谁是我们的对手，这是民间对日索赔的首要问题。在日本支持战后补偿审判的是与被害人团结在一起的热心市民，特别是把自己的独到见解付诸实现社会正义的法律人。为了更好地处理这些复杂的问题，日本部分律师于 1992 年 12 月就结成了“考虑战后补偿问题律师联络协商会”，其联合正在跨越国境，不断壮大。[2] 1995 年又成立了以尾山宏律师为团长的“中国人战争被害赔偿请求事件辩护团”，帮助“731 部队人体实验”、“南京大屠杀”、“无差别空袭”、“从军慰安妇事件”、“平顶山事件”、“遗弃毒气弹”和“强制劳工事件”等的受害人提起诉讼二十多个。[3] 可以说，日本的左翼法律人和友好人士是中国民间对日索赔道路上不可或缺的“朋友”，这一点是对日索赔法理之外的最大的“法理”。

---

〔1〕 参见［日］藤田久一、铃木五十三、永野贯太郎编：《战争与个人的权利》，日本评论社 1999 年版，第 18 页。

〔2〕 参见［日］阿部浩己：《战后补偿审判的地平》，载《法律时报》2001 年第 73 卷 9 号。

〔3〕 参见［日］泉泽章：《中国人战后补偿审判所具有的意义和今后的课题》，载《法与民主主义》2003 年 No. 384。

第八章 “长春市头号毒枭”的死缓判决

一、“长春市头号毒枭”

在1997年12月13日的《长春晚报》上刊登了这样一个醒目标题的重大新闻：

保外就医不思悔改、疯狂贩毒国法难容——杜树信被擒

1997年12月9日，省公安厅督捕的从事贩毒活动的犯罪嫌疑人杜树信及其同伙罗洪淼，被市公安局刑警支队缉毒大队擒获。10日，根据杜、罗二人的供述，缉毒大队的干警又一举抓获了15名吸毒人员。

1995年1月，杜树信因贩毒被市中级人民法院判处有期徒刑10年，后于1996年3月保外就医。杜树信在保外就医期间并未改邪归正，仍然疯狂地进行贩毒活动，成为我市的大毒贩。近两年，我市公安机关抓获的吸毒人员中，有60%是从杜树信那里获取毒品的。

市公安局刑警支队缉毒大队一直把杜树信当做头号目标，长期开展抓获工作。9日下午，缉毒大队获悉，杜树信在火车站前某浴池附近出现，侦察员火速赶往现场。杜树信和同伙罗洪淼正欲乘出租汽车离开时，被当场抓获。经过突审，杜树信、罗洪淼交代了自1996年以来在长春市从事贩毒活动的事实：二人先后贩毒作案60余起，成交毒品海洛因1000余克。公安干警在对杜树信住地的搜查中，共收缴海洛因80余克、摇头丸31片、精神类药品美沙酮、小口径手枪子弹17发、匕首2把、毒资25万元及高档电器、金表等价值7万余元的赃物。

1997年12月10日，缉毒大队的干警们连续作战，根据杜树信、罗洪淼二人的供述，在蝶恋花夜总会等地抓获吸毒人员15名。[1]

后来，贩毒嫌疑人杜树信被《公安周报》等媒介称为“长春市头号毒枭”。

二、死刑判决

2000年5月9日，吉林省长春市人民检察院“吉长检刑诉字(2000)第85号”起诉书认为：

被告人杜树信(绰号杜老门)，男，42岁(1958年3月2日生)，长春市人，汉族，初中文化，无业，住长春市南关区自强派出所管内7委90组。曾因犯伤害罪于1982年6月2日被长春市宽城区人民法院判处有期徒刑二年；因犯贩卖毒品罪于1995年6月10日被长春市中级人民法院判处有期徒刑十年，于1996年3月25日被长春市公安局铁北看守所保外就医，因涉嫌贩卖毒品于1997年12月10日被长春市公安局收回

---

〔1〕 王惕、钟力：《保外就医不思悔改、疯狂贩毒国法难容》，载《长春晚报》1997年12月13日。

看守所,继续羁押。

……综上,被告人杜树信贩卖毒品海洛因3 190余克;被告人胡杰贩卖毒品海洛因5 950余克;被告人罗洪淼贩卖毒品海洛因1 540余克;被告人张伟贩卖毒品海洛因 104 克;被告人张峰贩卖毒品海洛因 83 克。

上述犯罪事实,有被告人供述、证人证言、物证、技术鉴定结论为凭,事实清楚,证据确实、充分,足资认定。

本院认为,被告人杜树信、胡杰、罗洪淼、张伟、张峰,其行为触犯了《中华人民共和国刑法》第三百四十七条之规定,构成贩卖毒品罪。故对被告人杜树信、胡杰、罗洪淼、张伟、张峰应依照《中华人民共和国刑法》第三百四十七条二款一项之规定予以严惩。同时被告人胡杰能够协助公安机关侦破案件,有立功表现,可以依照《中华人民共和国刑法》第六十八条之规定予以惩处。本院为维护社会治安秩序,严惩毒品犯罪,根据《中华人民共和国刑事诉讼法》第一百四十一条之规定,对被告人杜树信、胡杰、罗洪淼、张伟、张峰提起公诉。

根据长春市检察院的上述公诉,长春市中级人民法院通过开庭审理,于 2000 年 6 月 22 日作出“(2000)长刑初字第 115 号”判决书,主要内容如下:

本院认为:公诉机关指控被告人杜树信贩卖海洛因 380 克,胡杰贩卖海洛因2 100克,罗洪淼参与贩卖海洛因 11 克,张伟参与贩卖海洛因 104 克,张峰参与贩卖海洛因 83 克的犯罪事实,有庭审中核实的大量证据证明,指控的这一部分犯罪事实及罪名成立。公诉机关指控被告人杜树信、胡杰、罗洪淼在广州购买海洛因2 800克,被告人胡杰购买1 050克海洛因一节,仅凭胡杰口供佐证,被告人杜树信、罗洪淼庭审中均否认购买毒品,三被告人对去广州购买毒品一节供证不一致,尚无其他证据佐证，认定犯罪证据不足。根据张振恒证实，在杜树信处购买海洛因为10克，有10克没花钱，是杜树信给的，应认定杜树信贩卖海洛因为10克；根据韩笑、管丽娜证实，向杜树信购买海洛因，未证实有罗洪淼参与，杜树信、罗洪淼原供述向韩笑贩卖过海洛因，现均否认，应根据证人证实认定杜树信一人贩卖海洛因30克。被告人杜树信、胡杰、罗洪淼、张伟、张峰非法买卖、贩卖海洛因，其行为均已构成贩卖毒品罪；被告人杜树信系本案的主犯，被告人杜树信曾因贩卖毒品罪被判处刑罚，在保外就医期间，继续进行贩卖毒品犯罪，属再犯，应依法从重处罚，并与其没有执行完毕的原刑罚并罚。被告人胡杰大量购进毒品进行贩卖，系本案主犯，应依法从重处罚，但被告人胡杰在案发后能配合公安机关抓获其他贩毒分子，有重大立功表现，可依法从轻处罚；被告人罗洪淼、张伟、张峰参与贩卖毒品，系本案的从犯，应依法从轻处罚。被告人杜树信的辩护人提出，指控被告人贩卖3 190克海洛因事实不成立，指控被告人贩卖390余克毒品证据不足，指控罪名不成立，公安机关对证人取证违反法定程序的观点，本院认为：指控被告人杜树信贩卖海洛因2 800克证据不足，辩护人提出的这一观点有依据，应予采纳。被告人杜树信贩卖380余克海洛因，有购买毒品人员直接证实，并有证人指认被告人的辨认证据，足资认定；公安机关对证人调取证据经查符合法律规定，辩护人的这一观点，没有事实及法律依据，不予采纳。被告人胡杰的辩护人提出，被告人有重大立功表现的观点，本院认为，被告人胡杰被捕后能协助公安机关缉捕其他犯罪分子，根据最高人民法院《关于处理自首和立功具体应用法律若干问题的解释》第7条规定，应认定具有重大立功表现，辩护人的观点应予采纳。被告人罗洪淼的辩护人提出，指控被告人贩毒1 540克事实不清，证据不足，认定被告人向张伟购买毒品被告人没有向其他人贩卖，指控犯罪证据不足的观点，本院认为：指控被告人罗洪淼伙同他人从广州购买海洛因1 400克并进行贩卖的事实不清，证据不足的观点有依据,应予采纳。被告人罗洪淼帮助他人贩卖毒品的事实有大量证据证实,辩护人这一观点不能成立,不予采纳。被告人张峰的辩护人提出,被告人受他人指使参与贩卖毒品,系从犯应依法从轻处罚的观点,有事实依据,应予采纳。依照《中华人民共和国刑法》第十二条一款、第六十八条一款和全国人大常委会《关于禁毒的决定》第二条第一款第(一)项、第十一条第二款、第十四条及1979年《中华人民共和国刑法》第二十三条、第二十四条、第四十二条、第四十七条、第五十一条、第五十二条、第五十三条一款、第五十五条、第六十四条、第六十六条之规定,判决如下:

一、被告人杜树信犯贩卖毒品罪判处死刑,剥夺政治权利终身,并处没收个人全部财产,与前罪没有执行完毕的刑罚并罚,决定执行死刑,剥夺政治权利终身,并处没收个人全部财产。

二、被告人胡杰犯贩卖毒品罪判处死刑,缓期二年执行,剥夺政治权利终身,并处没收个人财产人民币50 000元(死刑缓期二年执行的期间,从高级人民法院核准之日起计算)。

三、被告人罗洪淼犯贩卖毒品罪判处无期徒刑,剥夺政治权利终身,并处没收个人财产人民币20 000元。

四、被告人张伟犯贩卖毒品罪判处无期徒刑,剥夺政治权利终身,并处没收个人财产人民币20 000元。

五、被告人张峰犯贩卖毒品罪判处有期徒刑十五年,剥夺政治权利五年,并处没收个人财产人民币10 000元。(刑期从判决执行之日起计算,判决执行以前先行羁押的,羁押一日折抵刑期一日,即自1998年2月10日起至2013年2月9日止)。

如不服本判决,可自接到判决书之次日起十日内,通过本院或者直接向吉林省高级人民法院提起上诉,书面上诉的应交上诉状正本一份,副本二份。

三、发回重审和撤回公诉

上述判决下达后，被告人杜树信、罗洪淼、张伟不服，均以事实不清、证据不足为由提出上诉。吉林省高级人民法院依法组成合议庭审理了本案，于 2000 年 9 月 6 日下达了“(2000)吉刑终字第 239 号”刑事裁定书，认为：原审判决事实不清、证据不足。依照《中华人民共和国刑事诉讼法》第一百八十九条第(三)项的规定，裁定撤销吉林省长春市中级人民法院(2000)长刑初字第 115 号刑事判决，发回长春市中级人民法院重新审判。

长春市中级人民法院在重新审理过程中，公诉机关于 2000 年 12 月 20 日以本案事实、证据有变化为由，决定撤回起诉。长春市中级人民法院认为公诉机关的决定符合法律规定，依照《中华人民共和国刑事诉讼法》第一百六十五条第(二)项和最高人民法院《关于执行〈中华人民共和国刑事诉讼法〉若干问题的解释》第一百七十七条之规定，于 2000 年 12 月 20 日下达了“(2000)长刑更字第 10 号”刑事裁定书，准许吉林省长春市人民检察院撤回起诉。

四、第二次被判处死刑

吉林省长春市人民检察院撤回起诉后，通过对事实和证据的调查，于 2001 年 5 月 20 日作出“吉长检刑诉字(2001)第 150 号”起诉书。起诉书认定各被告人的贩毒数量与第一次起诉所述没有任何变化，即：“被告人杜树信贩卖毒品海洛因 3190 余克；被告人胡杰贩卖毒品海洛因5 950余克；被告人罗洪淼贩卖毒品海洛因1 540余克；被告人张伟贩卖毒品海洛因 104 克；被告人张峰贩卖毒品海洛因 83 克。”公诉人的主张也没有任何变化,即:“被告人杜树信、胡杰、罗洪淼、张伟、张峰,其行为触犯了《中华人民共和国刑法》第三百四十七条之规定,构成贩卖毒品罪。故对被告人杜树信、胡杰、罗洪淼、张伟、张峰应依照《中华人民共和国刑法》第三百四十七条二款一项之规定予以严惩。同时被告人胡杰能够协助公安机关侦破案件,有立功表现,可以依照《中华人民共和国刑法》第六十八条之规定予以惩处。本院为维护社会治安秩序,严惩毒品犯罪,根据《中华人民共和国刑事诉讼法》第一百四十一条之规定,对被告人杜树信、胡杰、罗洪淼、张伟、张峰提起公诉。”

2001 年 7 月 26 日,吉林省长春市中级人民法院作出的“(2001)长刑初字第 191 号”刑事判决书,除了改判被告人罗洪淼为有期徒刑十五年外,其他被告人的判决均没有发生任何变化。被告人杜树信第二次被判处了死刑。

由于被告人杜树信等不服上述判决,提出上诉,吉林省高级人民法院经过审理,于 2002 年 9 月 26 日作出“(2001)吉刑终字第 313 号”刑事裁定书,裁定“驳回上诉,维持原判”,理由如下:

经审理查明,原审判决认定杜树信于 1994—1997 年间,在长春市南关区西四小区 31 栋居民楼附近,多次向吸毒人员敖玉军贩卖海洛因共 200 余克;于 1996 年 11 月至 12 月间,在长春市吉林省艺术学院门前,多次向吸毒人员谭晓滨贩卖海洛因 10 余克;1997 年 2 月至 3 月间在长春市国际饭店门前,多次向吸毒人员张宏波贩卖海洛因 20 余克;1997 年 11 月 14 日晚,在长春市康平街一胡同内,向贩毒人员韩笑贩卖海洛因 30 克;杜树信伙同罗洪淼于 1997 年 4 月至 6 月间在长春市康平街,多次向吸毒人员张宏波贩卖海洛因 20 克;被告人罗洪淼于 1997 年 6 月间,帮助杜树信在长春市康平街向吸毒人员张宏波、彭涛两次贩卖海洛因共 60 克的事实清楚。有证人敖玉军、谭晓滨、张宏波、彭涛、韩笑、管丽娜证言及辨认笔录证实。

原审判决认定杜树信于1997年3月间，在长春市康平街多次向吸毒人员张振恒贩卖海洛因6克的事实、证据不足，不应认定。

原审判决认定胡杰于1997年11月至1998年2月间，从广州毒贩处三次购买海洛因2 100克。经审理，罗光群证实向胡杰卖三次，每次700克，共2 100克，其中包括胡杰配合公安人员抓获罗光群贩卖的700克海洛因，原判将这700克认定胡杰贩卖毒品不妥，应予纠正。认定胡杰两次购买（贩毒）海洛因1 400克的事实，有胡杰、罗光群供述；有收缴笔录、扣押清单及刑事化验鉴定书在卷佐证。公安机关出具的“情况说明”证明胡杰协助公安机关抓获贩毒罪犯罗光群的事实。

原审判决认定张伟于1997年11月间，在其住处帮助被告人胡杰向罗洪淼两次贩卖海洛因50余克；1998年1月间，在长春市二马路加油站、人民广场附近的轮回酒吧，帮助被告人胡杰向吸毒人员金忠烈贩卖海洛因6克；指使张峰向金忠烈贩卖海洛因8克；在长春市吉盛伟邦家具城附近，帮助胡杰向吸毒人员马兴贩卖海洛因10克；在长春市二马路加油站附近，帮助胡杰向吸毒人员车昆明贩卖海洛因30余克以及被告人张峰于1998年1月间，在长春市人民广场附近，帮助被告人胡杰多次向吸毒人员车昆明贩卖海洛因共10余克；1998年2月10日在长春市二马路加油站附近，帮助胡杰向吸毒人员马兴贩卖海洛因共计60克的犯罪事实，有胡杰、张伟、张峰的供述相印证，并有金忠烈、马兴、车昆明证实，及收缴的部分海洛因、鉴定结论在卷佐证。

认定张伟于1997年11月间两次向罗洪淼贩卖海洛因50克应算在罗洪淼贩卖总数额中，原判将50克没计入总额不妥。

综上，杜树信贩卖海洛因340克，胡杰贩卖海洛因1 400克，张伟贩卖海洛因104克，罗洪淼贩卖海洛因130克，张峰贩卖海洛因78克。

本院认为，上诉人杜树信、张伟、罗洪淼、张峰，被告人胡杰，明知是毒品而进行贩卖,其行为均已构成贩卖毒品罪。上诉人杜树信系本案的主犯,上诉人杜树信曾因犯贩卖毒品罪被判处刑罚,在保外就医期间,继续进行贩卖毒品犯罪,应依法从重处罚。被告人胡杰大量购进毒品进行贩卖,系本案主犯,应依法从重处罚,但被告人胡杰在案发后能配合公安机关抓获贩毒分子有重大立功表现,可依法从轻处罚。上诉人张伟、罗洪淼、张峰参与贩卖毒品,系本案从犯,应依法从轻处罚。上诉人杜树信否认贩卖毒品与事实不符。认定上诉人杜树信贩卖海洛因 340 克,有其原始部分供述,购买人的证言及笔录,足以认定。杜树信的辩护人认为原审法院认定杜树信贩卖海洛因事实不清,证据不足。辩护人称"海洛因来源不清"。经查,杜树信卖出海洛因的证据充分,虽拒不交代毒品来源,但不影响基本事实的存在。辩护人称"敖玉军证言不真实"。经查,敖玉军证实 1994—1997 年间在杜树信手里买海洛因 200 余克及 1997 年被告人杜树信通过被告人罗洪淼送过 4、5 次海洛因。上诉人罗洪淼表示不认识敖玉军,敖玉军与被告人罗洪淼没有其他接触,在多名人犯中敖玉军准确地辨认出罗洪淼是替杜树信送海洛因的人,可以佐证敖玉军证言的真实性。辩护人称杜树信"卖给韩笑海洛因 30 克的事实认定证据之间矛盾"。经查,认定杜树信向韩笑贩卖海洛因 30 克的事实有韩笑、管丽娜的证言,有杜树信、罗洪淼的原始供述,足以认定。辩护人称"谭晓滨、张宏波证言不具体。杜树信只承认卖给张振恒 1 克、张宏波 2 克,谭晓滨根本不认识,没卖过"。经查,认定杜树信向谭晓滨、张宏波贩卖海洛因的事实有谭晓滨、张宏波的证言,并有辨认笔录在卷。辩护意见不予支持。辩护人称"公安机关取证程序违法。公安机关取证时未能向证人告知作伪证或者隐匿罪证的法律责任"。公安机关已出具说明:办案机关在询问证人时已告知应如实提供证据,提供虚假证言和有意作伪证或隐匿罪证要负法律责任。张伟上诉否认部分犯罪事实的理由不能成立。其向罗洪淼贩卖海洛因 50 克的事实,有其原始供述。其称公安机关诱供没有根据，而且有胡杰的供述佐证，应当认定。张伟指使张峰向金忠烈贩卖海洛因8克的事实，有张伟、张峰的供述和金忠烈的证言证实，足以认定。张伟向车昆明贩卖海洛因30克的事实，有其原始供述和车昆明证言证实。罗洪淼贩卖海洛因的事实，有胡杰、张伟的供述，张宏波、彭涛的证言及辨认笔录，足以认定。张峰上诉认为自己没有犯罪故意，不构成犯罪的理由，与事实不符。胡杰、张伟让张峰向他人送海洛因均是明确告知的，其送海洛因后将赃款当场取回，这一事实有其原始多次供述，并有购买人证实及胡杰、张伟的供述佐证。原审判决定罪准确，量刑适当，审判程序合法。根据《中华人民共和国刑事诉讼法》第一百八十九条第(一)项的规定，裁定如下：

驳回上诉，维持原判。

本裁定为终身裁定。由本院依法报请最高人民法院核准后发生法律效力。

五、死刑与宽容

2002年11月底，杜树信的亲属经人介绍找到笔者，说杜树信有冤，有人要整死他，请求“救他一命”。笔者与同学梁剑博士经询问和审查案件材料后认为，本案一、二审法院对杜树信犯罪事实的认定中确实存在一些问题，同意从帮助“申冤”的角度，提请最高人民法院有关审判人员在死刑复核阶段注意本案证据上的瑕疵，能够改判杜树信无期徒刑或缓期执行死刑。笔者等在2003年1月份发出的致最高人民法院主管领导和主审法官的信中写道：

我们两个是中国人民大学法学院的博士研究生，出于对贩毒死刑犯杜树信冤屈的同情和社会正义感，斗胆提出如下辩护意见，请求给予宽大处理。

吉林省长春市中级人民法院认定被告人杜树信贩卖海洛因346克，判处被告人杜树信死刑，剥夺政治权利终身。杜树信提出上诉。经吉林省高级人民法院二审，认定被告人杜树信贩卖海洛因340克，驳回上诉，维持原判，上报最高人民法院核准。现在，本案正在最高人民法院复核中。我们听取了杜树信近亲属的申诉意见，审查了本案的有关诉讼文书、杜树信的供述及敖玉军等证人的证言，认为本案认定被告人杜树信贩卖海洛因340克的事实不清、证据不足。因此，特提出如下辩护意见，请求你们能够从避免错杀、维护法律公正的角度，给予考虑：

一、二审判决认定被告人杜树信于1994—1997年间，在长春市某地多次向吸毒人员敖玉军贩卖海洛因200余克一节的事实不清、证据不足。理由如下：

（一）被告人杜树信在公安、检察及审判阶段都未曾供述向敖玉军贩卖过海洛因。一、二审法院认定被告人杜树信贩卖海洛因200余克的唯一证据是敖玉军的证言。但敖玉军证言得不到其他证据的印证。从证据的确实、充分的角度讲，孤证是不能定案的；从死刑案件要办成铁案的角度看，仅凭一个孤立的证言来认定案件事实是不可靠的。因此，本案只有敖玉军证言还不足以认定该节事实。

（二）敖玉军证言前后不一，不足以采信。

1. 敖玉军共有三次证言。第一次证言是1997年11月16日凌晨。他在回答公安人员的问题时称自己是1960年1月5日出生。而其在2001年第三次提供证言称自己是1958年7月2日出生。一个对自己出生日期都随意乱讲的人，其证言是不能采信的。

2. 敖玉军在2001年第三次证言中说：他“前面所作的两次证言都是真实的”。但是其1997第一次证言：“从1994年开始，平均每三天吸一包（0.6克），从杜树信处购买，每次都是一包，价格每包500—700元。从1994年开始至今都是从杜树信处购买的，大约200多克。”其1999年第二次证言:“1994年春天到1994年夏天,我从杜树信处共买了60至70克海洛因,每次一包或两包,每包1克,价格500—700元”。其所作的第三次证言:“从1994年3月到1994年夏,从杜树信处购买海洛因,每次一包,价格400—500元。”可见,在敖玉军的三次证言中,关于海洛因的价格与每包海洛因的数量是不一致的。

3. 被告人杜树信因涉嫌贩卖毒品于1994年7月14日被公安机关收审,1995年6月10日被长春市中级人民法院判处有期徒刑10年。1996年3月25日保外就医。如果敖玉军的第一次证言讲到所有毒品都是从杜树信处购买的证言是事实的话,那么,在被告人杜树信被关押的20个月期间,他吸食的毒品是从哪里来的呢?因为他第一次证言证实其吸食的毒品都是从杜树信处购买的,但当杜树信被关押时,难道杜树信能从监狱中给敖玉军送毒品?很显然,敖玉军是胡说。按照第一次证言,其每次购买一包,每包0.6克,三天一包,那么,其吸食量是每月6克,从1994年3月到1994年7月15日共4个月的时间里,他向杜树信购买的海洛因不应超过30克。这样计算的数量与敖玉军第二、三次证言提到的1994年向被告人杜树信购买60—70克海洛因的数量也是矛盾的。

4. 敖玉军证言提到他从杜树信那里购买海洛因共计200余克,每克500—700元。如果按每克500元计算,他也至少要花费10万元。他在证言中提到其吸毒时,家人不在,其妻子不知其吸毒。我们知道,1994年到1997年的工资水平不高,不知他吸毒的费用从何而来?在其第二次证言中提到,在杜树信被关押的20个月的时间里,他还到北京、广州购买过海洛因,戒了几次没戒成。那么他在这20个月的时间里的吸毒费用又是从何而来?从他家的经济情况看,他没有这样的经济实力,从经济角度看,他的证言也是不真实的。

5. 关于第三次敖玉军的证言。该次证言是由公检法三家联合取得的证言。这种取证方法是违反法律规定的,不能作为证据使用。

二、一、二审判决认定的杜树信伙同罗洪淼于1997年4至6月间,在长春市向张宏波、澎涛贩卖海洛因80克一节的事实不清,证据不足。

关于该节,杜树信否认向张宏波、澎涛贩卖海洛因的事实;罗洪森也没有承认他与杜树信一起贩卖海洛因的事实;证人张宏波也证实他向杜树信购买毒品时没有他人在场,也没有别人知道,他与澎涛一起吸毒时,澎涛也不知从何处买来。因此,认定该节事实的证据是不充分的。

三、关于一、二审判决认定杜树信贩卖给韩笑30克海洛因一节。

虽然杜树信在现场,但杜树信供述其同伙岳进也在现场,海洛因是岳进卖给韩笑的。因此,应找岳进核实此事,以证明被告人杜树信是否参与了该起贩毒。

四、关于一、二审判决认定被告人杜树信贩卖毒品给吸毒人员谭晓滨等人的证言。

这些人的证言非常不具体,没有准确的买卖时间、地点、次数、价格等,这样的证言作为定案的依据是不可靠的。

综上所述,我们认为,被告人杜树信贩毒案,在证据上是存在问题的,不充分的。尽管杜树信可能实施或参与了贩毒犯罪,但从证据看,其贩毒的数量存在许多不确定因素。在证据认定存在诸多问题的情况下,如果核准死刑将给社会带来无可挽回的损失和无法纠正的错误,衷心希望最高人民法院在复核本案时,能够严格按照证据规则来认定犯罪事实,查明事实后依法改判。

最后,请允许我们用诗人徐志摩在《婴儿》中的一段话来结束这个沉重的话题吧!“这也许是无聊的希冀,但是谁不愿意活命,即使到了绝望最后的边沿,我们也还要妄想希望的手臂从黑暗里伸出来挽着我们。我们不能不想望这苦痛的现在,只是准备着一个更光荣的将来,我们要盼望一个洁白的肥胖的活泼的婴儿出世!”

2003年4月30日，最高人民法院作出“（2000）刑复字第246号”刑事判决书，改判杜树信“死刑缓期二年执行”，主文如下：

被告人杜树信，男，1958年3月2日出生，汉族，吉林省公主岭市人，初中文化，无职业，住长春市南关区自强派出所管内8委90组。曾因犯故意伤害罪于1982年6月2日被判处有期徒刑二年；因犯贩卖毒品罪于1995年6月10日被判处有期徒刑十年，1996年3月25日被保外就医。因本案于1997年12月10日被关押。

吉林省长春市中级人民法院审理长春市人民检察院指控被告人杜树信犯贩卖毒品罪一案，于2001年7月26日以“（2001）长刑初字第191号”刑事判决，认定被告人杜树信犯贩卖毒品罪，判处死刑，剥夺政治权利终身，并处没收个人全部财产；与前罪没有执行完毕的刑罚并罚，决定执行死刑，剥夺政治权利终身，并处没收个人全部财产。宣判后，杜树信不服，提出上诉。吉林省高级人民法院于2002年9月26日以“（2001）吉刑终字第313号”刑事裁定，驳回上诉，维持原判，并依法报请本院核准。本院依法组成合议庭，对本案进行了复核。现已复核终结。

经复核确认：被告人杜树信于1994年至1997年11月14日，在长春市南关区西四小区31栋居民楼附近和康平街等地，先后多次向吸毒人员敖玉军、谭晓滨、张宏波、彭涛贩卖海洛因310余克；向贩毒人员韩笑（另案处理）贩卖海洛因30克。

上述事实，有证人证言、辨认笔录、同案被告人供述证实。被告人杜树信亦供认，足以认定。

本院认为，被告人杜树信贩卖海洛因的行为，已构成贩卖毒品罪。贩卖毒品数量大，且因贩卖毒品被判处有期徒刑，系在服刑、保外就医期间犯罪，应依法惩处。一审判决、二审裁定认定的事实清楚，证据确实、充分，定罪准确。审判程序合法。但根据本案的具体情节，对被告人杜树信判处死刑，可不立即执行。依照《中华人民共和国刑事诉讼法》第一百九十九条和《最高人民法院关于执行〈中华人民共和国刑事诉讼法〉若干问题的解释》第二百八十五条第(三)项、《中华人民共和国刑法》第三百四十七条第二款第(一)项、第四十八条第一款、第五十七条第一款、第七十一条、第六十九条的规定,判决如下:

一、撤销吉林省高级人民法院(2001)吉刑终字第313号刑事裁定和长春市中级人民法院(2001)长刑初字第191号刑事判决中对被告人杜树信的量刑部分;

二、被告人杜树信犯贩卖毒品罪,判处死刑,缓期两年执行,剥夺政治权利终身,并处没收个人全部财产,与前罪没有执行完毕的刑罚并罚,决定执行死刑,缓期二年执行,剥夺政治权利终身,并处没收个人全部财产。

本判决送达后即发生法律效力。

至此,"长春市头号毒枭"杜树信得到了法官的宽容而免予死刑,两年后被改判为无期徒刑。认定贩卖毒品340克被免于执行死刑,在任何对毒犯保留死刑的国家都是一个具有争议的话题,2005年12月2日澳大利亚人阮拓文因携带396克海洛因进入新加坡而被判处并执行死刑的案件就反映了部分国家对毒犯的不宽容态度。[1] 另外,在对待死刑的问题上,曾经上演过不少"枪下留人"的故事,但是那些故

〔1〕 据悉:新加坡政府今天发表声明,今年25岁的澳大利亚毒贩阮拓文于新加坡时间今天凌晨6时被执行绞刑。据美联社报道,新加坡内政部通过电子邮件发表声明说:"今天上午他在樟宜监狱被执行死刑。"声明说,阮拓文的上诉已经被驳回,而且他也没有获得新加坡总统的特赦,因此必须对他执行死刑。阮拓文成为12年来首位在海外被处死的澳大利亚人。由于澳大利亚数十年前已经取消死刑,因此政府或国内民众对阮拓文被判死刑反应强烈,他们对新加坡软硬兼施,试图"解救"阮拓文。阮拓文是在2002年12月自柬埔寨飞往墨尔本途中,在新加坡樟宜国际机场过境时被警方查获携带396克海洛因而被逮捕的。由于新加坡坚持将阮拓文处以死刑,澳、新两国政府为此一度引发外交矛盾。澳大利亚总检察长菲利普·拉多克出言谴责新加坡所做判决,称此为"野蛮行径"。拉多克说,新加坡方面忽视了阮拓文一案中存在可以减轻罪名的因素,阮拓文曾供认自己走私毒品是为了替兄弟偿还高利贷债务。参见周晏:《澳大利亚总理5次求情未果、绞刑就在今晨6时》,载《北京晚报》2005年12月2日。

事却常常使人们对法律的价值产生疑惑[1]，本案的成功证明了法律在具有严肃性的同时也具有宽容的性格。在古代中国的死刑执行问题上，也曾留下了许多"刀下留人"的壮举，但是敢于为冤屈者请免死罪和高喊"刀下留人"者，多为达官贵人或绿林好汉。在今天的法治中国，类似河北聂树斌"冤杀"案、湖北佘祥林"杀妻"案、河南胥敬祥"抢劫"冤案中的"错杀"问题仍然时有发生，其原因主要来自不合理的审理程序、特别是证据的调查核实程序，因此在最高人民法院的死刑复核阶段，应该允许律师或其他辩护人能够行使我国《宪法》第27条等规定的人民的法律监督权，对死刑的条件和适用发表意见。值得庆幸的是，杜树信被改判"死缓"二年后，在全国律师协会刑事业务委员会2005年年会上，汇集全国律师意见的《刑事诉讼法(辩护角度)修改意见稿》闪亮登场，这个为许多律师和主张少杀甚至废除死刑的学者民众所瞩目的意见稿要求最高人民法院在复核死刑判决时，应当允许律师为被告人提供辩护。这是全国律师协会第一次参与刑事立法，也是律师组织第一次明确提出要求参与死刑复核。[2]

从2007年1月1日起，所有死刑案件核准权都已收归最高人民法院统一行使，从而结束了死刑复核权下放高级人民法院长达25年的历史。2007年3月9日，最高法院、最高检、司法部、公安部等四部委又联合颁布了《关于进一步严格依法办案确保办理死刑案件质量的意见》，该意见第40条规定："死刑案件复核期间，被告人委托的辩护人提出听取意见要求的，应当听取辩护人的意见，并制作笔录附卷。

---

〔1〕 2002年9月在国内轰动一时的"枪下留人"案件，没有能够突破法律的宽容界限。陕西延安那个26岁的杀人犯董伟因酒后与人厮打致人死亡，西安一家律师事务所的朱律师接受董伟老父的委托为董伟辩护，直至上京在行刑前要求"枪下留人"。最高人民法院刑一庭虽然暂缓了行刑，但130天后董伟还是最终伏法了。有学者认为这是法律公正、严肃性的结果。参见郭强：《"枪下留人"案主角于昨日伏法》，载《北京晚报》2002年9月6日。

〔2〕 申爱山：《死刑复核应出现律师身影》，载《法制日报》2006年1月11日。

辩护人提出书面意见的,应当附卷。”这一规定明确了律师可以介入死刑复核程序的辩护。2015 年 1 月 31 日最高人民法院颁布了《关于办理死刑复核案件听取辩护律师意见的办法》,进一步细化了辩护律师在死刑复核阶段的辩护活动,有利于保障辩护律师依法行使辩护权。回顾往昔冒险参与死刑复核阶段的辩护活动,展望我国死刑复核程序的人性化和宽容化,真有点怀念“当年之勇”的感觉了,打住!

第九章　与“无正本提单放货”人也能和解

一、一万吨氧化铝被法院查封

2001 年 12 月初作者接受了中国建筑进出口总公司（以下简称“中建公司”）的一个紧急委托。中建公司称，公司代理他人进口的存放在江苏省连云港码头的一万吨氧化铝被江苏省连云港市中级人民法院查封，希望能够通过法律手段解除查封、确保货物的安全。连云港市中级人民法院于 2001 年 11 月 22 日作出的（2001）连经初字第 146 号《裁定书》的主要内容如下：

原告港明公司诉被告东粤铝厂、第三人中建公司买卖合同纠纷一案，原告港明公司向本院提出财产保全的申请，要求对第三人中建公司存放于江苏省连云港码头的10 000吨氧化铝予以查封，并已提供担保。

本院认为：原告港明公司的申请符合法律规定，按照《中华人民共和国民事诉讼法》第九十二条第一款的规定，裁定如下：

对第三人中建公司存放于江苏省连云港码头的10 000吨氧化铝予以查封。查封期间，不得就被查封财产进行买卖、转让和设定抵押。

本裁定书送达后立即执行。

如不服本裁定，可以向本院申请复议一次。复议期间不停止裁定的执行。

案件发生后，某律师事务所在向中建公司的上级中国建筑工程总公司投标的法律意见书中认为："确定被查封的氧化铝的所有权归属在本案中非常重要。如果该批氧化铝的所有权属于东粤铝厂，法院的查封有理由；如果不属于东粤铝厂，而属于其他人，则法院不应该查封，所有权人可以提出保全异议，要求解除查封。目前，氧化铝的提单在贵公司手中，该提单是'TO ORDER'提单，一般在实践中，这种提单的持有人可以认定为是所有权人，这一点对贵公司很有利。但是，我们认为该理由仍不足以对抗法院的查封，因为连云港公司可能提供证据，证明贵公司与东粤铝厂是'代理进口'法律关系，而贵公司仅仅是以东粤铝厂的代理人身份持有提单，因此，贵公司并没有取得该提单的所有权，该提单及提单项下的货物所有权仍属于东粤铝厂，再加上地方保护，我们认为如果贵公司以上述理由提出保全异议，申请解除查封，法院拒绝的可能性较大。如果贵公司与东粤铝厂在法院查封之前已经签订有抵债协议，用该批氧化铝抵债，则有利于贵公司申请解除查封。"这份法律意见书是笔者在接受委托后得知的，在这之前的2001年12月5日，笔者在向中国建筑工程总公司投标的法律意见书中认为：

中国建筑工程总公司有关领导：

关于连云港市港明实业有限公司（以下简称原告）诉广州市黄浦东

粤铝厂(以下简称被告),并将我进出口总公司作为第三人的买卖合同纠纷一案,连云港市中级人民法院已决定于2001年12月7日进行证据交换,12月13日开庭。北京市东元律师事务所在昨天接受了进出口总公司有关人员的法律咨询后,感到情况紧急,经本律师组织专家和专业律师召开紧急会议讨论,特提出如下法律意见,供领导决策参考。

我们认为,根据本案的事实真相和我国现有的法律规定,如果采取切实有效的措施,使我进出口公司存放于连云港码头的10 000吨氧化铝解除查封或调解解决是有把握的,理由如下:

首先,我进出口公司存放于连云港码头的10 000吨氧化铝是基于我进出口公司与香港益光有限公司的国际货物买卖合同,由我进出口公司以自己的名义进口的货物。我进出口公司是上述货物提单的合法持有人,因此对该货物拥有所有权。从诉讼技巧上看,如果将该提单质押给中国农业银行,将不改变我进出口公司对提单的持有性质,从债权的保护上又增加了一个权利主体,对我方是有利的。

其次,我进出口公司于2001年9月14日与本案被告签订了一份代理进出口氧化铝的代理协议,但由于被告未能按照协议足额支付保证金和未提供合法有效的抵押及预期违约等行为,因此我进出口公司与被告的代理关系可视为未成立,我进出口公司通过法律手段解除代理协议是有法律根据的。现在,被告并未取得我进出口公司以自己名义进口的10 000吨氧化铝的提单,我进出口公司所有的10 000吨氧化铝的所有权并没有转移给被告。因此,原告向法院申请查封我进出口公司所有的货物,本身就是对我进出口公司所有权的严重侵犯。

最后,我进出口公司与原告没有任何合同关系,在原告与被告的买卖合同关系中没有任何过错。在被告既对原告又对我进出口公司违约的事实面前,我进出口公司与原告在不同程度上都是被告的债权人。因此,原告对同时作为被告债权人的我进出口公司直接主张债权是没有法律依据的。

综上所述,我们认为如果据理力争,通过努力,请求法院依法确认我进出口公司存放在连云港码头的10 000吨氧化铝的所有权并解除对该货物的查封,是有可能的。

笔者的法律意见被中国建筑工程总公司有关领导和法律部认为是"比较积极的"和"可行的",因此中国建筑工程总公司决定由笔者和中国建筑进出口总公司法律顾问陆志美同志(原空军军事法院院长)作为代理人参加诉讼。在2001年12月13日的开庭审理中,笔者发表了如下代理词:

审判长、审判员:

依照我国《民事诉讼法》第58条和《律师法》第25条的规定,受本案第三人中国建筑进出口总公司的委托和北京市东元律师事务所的指派,我担任第三人的诉讼代理人,参与本案的诉讼活动。开庭前,我详细查阅了本案的案卷材料,进行了必要的调查。今天,通过法庭调查,对本案的事实有了更全面的了解,现依法发表如下代理意见:

一、关于被裁定查封的10 000吨氧化铝的所有权

第三人存放于连云港码头的10 000吨氧化铝是基于第三人与香港益光有限公司的一个国际货物买卖合同(附件1),由第三人以自己的名义进口的货物。该合同于2001年9月14日在北京签订,进口氧化铝数量10 000吨,总价格CIF到岸价1 715 350.00美元(以1美元=8.3元计算,折合人民币14 237 405.00元)。第三人是上述货物BU/CH-004号提单的合法持有人,因此对该货物拥有所有权。为了确保第三人与中国农业银行总行营业部签订的编号为002LC0100860号信用证的《开证申请人承诺书》的履行,第三人已于2001年11月15日将该提单质押给了中国农业银行。上述提单及其《权利质押合同》的复印件,第三人已于

2001年12月7日作为证据提供给了法庭。

这里想说明一下的是,提单与进出口货物所有权的法律关系。关于提单,我国法律的规定与国际惯例是一致的。我国《海商法》第71条对提单作为物权凭证做了明确的规定:提单是用以证明海上货物运输合同和货物已经由承运人接收或装船,以及承运人保证据以向提单记名人或按指示或向提单持有人交付货物的单证。提单签发后,货物的控制权即和提单紧密联系在一起,只有持有提单才能控制货物。我国《海商法》关于提单的法律性质,采用了1978年《联合国海上货物运输公约》(即汉堡规则)的规定。

在提单与货物所有权的关系上,最高人民法院在多个案例中有明确阐释。在1991年3月20日颁布的"兴利公司、广澳公司与印度国贸公司、马来西亚巴拉普尔公司等货物所有权争议上诉案"中,对提单的物权性和排他性有个精辟的阐述:"提单是一种物权凭证,提单的持有人就是提单项下货物的所有权人。当提单项下货物被他人占有时,提单的持有人有权对占有人提起确认货物所有权和返还货物之诉。"(附件2)

二、第三人与被告签订的关于进口氧化铝的《代理协议》的法律效力

第三人于2001年9月14日与本案被告签订了一份代理进口氧化铝的XY-BSQ-2995代理协议。但由于被告未能按照协议足额支付保证金和未提供合法有效的抵押以及逃避债务、丧失商业信誉等预期违约行为,第三人已于今年12月4日依法向本案被告发出了《解除协议通知书》。有关上述事实的证据材料,第三人也已经于本月7日提交给了法庭。

在此,想谈一下预期违约和第三人有权解除代理协议的法律关系。预期违约也称先期违约,指在履行期限到来之前,合同一方无正当理由而明确表示其在履行期到来后将不履行合同,或者其行为表示其在履行

期到来以后将不可能履行合同。我国《合同法》第108条规定:“当事人一方明确表示或者以自己的行为表明不履行合同义务的,对方可以在履行期限届满之前要求其承担违约责任。”本案中,被告的违约属于默示违约,即以自己的行为表明将在履行期到来后不履行合同。现在,第三人已提供了足够的证据证明,被告将不履行该代理协议,也不能提供履行担保。在第三人提供的证据材料中包括:

1. 本案被告于2001年9月19日致第三人的保证立即支付本单保证金的传真和第三人于10月12日致被告的要求支付本单保证金差额等的函件。

2. 第三人于2001年11月14日因其他代理进口合同纠纷,起诉本案被告给付货款、代理费、违约金和经济损失等3896万余元及广州市中级人民法院于11月23日受理该案件的通知书。

3. 第三人于2001年11月20日致本案被告的要求还款和中止XY-BSQ-2995代理协议的函件。

4. 第三人于2001年12月4日致本案被告的解除协议通知书。

5. 今年11月9日第三人曾向本案被告发出催款,被告承诺尽快还款的函件。

另已查明,被告自同第三人签订代理协议时就隐瞒了其经评估的财产大部分已被抵押的情况,具有欺诈行为。并且,今年11月13日,被告的法定代表人刘建生曾允诺,先筹集2000万元归还第三人,之后却去向不明。上述证据和情况充分证明:被告的经营状况已经严重恶化,开始逃避债务,已完全丧失商业信誉并丧失履约能力。因此,根据《合同法》第68、69、94条规定,第三人先后发出中止履行和解除该代理协议的函件是正当合法的行为。根据《合同法》第96条规定:“当事人一方主张解除合同的,应通知对方,合同自通知到达对方时解除。”因此,第三人与被告的XY-BSQ-2995代理协议已经解除,如本案被告不服,可以向有管辖权的人民法院起诉。

现在，第三人是本案被查封的10 000吨氧化铝的提单的合法持有人。第三人与被告的代理进口委托协议已经被第三人依法解除，实际上被告也从未取得第三人以自己名义进口的10 000吨氧化铝的提单，第三人所有的10 000吨氧化铝的所有权从来没有转移给被告。第三人虽然已经将该提单质押给了中国农业银行，但根据我国《担保法》第 66 条规定，该提单(质物)的所有权并没有转移给质权人所有，第三人仍然是该提单的合法持有人。

因此，本代理人认为，本案原告在申请查封第三人的上述财产时，没有弄清第三人与被告的现实法律关系，以至作出了错误的判断和申请，严重地侵犯了第三人的所有权。

三、本案中第三人与原告的法律关系和法律地位

第三人与原告没有签订过氧化铝的买卖合同，也没有做过氧化铝的买卖。第三人与被告的进口代理协议和原告与被告的有关氧化铝的买卖合同，是性质不同的两个法律关系，并没有必然的联系。因此，如果本案的被告认为已将代理协议的权利、义务全部或部分地转让给了原告，那么根据《民法通则》第 91 条以及《合同法》第 80、84 条等规定，是应当取得第三人的同意，否则不发生法律效力。但事实上，被告从来没有与第三人协商过有关转让的事宜。因此，被告企图将其在委托代理协议中的权利和义务转让给原告的债务转移是根本不能成立的。

根据《民法通则》第 84 条规定，债是按照合同的约定或者依照法律的规定，在当事人之间产生的特定的权利和义务关系。本案的三个法律主体之间，由于被告的违约而产生了债的关系，在被告既对第三人又对原告违约的事实面前，第三人与原告在不同程度上都是被告的债权人。俗话说，冤有头，债有主。因此，原告对同时作为被告债权人的第三人直

接主张债权是没有法律依据的。

四、关于原告向法院申请查封第三人10 000吨氧化铝的担保

根据我国《民事诉讼法》第 92 条规定:“人民法院采取财产保全措施,可以责令申请人提供担保;申请人不提供担保的,驳回申请。”本代理人于2001 年 12 月 7 日在法院查阅案卷材料时,未看到本案原告提供的担保材料。后来,了解到原告已经补充提交了所谓的由青海化隆先奇铝业公司提供的保证担保,但未看到担保单位“青海化隆先奇铝业公司”的资产评估报告书,因此对其担保能力持有疑义。希望法庭在原告提供的保证担保是否合法有效等重大问题上,严格按照法律的规定进行审查。

综上所述,本代理人认为,本案原告将中国建筑进出口总公司列为第三人以及向法院申请查封第三人所有的上述10 000吨氧化铝的行为,是缺乏事实和法律依据的,在申请的程序上也不符合法律的规定。根据我国《民法通则》第 117 条规定:“侵占国家的、集体的财产或者他人财产的,应当返还财产,不能返还财产的,应当折价赔偿……受害人因此遭受其他重大损失的,侵害人应当赔偿损失。”另外,根据我国《民事诉讼法》第 96 条规定:“申请人有错误的,申请人应当赔偿被申请人因财产保全所遭受的损失。”本案中,由于原告错误的财产保全申请,自 2001 年 11 月 22 日起,第三人因不能向海关申报,每天发生的滞纳金(根据海关法第 18 条)等损失约为 1 万元。在此,第三人请求法院依法追究原告侵权行为的法律责任。

最后,请求法庭能够根据事实和有关法律规定,对第三人提出的复议申请进行审查,裁定解除对第三人所有的存放于连云港码头的10 000吨氧化铝的查封,并裁定原告承担由于申请错误而给第三人造成的经济损失。

二、解除查封与“无单放货”

开庭审理后，为了尽快让法院解除对中建公司10 000吨氧化铝的查封，减少经济损失，笔者建议中国建筑工程总公司向法院提供申请解除查封的保证担保。中国建筑工程总公司于2001年12月20日向连云港市中级人民法院提出“解除查封申请书”，连云港市中级人民法院于2001年12月24日作出了“(2001)连经初字第146号”《民事裁定书》，称：“……本院于2001年11月22日作出(2001)连经初字第146号财产保全的裁定，现因原告港明公司和第三人中建公司申请解除，且第三人已提供担保，财产保全措施依法应予解除。依照最高人民法院《关于适用〈中华人民共和国民事诉讼法〉若干问题的意见》第109条的规定，裁定如下：解除对第三人中建公司存放于江苏省连云港码头的10 000吨氧化铝的查封。”同时法院还下达了“(2001)连经初字第146号”《退出诉讼通知书》，认定中建公司“不符合第三人的条件，依照最高人民法院《关于在经济审判工作中严格执行〈中华人民共和国民事诉讼法〉的若干规定》第九条规定，决定你公司退出诉讼。”

但是，祸不单行。中建公司于2002年1月4日收到解除查封的《民事裁定书》，于1月8日派人持正本提单到连云港外轮代理公司船务部换取报关用的提货单(即小提单)，该部工作人员却说，10 000吨氧化铝的小提单早在2001年11月19日就被港明贸易公司(其法定代表人与港明实业公司法定代表人同为一人)借走了。中建公司代表于1月9日再三追索该小提单及10 000吨氧化铝的下落并要求连云港外轮代理公司作出书面解释，连云港外轮代理公司有关负责人只是口头说明：“港明公司已经用借走的小提单办理了报关和提货手续，10 000吨氧化铝已经被港明公司提走。”为了让连云港外轮代理公司尽快采取措施,追回经济损失,中建公司于1月10日致函连云港外轮代理公司,强烈要求在10日内妥善解决这一“无单放货”事件。遗憾的是,连云港外轮代理公司并没有在追货和挽回经济损失上下工夫,而只是向中建公司提供了一份港明贸易公司于2001年11月19日向连云港外轮代理公司商借小提单的信函和一份2002年1月8日港明公司回答连云港外轮代理公司查问的回函复印件。港明公司在1月8日致连云港外轮代理公司的复函中称:港明公司已经“凭提货单于2001年12月30日提取了此批货物”。

案发后,连云港外轮代理公司曾于1月14日派人到中建公司协商解决办法,声明已经向当地公安机关报案,但双方未能达成一致意见。在如何看待和解决这一“无单放货”案件的问题上,中建公司内部出现了几种不同的意见,有主张走刑事程序的,即配合公安机关以诈骗嫌疑报案;有主张走民事程序的,但认为应该同时起诉港明公司、连云港外轮代理公司和货物保管单位连云港东联港务公司,有的甚至主张“把连云港中院也一块告了”。笔者力排众议,建议只起诉连云港外轮代理公司。因为,如果走刑事,正好是所有不法单位所希望的,根据我国“民让刑”的习惯,将会影响民事诉讼。另外,如果在本案的民事诉讼中把侵权各方都扯进来,将会使诉讼复杂化、长年化,严重影响诉讼效率,并且海事的“无单放货”与一般的民事诉讼不同,可以只以“无单放货”的第一控制单位和存在过错的单位为被告提起诉讼。最后,笔者的诉讼计划得到了中国建筑工程总公司的批准。

三、上海海事法院的公正判决

2002年2月27日,作者代理中国进出口总公司在上海海事法院对连云港外轮代理公司提起了“无单放货侵权损害赔偿纠纷”的诉讼。

民事起诉状

原告:中国建筑进出口总公司

住所地:北京市阜外大街14号,邮编100037。

法定代表人:李××,职务董事长。

电话:略。

被告:中国连云港外轮代理公司

住所地:江苏省连云港市墟沟海棠南路87号,邮编222042。

法定代表人:杨××,职务总经理。

电话:略。

案由:无单放货侵权损害赔偿纠纷

诉讼请求:

1. 判令被告无单放货给原告造成的货物损失1 715 350美元(折合人民币14 218 707.69元);

2. 判令被告赔偿原告银行利息99815.33元(暂计至2002年2月26日,请求计算至付清货款之日止)及开证费、手续费、承兑费等36347.07元。

3. 判令被告承担本案的诉讼费用。

事实与理由:

2001年9月14日原告与香港益光有限公司签订了BSQ－2995号买卖合同。合同主要内容为:原告进口1万吨澳大利亚氧化铝,CIF中国连云港到岸价1 715 350.00美元(约14 218 707.69元人民币);转运期限2001年10月19日前;付款条件为买方按合同总价开出以卖方为受益人的不可撤销的提单日后90天付款的远期信用证,信用证有效期延至2001年11月20日(证据1)。

2001年9月19日原告在中国农业银行总行营业部开出了上述BSQ－2995合同金额1 715 350.00美元以香港益光有限公司为受益人的90天付款的002LC0100860号跟单信用证(证据2)。2001年11月7日中国农业银行总行营业部通知原告，收到 BSQ－2995 合同进口货物的 BU/CH－004 号正本提单（证据3）。

正当原告依据 BU/CH－004 号提单准备到连云港海关办理报关手续之时，连云港港明实业有限公司（以下简称港明公司）诉广州黄埔东粤铝厂（以下简称东粤铝厂）买卖合同纠纷一案，将原告列为第三人。连云港市中级人民法院根据港明公司的申请于 2001 年 11 月 22 日裁定将原告所有的上述 1 万吨氧化铝查封。经原告依法多次交涉，连云港市中级人民法院经过开庭审理，于 2001 年 12 月 24 日作出裁定"解除对第三人中建公司存放在江苏省连云港码头的 1 万吨氧化铝的查封"（证据4）。12 月 25 日该院又作出了原告退出诉讼的《通知书》，通知原告不具备第三人的条件，退出诉讼（证据5）。

原告于 2002 年 1 月 4 日收到上述连云港市中级人民法院邮寄的《民事裁定书》和《通知书》，于 1 月 8 日派人持正本提单到被告船务部换取报关用的提货单（以下简称小提单），该部工作人员及负责人却告诉原告工作人员，该批货物的小提单已于 2001 年 11 月 19 日被港明贸易公司借走。经原告工作人员再三追索该小提单及 1 万吨氧化铝的下落，被告只是口头说明：港明公司已经用借走的小提单办理了报关和提货手续，1 万吨氧化铝已经被港明公司提走。为了催促被告尽快采取措施追回经济损失，原告于 1 月 10 日致函被告，强烈要求被告尽快妥善解决此事（证据6）。遗憾的是，被告并没有在追货和挽回经济损失上下工夫，只是向原告提供了一份港明贸易公司于 2001 年 11 月 19 日向被告商借小提单的信函和一份 2002 年 1 月 8 日港明公司回答被告查问的复函的复印件（证据7）。原告多次同被告协商解决办法，被告仍然没有表示赔偿和承担原告经济损失的意思，只是对原告 1 月 10 日发出的催告函做了一个复函，回避如何承担经济责任的问题并推卸责任（证据8）。

原告认为，被告仅凭一张借条就将价值 14 218 707.69 元人民币的小提单借给与该批货物无关的港明贸易公司，被告于2001年11月23日收到法院的查封裁定书后，明知港明贸易公司于11月19日借走的小提单项下的1万吨氧化铝已被法院查封，却没有立即将小提单追回，也没有采取措施阻止该货物的提起。被告实施无单放货行为，违反了我国《海商法》所规定的应凭正本提单交付货物的基本义务，致使原告失去了对货物的控制而造成无法收回货款，侵害了原告对1万吨进口氧化铝的所有权。因此，被告应负全部责任，赔偿原告该批货物的损失并承担由此给原告造成的其他经济损失。在交涉无果的情况下，特提起诉讼，请求法院依法公正判决。

此致

上海海事法院

起诉人：中国建筑进出口总公司

2002年2月27日

附：1. 本诉状副本1份；2. 证据材料8份。

作者在代理提起民事诉讼的同时，还同时提出了财产保全申请。2002年3月6日上海海事法院下达了"（2002）沪海法商初字第93号"《民事裁定书》，裁定如下："一、准许原告中国建筑进出口总公司的诉讼财产保全申请；二、冻结被告中国连云港外轮代理公司银行存款人民币14 354 870.09元或者相应价值的其他财产。"但是，后来实际冻结被告银行账户的财产仅为约2万元人民币，加上被告所有的办公楼，实际冻结的财产不到300万元。

此后，被告聘请上海某海事律师事务所周×律师，提出答辩状，请求"依法驳回原告的全部诉讼请求"，理由是："一、原告不享有本提单项下诉权。原告在起诉书中主张'被告实施……致使原告失去了对货物的控制而造成无法收回货款，侵害了原告对1万吨进口氧化铝的所有权。'显然，原告是以所谓货物所有人的身份，对答辩人提起了一个侵权之诉。答辩人认为,原告并不享有本提单下的诉权。证据显示,原告已经在 2001 年 10 月 18 日从东粤铝厂收到了编号为 002LC0100860 信用证下的货款共计人民币 1 350 万元。因此,原告此时已经不享有本提单下货物的损害赔偿请求权。二、答辩人的行为与货物被提之间没有因果关系。首先,根据港口作业单位的港口作业委托单记载,港明公司在从答辩人手中骗取小提单之前,已经从港区提取了 4 620 吨货物,这部分货物的被提与答辩人没有任何关系。其次,答辩人在提货单的受货人一栏中打上的是提单通知方的名称,而不是港明公司的卖方广州市黄浦东粤铝厂的名称。根据小提单的性质及其操作惯例,只有小提单上的记名受货人或其授权的代理人才可以从港区提货,因此,答辩人出具的小提单根本不能作为港明公司从港区作业单位提取货物的依据。故剩余货物的被提也与答辩人的行为没有任何关系。综上,答辩人认为,原告不具有该提单项下的诉权;同时,答辩人的行为与港明公司的提货没有直接的因果关系,答辩人对于货物被提不应承担侵权赔偿责任。”

在 2002 年 8 月 19 日、11 月 20 日的开庭审理阶段,笔者严正驳斥了被告代理人的观点,主要内容如下:

审判长、审判员:

根据有关法律规定,我受原告的委托,出庭担任原告的诉讼代理人,参加本案的诉讼活动。之前,我认真查阅了本案的全部卷宗材料,进行了必要的调查。今天上午,听取法庭调查后,我对本案的事实有了更全面、深入的了解,现依法发表如下代理意见,供合议庭考虑。

一、关于原告的诉权

被告在答辩中称,原告于 2001 年 10 月 18 日已经收到了该批氧化铝的货款 1 350 万元,因此不享有本提单下货物的损害赔偿请求权。本代理人想提请法庭注意的是:其一,当时(4 月 15 日被告提交答辩状时),被告没有提供证据材料,当然也不可能表明什么主张。其二,8 月 19 日在质证庭上,被告拿出的“证据”,也没有一个能够证明原告收到了 002LC0100860 信用证下货款 1 350 万元。今天,还是没有提供这方面的证据,因此被告的说法只能是虚构的或是张冠李戴。要指出的是,广州市黄浦东粤铝厂曾拿 1 350 万元支付过 002LC0000597 信用证下的货款(证据 9)。被告在答辩中企图使用张冠李戴的手法以逃避法律责任。

为了便于大家理解,本代理人想说明一下原告与广州市东粤铝厂的关系。原告在解除本单 XY - BSQ - 2995 代理进口协议之前,与东粤铝厂有过其他好几单代理进口协议纠纷,其中的 002LC0000597 信用证下货款为 16 743 828. 40 元人民币,付款日期为 2001 年 10 月 18 日,东粤铝厂付保证金1 670 000. 00元,至 10 月 18 日归还货款 1305 万元,尚欠货款2 023 828. 4元,加上银行费用为2 066 140. 00元。2001 年 11 月 2 日东粤铝厂向原告出具了一份还款计划,说什么保证在 12 月 30 日前付清 002LC0000597 信用证的余款 200 万元。但事后,东粤铝厂没有履行任何一个还款计划保证,完全丧失了商业信誉。基于东粤铝厂的预期违约行为,原告于 2001 年 11 月 20 日和 12 月 4 日依法向东粤铝厂发出《中止协议通知书》和《解除协议通知书》。由于东粤铝厂在连云港市中级人民法院的另案审理中不承认收到上述通知书,原告于 2001 年 12 月 20 日又公证送达了《重申解除 XY - BSQ - 2995 号代理协议的通知》(证据 10)。关于预期违约的解除合同条件,《合同法》第 94 条规定的就是单方行为,即通知到达合同即解除。之后,到现在为止,东粤铝厂也没有按照协议约定的争议解决办法提起诉讼。

上述事实表明,原告根本没有收到 002LC0100860 信用证项下的货款 1350 万元。其实,当时(2001 年 10 月 18 日)该信用证项下的货物尚未进关(该批货物是 2001 年 11 月 7 日到港),付款日期为 2002 年 1 月

17 日。

相反,原告的证据则证明,原告于 2001 年 11 月 7 日就从中国农业银行收到 BU/CH—004 号正本提单,并已支付了 002LC0100860 信用证下的货款14 218 707. 69元(证据 11),因此始终是 BU/CH—004 号提单的合法持有人,享有本提单下货物的所有权。被告在实施无单放货、即于 2001 年 11 月 19 日将本单货物的小提单借给港明贸易公司时,原告在法律上早已拥有了对该货物的所有权,因此被告的无单放货行为是一个侵害原告所有权的非法行为,原告的诉权既有事实又有法律根据(民法通则第 106 条等)。

二、被告出借小提单的行为与原告的损害事实之间有明确的因果关系

首先,被告认为其出借小提单的行为与货物被提之间没有直接的因果关系,这完全是对法律因果关系的曲解。我们知道,因果关系是指行为人的行为及其物件与损害事实之间的因果关系。因果关系是具有严格的时间顺序性,即原因在前,后果在后。但是确定因果关系是从已经发生的损害结果出发而查找损害原因的,因此具有逆反性的特点。因果关系还具有客观性,一个现象作用于另一个现象,一个现象引起另一个现象的因果性,并不以人们的意志为转移。就本案而言,应以案件性质变化的实际情况为依据,对损害结果、侵权行为、小提单和特定环境等诸因素进行详细分析判断,才能确定因果关系。认定被告出借小提单的行为和小提单与损害事实之间的因果关系,关键是要找出损害发生的时间。被告认为4 620吨氧化铝是在港明贸易公司借到小提单之前提取的,该行为与小提单没有关系,因此被告出借小提单的违法行为与原告的损失没有因果关系。这种认为损害事实从东联公司放货、港明实业公司提货开始的观点是错误的、唯心的。为什么呢？因为当时东联公司放货给港明实业公司时,货物并没有特定化,即氧化铝是种类物而非特定

物，法院也没有查封哪一堆氧化铝，因此被提氧化铝的货主是不确定的。也就是说，当时原告的损害事实并没有发生。什么时候发生的损害事实呢？是港明贸易公司和东联公司拿到了被告提供的小提单后，这时由港明实业公司提取的无主氧化铝才找到了主，对原告的损害事实才发生。同样，港明贸易公司借到小提单后由港明实业公司提取的5 349吨氧化铝也只有在使用被告出借的小提单时，才形成对原告的损害事实。被告错误理解本案因果关系的原因在于，错误地认为原告的损害事实的发生时间是在港明实业公司提货时，并且唯心地认为提的就是原告的货。其实不然，道理也不难理解。用反推论可以一语道破。因为，如果东联公司、港明实业公司不使用被告提供的小提单与他们以前的行为挂钩、报关，那么东联公司和港明实业公司要么用其他小提单代替，要么构成走私罪。前一种情况，所侵犯的客体不是被告的财产权，后一种情况所侵犯的客体是社会管理秩序，在民事上与原告不发生关系。这时，原告只要持有小提单，东联公司就负有交货或赔偿的义务。所以说，本案原告的损害事实是在被告出借小提单后才发生或形成的。

从客观方面讲，港明实业公司得以办理或补充办理提货和报关手续的前提就是能够从被告处拿到小提单，所以被告出借小提单的行为是港明实业公司完成非法提货、报关手续的必要条件，换言之，如果被告不提供小提单，港明实业公司是无法完成或补充完成从连云港港务局东联公司提取货物和报关手续的。因此，港明实业公司在借到小提单之前提取4 620吨氧化铝，在借到小提单之后提取其余的5 349吨氧化铝的行为，都是以能够取得小提单为条件的。我们知道，世界上大多数国家采相当因果关系说，我国以前曾与苏联和东欧一样采必然因果关系说，但目前国内的主流观点认为条件也是原因，主张相当因果关系说，本案不管是必然因果关系说还是相当因果关系说均能构成，这是无可争议的。

从主观方面讲，被告的行为存在重大过错。因为，第一，被告作为承运人的代理人，本来就对受托管理、控制的货物没有所有权，怎么能将小提单借给他人呢？因此，只能理解为或是出于非法获利的目的，或是重大失职行为。第二，当时这批货物已被连云港市中级人民法院裁定查封，法院于11月23日将《协助执行通知书》送达被告，被告也已签收。当时，被告刚将小提单借给港明贸易公司，但为什么不予以追回呢？被告“协助执行”的法定义务(证据12)又是如何履行的呢？这种故意对抗人民法院查封的行为表明，被告明知将小提单借给他人，很有可能会损害正本提单持有人原告的合法权利，却故意放纵了损害结果的发生，其主观上存在明显过错。

其次，连云港市港口公安分局提供的有关东联公司的证据资料(证据13)表明，港明实业公司使用被告提供的小提单“完善”了提货手续。来自海关的证据材料(补充证据14)表明，港明实业公司使用被告提供的小提单办理了报关手续。这充分说明，被告出借小提单的行为与原告的货物损失之间存在直接的因果关系。

最后，被告在答辩中称，根据小提单的性质及其操作惯例，只有小提单上的记名受货人或其授权的代理人才可以从港区提货，因此答辩人出具的小提单根本不能作为港明实业公司提货的依据。这完全是对事实的歪曲。因为，上述港口作业单位和海关的证据资料都证明，港明实业公司就是使用了被告提供的小提单才办理了提货手续和报关手续。并且，被告提供的小提单的“收货人”一览中清楚地用中文写着“广州市黄埔东粤铝厂”，由于港明实业公司是以东粤铝厂的代理人身份出现的，因此被告提供的小提单就是港明实业公司提取货物的直接依据。被告称，小提单上的英文收货人是“中国有色金属工业贸易集团公司”，中文的“广州市黄埔东粤铝厂”不是被告所写。这也推脱不了被告的责任，因为填写收货人名称的载体(中文名称空白小提单)是被告提供的，被告提供的小提单是填写收货人的充分必要条件。被告能说自己没有责任吗？换言之，在逻辑上，被告要么参与了伪造活动，要么为伪造提供了必要条件，两者都是法律上的因果关系的原因。

三、被告作为外轮代理公司的代理责任

在国际货物运输的交货环节中，承运人通常向收货人交付货物的行为委托给船舶代理人进行。承运人将货物运到港口，就委托代理公司代为管理和控制货物。此时，代理公司作为承运人所存货物的管理人，应尽善良管理人的义务，但对货物本身无处分权。本案中，被告作为承运人的代理人，应在授权或指定的范围内代为办理在港船舶有关业务，提供有关服务，正确履行自己的代理职责，包括必须按照有关法律或航运惯例的要求向有权提取货物的人交付货物，正确的做法是凭正本提单放货。

但本案中，被告却擅自以自己的名义，超越代理权限，仅凭一张借条，就将价值14 218 707.69元的小提单借给与该批货物毫无关系的港明贸易公司，并且被告在知道港明贸易公司借走的小提单项下1万吨氧化铝已被法院查封的情况下，仍未立即将小提单追回，致使该批货物被提走。再退一步讲，被告如果尽快报告海关，采取措施，也是完全可以避免损害结果的发生或扩大的。因此，被告的行为已远远超出了合法代理的权限范围，是对法律的公然违反，对法院的公然对抗。我国《民法通则》第66条规定，没有代理权、超越代理权的行为，除被代理人追认外，应由行为人承担民事责任。我国《合同法》第48条也有同样宗旨的规定。BU/CH—004正本提单的“承运条件”(2)中规定：对卸货后“无论以何种方式发生的灭失或损害，承运人不负责。”这也就是说，该票货物卸船后，应由下一个控制货物的被告负责。因此，被告以受他人欺骗为由，主张免责的任何理由都是不能成立的，应直接对无单放货行为造成的损害后果承担全部民事责任。

综上所述，被告作为承运人的代理人擅自将小提单借给他人的行为，本来就存在重大过错。之后，又公然无视法院的查封裁定，继续实施并完成无单放货行为，违反了我国《海商法》第71条等规定的应凭正本提单交付货物的基本义务，严重侵害了作为正本提单持有人的原告的合法权益，根据我国《民法通则》第66条、第117条等规定，应该承担因此给原告造成的一切经济损失。请求法庭依法公正判决。

笔者的上述代理意见，基本上被合议庭采纳，2003年2月25日上海海事法院作出(2002)沪海法商初字第93号《民事判决书》[1]，主要内容如下：

原告中国建筑进出口总公司与被告中国连云港外轮代理公司无单放货侵权损害赔偿纠纷一案，于2002年2月27日提起诉讼。本院于同年2月28日受理后依法组成合议庭，并在同年8月19日、11月20日公开开庭审理了本案，原告委托代理人陈根发、陆志美，被告委托代理人周琦、于书红到庭参加诉讼。本案现已审理终结。

……根据原被告双方的辩诉主张，本案的主要争议点是：一、原告是否有权依据涉案提单向被告主张货物权利；二、被告是否须对原告承担侵权损害赔偿责任；三、原告损失的具体构成和数额。

关于原告是否有权依据涉案提单向被告主张货物权利，本院认为：原告以自己名义与益光公司签订的BSQ－2995号外贸买卖合同合法有效，原告为履行该合同，申请农行营业部开出860号信用证，并通过付款赎单而取得了涉案一式三份正本指示提单，该指示提单背面有托运人澳大利亚ALCOA世界矾土公司的空白背书，因此原告为该提单的合法持有人，有权依据该提单向被告提起主张货物权利的诉讼。

---

〔1〕 关于本案判决的理由和评论，可参见上海海事法院：《原告中国建筑进出口总公司与被告中国连云港外轮代理公司无单放货侵权损害赔偿纠纷案》，载《中国涉外商事海事审判网》2004年3月4日。判决书内容可参见《北大法律信息网》等。

针对被告认为原告影响其委托方东粤铝厂交付涉案提单的相关抗辩，本院认为：原告与东粤铝厂之间的XY－BSQ－2995号代理合同纠纷，是与本案所设侵权法律关系不同的另外一层法律关系，双方在该外贸代理合同中的权利义务不影响本案中原告合法持有涉案提单这一物权凭证的基本事实，也不影响提单合法持有人就侵权的事实单独寻求司法保护。双方在外贸代理合同中约定的协议管辖符合法律规定，本院予以尊重。另外，依据我国现行的外贸代理制度，原告作为外贸代理人，对于前述外贸买卖合同依法直接享有合同权利。本院对此节抗辩不予支持。

关于被告是否须对原告承担侵权损害赔偿责任，本院认为：1. 被告作为承运人的代理人，其所签发的提货单是提货人据以提货的凭证，该提货凭证的交付意味着被告已向提货人表示同意交付提货单所载货物，即对放货行为的认同。被告在未收回涉案正本提单的情况下，轻率地将涉案提货单交付给非正本提单持有人，对此必须承担法律责任。2. 被告作为承运人的代理人，应当预见到其将涉案提货单交付给非正本提货单持有人的行为将导致无单放货，造成提单持有人的损失，但仍然实施了该行为，已违反了其对提单合法持有人应负的注意义务，既有过错，又有悖于我国法律规定的承运人及其代理人的职责，显已构成侵权。被告至今未提供证据证明其前述行为已得到承运人的授权，也未提供证据证明其在收到连云港中院的协助执行通知书及涉案货物完成报关后采取了将涉案提货单追回或其他制止损害后果发生的有效措施，依法应承担举证不能的法律后果。3. 被告放任提货凭证的非正常流转，直接导致无单放货事实发生，侵害了原告作为提单合法持有人依据涉案提单所享有的物权，从而造成了原告的实际经济损失，被告的行为与原告的损失之间有直接的因果关系。因此，被告理应对原告承担侵权损害赔偿责任。

针对被告所称涉案提货单签发给的对象并非本案中提货人，故提货单不能作为提货人从港口作业单位提取涉案货物的依据的抗辩意见，本院认为：1. 虽被告持有涉案提货单留底联上的收货人一栏仅记载了有色金属公司，但货主提货联及海关留底联上的收货人一栏均有“东粤铝厂”字样，且港明实业公司在2001年11月19日的函件中已明确表示其是作为东粤铝厂的代理商借提货单，在此情况下被告仍将涉案提货单出借，因此涉案提货单上“东粤铝厂”的记载并不违背被告的真实意思。2. 对于被告而言，其将涉案提货单借给东粤铝厂或港明贸易（港明实业）都对提单合法持有人构成侵权，都需承担法律责任。本院对此节抗辩不予支持。

针对被告所称涉案提货单签发之前4620吨货物的提取与其无关的抗辩意见，本院认为：1. 虽然港明实业是在2001年11月19日、12月3日、12月4日提取货物时，均未提交涉案提货单，但是，(1)港明实业的实际提货行为与提交涉案提货单的行为应视为前后关联的整体行为而非各自分开的孤立行为，后一行为可视为前一行为的延续和追认，因此，港明实业仍然是依据涉案提货单提取了涉案货物，也只有在交付涉案提货单后港明实业才得以最终完成提货；(2)港明实业在2002年1月8日至被告的函件中确实表明是凭涉案提货单提取了涉案货物，即港明实业的提货行为并不违背被告的意愿；(3)根据东联公司职员的陈述，涉案货物为种类物而非特定物，其最终是依据涉案提货单将涉案货物放给了港明实业。综上，被告交付涉案提货单的行为与上述部分货物的被提取之间有直接的因果关系。2. 在被告交付涉案提货单之后，报关货物的港口作业单位必须对提货单及指定的提货人负责，至于提货人是否凭提货单提货，港口作业单位是否向指定的提货人交货，实属被告与港口作业单位之间形成的另外一层法律关系，并不影响本案被告须向原告承担的侵权责任；自被告开出提货单之后，提单持有人的物权已被侵犯，合法提单持有人即有权向侵权人行使提单项下的物权,货物最终由谁提取、何时提取,都不能免除擅开提货单人的侵权责任;即使东联公司在未见提货单的情况下擅自放行部分货物,但因其总的放行数量未违反被告签发的提货单上载明的货物总量,该责任的承担也应由被告来替代。本院对此节抗辩也不予支持。

针对被告所称因其已对连云港中院的财产保全提供了协助、故剩余货物的提取与其无关的抗辩意见,本院认为:1. 被告未提供充分的证据以证明东联公司已收到2001年11月26日的传真,依法应承担举证不能的法律后果。2. 即使东联公司收到了该传真,因其并未做任何承诺,故该传真也不能起到对抗涉案提货单的效力。本院对此节抗辩也不予支持。

针对被告称原告已从东粤铝厂处收到860号信用证项下的货款人民币1 305万元,因而并未遭受损失的抗辩意见,本院认为:1. 被告并未提供充分的证据以证明东粤铝厂所支付的人民币1 305万元就是860号信用证项下的货款,也应承担举证不能的相应法律后果。2. 原告是否从东粤铝厂处收到860号信用证项下的货款,属两者之间外贸代理合同之债的履行问题。基于债的相对性和特定性,原告与东粤铝厂之间的合同之债并不影响原告向被告所主张的无单放货侵权损害赔偿之债。本院对此节抗辩亦不予支持。

关于原告损失的具体构成和数额,本院认为:1. 原告为履行其与益光公司签订的外贸买卖合同而支付了860号信用证项下的货款共计1 715 350美元,该款即是原告为取得涉案提货单所支付的对价,也是涉案提货单项下货物的实际价值,因此可将该款项认定为因被告无单放货而导致的原告的直接损失。至于涉案报关单上显示的货价159万美元,因报关单上的经营单位为东粤铝厂,且本案目前并无证据证明原告曾就涉案货物向海关进行了申报,故该报关价不能认定为原告的真实意思,亦不能推翻860号信用证及外贸买卖合同中的货价。2. 原告所主张的利息损失,因其未能提供银行贷款合同,故不予全额支持。鉴于原告已于2002年1月17日向农行营业部支付了860号信用证项下的货款,原告就该货款的利息损失从此日期即实际存在,故原告从2002年1月18日起计算至判决生效之日止的企业活期存款利息损失可与支持。3. 原告向农行营业部支付的860号信用证项下的相关手续费是原告为履行外贸买卖合同所支出的业务成本,并非被告无单放货行为所导致的损失,因此不予支持。

综上所述,本院认为,原告持有的正本提单来源合法,应该享有该提单项下的全部物权。被告虽为承运人在目的港的代理,但被告未提供证据证明其交付涉案提货单的行为系受承运人指示,故该行为应视为代理人的独立行为,被告应直接承担法律责任。本案被告在未收回正本提单的情况下开出提货单,承诺无条件放货,已构成对提单物权的侵害。由于该货单的流转,造成全部涉案货物的无单放行,两者之间存在着直接的因果关系。被告既有过错,又违反我国法律规定,并直接侵害了原告提单项下的物权,致使原告产生重大经济损失,对此被告必须承担侵权损害赔偿责任。依照《中华人民共和国海商法》第七十一条、《中华人民共和国民法通则》第六十一条第一款、第一百零六条第二款的规定,判决如下:

一、被告中国连云港外轮代理公司应于本判决生效之日起十日内向原告中国建筑进出口总公司赔偿货物损失1 715 350美元;

二、被告中国连云港外轮代理公司应于本判决生效之日起十日内向原告中国建筑进出口总公司赔偿上述款项的银行利息损失(自2002年1月18日起计算至本判决生效之日止,按中国人民银行同期企业活期存款利率计算);

三、对原告中国建筑进出口总公司的其他诉讼请求不予支持。

本案案件受理费人民币 81 602.61 元、诉讼保全费人民币 72 294.35 元，共计人民币 153 896.96 元，由原告负担人民币 389.67 元，被告负担人民币 153 507.29 元。上述费用，原告已预交的，本院不再退回，被告应于本判决生效起七日内将其应负担之数径向原告支付。

如不服本判决，可在判决书送达之日起十五日内，通过本院递交上诉状，并按对方当事人的人数提供副本，上诉于上海市高级人民法院。

四、同意与“无单放货人”进行和解

上海海事法院下达上述判决后，中国连云港外轮代理公司认为“上述民事判决审理程序违法，认定事实不清，适用法律不当”，向上海市高级人民法院提出上诉，要求“撤销上海海事法院(2002)沪海法商初字第 93 号民事判决”和“驳回被上诉人在一审中的诉讼请求”等。在二审开庭审理前后和庭外，中国连云港外轮代理公司通过有关部门与中国建筑进出口总公司进行了庭外和解协商。笔者本着宽容与和谐的原则，同意在收回大部分货款损失的前提下，通过“和解”方式解决本案。上海市高级人民法院于 2003 年 10 月 10 日作出了“(2003)沪高民四(海)终字第 47 裁定”，本案纠纷得到了和谐的解决。

上诉人中国连云港外轮代理公司(以下简称连云港外代)因无单放货侵权损害赔偿纠纷一案，不服上海海事法院(2002)沪海法商初字第 93 号民事判决，向本院提起上诉。本院于 2003 年 5 月 6 日立案受理后依法组成合议庭，并于同年 8 月 8 日公开开庭进行了审理。连云港外代的委托人梁琪、黄伯胜，被上诉人中国建筑进出口总公司的委托代理人陈根发、陆志美到庭参加了诉讼。本院在审理过程中，连云港外代又以双方已达成和解协议为由，于同年 10 月 9 日向本院申请撤回上诉。

本院经审查认为，连云港外代的撤诉申请系其对自己诉讼权利之处分,该意思表示真实,符合法律规定。依照《中华人民共和国民事诉讼法》第十三条、第一百五十六条、第一百五十八条之规定,裁定如下:

准许上诉人中国连云港外轮代理公司撤回上诉。

本案二审案件受理费人民币81 602.61元因撤诉减半收取人民币40 801.31元,由上诉人中国连云港外轮代理公司负担。

本裁定为终审裁定。

第十章　一个外企女工“意外坠楼身亡”的纠纷与解决

协商性纠纷解决机制也许是一种基于许多思想、原则和制度设计的纠纷解决机制，然而本章想阐述的仅仅是其中一个基于宽容原则的协商性纠纷解决机制。

一、一个外企女工“意外坠楼身亡”

山之内制药（中国）有限公司是日本山之内制药株式会社（Yamanouchi Pharmaceutical Co.）于 1994 年 10 月在沈阳经济技术开发区投资成立的独资企业，投资总额 3526 万美元，员工约四百人，在北京、上海、武汉、南京、广州、成都等市设有办事机构。2005 年 9 月因日本山之内制药株式会社改名为“Astellas Pharma Co.”[1]，山之内制药(中国)有限公司也相应改名为“安斯泰来制药(中国)有限公司”。该企业成立以来至2005年上半年，累计纳税二亿多元人民币，多次被评为“沈阳市优秀纳税企业”。由于“Astellas Pharma”是日本制药界的龙头企业之一，因此它在中国的投资也备受注目。但是山之内制药(中国)有限公司的发展并不是一帆风顺的，有时也发生劳动、药品价格、销售经营等方面的法律问题。2005年3月一个不幸的事件又降临到了它的南京办事处。

2005年3月9日下午，山之内制药(中国)有限公司南京办事处(以下简称“山之内公司”或“安斯泰来公司”)的职员宋×女士在南京下关区燕禾园小区某楼屋顶坠楼。事发后经110警察的帮助，被120送往南京长征医院进行抢救，但由于伤势严重，不幸于当日不治身亡。不幸事件发生后，山之内公司派员参加了宋女士的葬礼，对其亲属表示了慰问。2005年3月29日，南京市公安局下关区分局宝塔桥派出所为死者亲属出具的死亡“情况说明”中，将宋女士的死亡确定为“在下关区燕禾园小区1幢2单元顶楼观景台意外坠楼身亡”。在公司处理宋女士的劳动关系、调查其身亡的原因和考虑进一步对其亲属表示慰问期间，2005年5月30日下午，宋女士的亲属数人“冲”进山之内公司南京办事处，表示了对公司处理方法上的不满和愤怒，强烈要求公司给予经济补偿。

---

[1] 2004年2月日本山之内制药株式会社宣布收购藤泽药品株式会社(Fujisawa Pharmaceutical Co.)，若根据日本国内市场的份额计算，新公司将超过目前排名第一的武田制药公司(Takeda Chemical Industries)而成为日本最大的制药商。山之内制药与藤泽制药于2005年4月顺利合并，成立新公司Astellas制药。此次交易是近几年日本制药行业和日本国内非金融产业最大的一宗合并案。参见《hc360慧聪网制药工业行业频道》2004年2月25日，《中国医药技术经济网》2005年5月11日。

二、诉求与宽容

2005年6月初，笔者接到山之内公司业务计划部部长泷口利秋先生打来的电话，称希望正在研究"宽容"问题的（原法律顾问）本人帮助化解这一矛盾，用最好的办法处理本案纠纷。6月10日，我与公司业务管理室的沈挥经理一起奔赴南京就抚恤与慰问等事宜与死者宋女士的亲属进行了接触，亲属方提出了要求"工伤申请"和"精神赔偿"数十万元的要求，双方未能达成协议。其后，在如何解决纠纷的问题上，山之内公司内部出现了不同的意见。有公司干部和其他法律顾问认为，宋女士的死亡是由于她多年的抑郁症而造成的自杀，根据中国《工伤保险条例》的规定，这种死亡不属于工伤，因此公司应该依照国家和地方的法律法规表明态度和采取法律手段解决纠纷，并拒绝前往南京与宋女士的亲属接触和谈判。作者则在公司的高层会议上提出了"应通过友好协商与宋女士亲属达成和解"的解决办法。主要理由是，在中日关系一再恶化的背景下，鉴于案件发生地南京的具体情况，本案有可能被他人或媒体过度渲染并制造事端，对公司造成更大损害，并且如果采取不予理睬或直接采取法律手段应对也会使死者亲属的心灵雪上加霜。这个宽容的解决办法和理由得到了山之内公司部分干部的赞同和支持。经过笔者、公司业务管理室沈挥经理与宋女士亲属代表、代理人的耐心谈判，双方于2005年6月26日达成了如下主要内容的《备忘录》：

2005年6月26日下午，山之内制药（中国）有限公司的代表沈挥先生、代理人陈根发先生与宋×的亲属代表宋×先生、代理人杨××先生，就宋×女士不幸意外坠楼身亡的有关亲属慰问及善后事宜，在南京进行了全方位的沟通和协商，现达成如下共识：

一、双方肯定一个月来的努力和阶段性成果，公司表示愿以人民币捌万元作为慰问金抚慰宋×亲属，宋×亲属对公司的抚慰表示接受和感谢。

二、对于宋×的不幸身亡是否属于工伤范围及其如何提出认定申请等事宜，双方同意在7月上旬共同前往公司的所在地沈阳市，向沈阳市劳动和社会保障局提出咨询，接受建议。公司应根据有关法律规定，对宋×亲属提出的工伤申请予以必要的支援。

三、公司同意在宋×亲属及其代理人前往沈阳办理有关工伤咨询和申请手续期间，负担有关交通、食宿等费用。

《备忘录》签订后，山之内公司按照约定迅速地履行了相关义务，并根据共同到沈阳市劳动和社会保障局咨询的管辖意见，帮助死者宋女士的亲属于2005年8月11日向南京市劳动和社会保障局工伤处提出了工伤申请，并根据工伤处的“工伤认定举证通知书”，提交了证据和说明。2005年9月27日公司代表与宋女士的弟弟宋×等一起到工伤处询问有关认定情况，得到的信息是：“基本认定不属于工伤”。当天下午，公司代表与亲属代表就有关善后事宜进行了磋商，亲属代表提出，工伤没有被认定也有公司配合不到位的原因，因此公司应该承担一半责任。公司代表当场表示无法接受，亲属代表则声称保留向媒体反映和提起仲裁或诉讼的权利。2005年10月15日，公司代表在南京又与亲属代表进行了会谈，希望他们能够按照《备忘录》的约定，耐心等待工伤处的决定。但是，亲属代表没有接受，并于10月15日当日书面致函（改名后的）安斯泰来制药（中国）有限公司，声明亲属已将工伤申请撤回，要求公司作为工伤申报主体再次申报。事后公司经与南京市劳动和社会保障局工伤处联系，了解到死者宋女士的亲属确实于2005年9月30日提交了撤销工伤认定申请。

面对案情的突然变化，笔者一方面提醒安斯泰来公司应避免戴尔公司中国总部员工郑杰，在工作期间因胃癌死亡而引发的工伤争议在媒体造成的影响[1]，建议安斯泰来公司继续奉行协商性解决的办法，另一方面帮助公司起草了对死者宋女士亲族的复函：

宋×先生：

你好！

你邮寄给公司的《家族关于山之内制药（中国）有限公司员工宋×身故事件的初步处理意见》已收到，经过公司有关领导和专家认真研究讨论，现对你提出的四点意见答复如下：

一、关于撤回工伤申报材料事宜

你在"关于撤回工伤申报材料的情况说明"中表示了撤回工伤申报材料的意思，公司感到非常意外，因为这意味着亲属自己放弃了工伤申报权利，作为支援一方的公司也因此遭受到了一定的损失。因此，公司想知道的是：不知你是否已经真的办理了工伤申报撤回手续？什么时间办理的？

你对《备忘录》和公司向南京市劳动和社会保障局工伤处递交的材

〔1〕 大连外国语学院日语本科毕业的郑杰于2003年4月与正欲拓展日本市场的戴尔（中国）公司签订《劳动合同》，同年6月被派往日本接受培训。7月22日，郑杰到日本川崎医院就医，被诊断为"急性胃肠炎"，仅用药，没有特殊治疗。8月21日郑杰因病情加重提前回国。8月25日晚7时许，郑杰晕倒在公司员工入口处，五十多天后因胃癌死亡。郑杰亲属与戴尔公司在赔偿问题上发生争议，亲属认为郑杰是"过劳死"，应属于工伤；戴尔公司则态度强硬，断然拒绝。郑杰死亡后，亲属得到了保险公司10.5万元的寿险赔偿，约13万元的医疗费用也由医保支付。2004年9月24日郑杰父亲对戴尔公司提起诉讼，要求赔偿丧葬费、护理费、死亡赔偿金等14万多元。12月7日厦门湖里区人民法院作出《民事裁定书》，认为双方纠纷应属劳动争议范畴，郑杰亲属未经劳动仲裁即向法院起诉，不符合受理条件，驳回起诉。2004年12月29日，郑杰父亲向厦门市劳动争议仲裁委员会递交《郑杰视同工伤认定申请书》，但是2005年1月26日厦门市劳动和社会保障局作出结论，认为郑杰之死不属于工伤。该案在社会和网络上引发了许多不同意见和评价。参见朱永红：《戴尔公司员工胃癌死亡、工作压力致死引争议》，载《新京报》2005年2月2日。

料表示了意见，公司认为存在误解。《备忘录》的第二条明确规定："公司应根据有关法律规定，对宋×亲属提出的工伤申请予以必要的支援。"这里强调的是"根据有关法律规定"和"支援"，因此公司在按照工伤处"宁劳社工举字(05)第1643号工伤认定举证通知书"递交有关证据材料时，如实把公司所掌握的情况和通过调查取得的证据材料递交给了工伤处，并在举证说明的结论中表示："恳请工伤处能够对宋×亲属宋×先生提出的工伤认定申请给予调查和核实。"即公司除了如实把所掌握的情况和证据材料提供给工伤处外，并没有表示与亲属工伤申请相反的意见，而是希望由工伤处来最终判断决定。另外，公司在对工伤申请的"必要的支援"方面，也以实际行动履行了约定，首先指派专人协助亲属提起工伤申请，资助亲属聘请的律师费五千元，其后又同意报销有关费用三千六百多元，等等。一句话，公司是认真按照《备忘录》和有关法律规定对亲属的工伤申请予以必要支援的。

二、关于公司作为工伤申报主体的问题

双方于7月初签署的《备忘录》第2条讲得非常清楚，由亲属提出工伤申请，公司给予必要的支援。因此，工伤申报主体的问题早已用双方签字的有效文书方式确定下来了。现在，你要求以公司作为主体申报，不仅违反了《备忘录》的约定，而且会使公司蒙受更大的损失。再说，由于公司已经依法向工伤处递交了有关证据材料，说明了有关情况，因此也不可能再通过申请提出主观的或相反的意见。

三、关于"以公司作为主体申报"的要求是违背《备忘录》精神的，也是无法实施的，在此希望亲属能够体谅公司的立场，通过协商解决有关善后事宜。

四、为了友好地解决有关善后事宜，公司决定采取以下措施完成对亲属的慰问和援助：

1. 准备尽快把申请下来的"团体人身意外伤害保险"理赔金叁万元

支付给亲属。

2. 对宋×身故前的剩余医疗费2279.20元给予全额报销。

3. 按照7月8日双方代表和代理人在沈阳会谈的共识，安排公司领导前往南京慰问亲属。

4. 根据双方代表和代理人最近几次在南京会谈的结果，在公司领导慰问亲属时，额外对宋×未成年女儿的生活和学习表示一定的资助。

以上意见，敬请亲属考虑、决定。

安斯泰来制药(中国)有限公司

2005年10月28日

就这样，又经过几次细致的谈判和宽容的建议，死者宋女士的亲属终于答应了安斯泰来公司提出的最终解决办法：提请南京市劳动争议仲裁委员会就公司再支付慰问金事宜给予调解，并在取得《仲裁调解书》的基础上就未尽事宜制作一个《备忘录》。

三、协商性的《仲裁调解书》和《备忘录》

在安斯泰来公司与宋女士亲属双方的宽容协商与努力下，宋女士亲属于2006年4月3日向南京市劳动争议仲裁委员会提交了《劳动争议仲裁申请书》。《申请书》中写道："2005年3月9日，公司员工宋×不幸身故。就此事，公司方比较重视，经我方与公司方多次沟通协商，2005年6月底公司支付了慰问金8万元。2005年8月11日，宋×作为家属方代表为宋×身故事件向南京市工伤处提出了工伤认定申请。因种种原因，工伤申报未完成，经我方与公司在以上基础上更深层次的交流与洽谈，我方愿意适当放弃部分权利，在充分建立信任的原则上，要求公司方再支付一定金额的慰问金，以妥善解决此事。特此请求贵委予以调解为盼。"2006年4月7日，南京市劳动争议仲裁

委员会下达了“宁劳仲案字[2006]第124号”《仲裁调解书》,主要内容如下:

宋×等三人与安斯泰来制药(中国)有限公司劳动争议一案,本委受理后,依法指派仲裁员独任审理。在审理中双方经协商一致,自愿达成调解协议如下:

一、安斯泰来制药(中国)有限公司一次性给付宋×等三人亲属慰问金50000元;

二、宋×等三人与安斯泰来制药(中国)有限公司就其他未尽事宜,可另行签署备忘录;

三、本案仲裁费220元,由安斯泰来制药(中国)有限公司承担。

上述协议,符合有关法律规定,本委予以确认。

本调解书经申、被诉双方签收后,即具有法律效力。

双方在领取上述《仲裁调解书》后,于同日签署了“关于《调解书》未尽事宜的备忘录”,主要内容如下:

2006年4月7日安斯泰来制药(中国)有限公司(以下简称公司)与宋×亲属,为了最终妥善解决宋×身故事件,对南京市劳动争议仲裁委员会下达的《仲裁调解书》的未尽事宜,达成如下共识,共同遵照执行:

一、公司同意给付宋×亲属报销费用人民币伍仟元,在《调解书》下达之日起15日内支付。

二、公司同意安排宋×亲属旅游一次(总费用不超过人民币壹万伍仟元)。

三、《调解书》下达后,公司同意在一个星期内指派一名部门经理级以上日籍干部前往南京,在宾馆设宴招待和慰问宋×亲属。

四、本《备忘录》以南京市劳动争议仲裁委员会作出的《调解书》为生效条件。

《仲裁调解书》和《备忘录》签署后的第二天，死者宋女士亲属方的代理人杨学明先生（南京市文物研究所办公室主任）在致安斯泰来公司的书信《从中日文化差异谈日资公司在华经营过程中企业文化（伦理）部分要素的再提升、再固化以及层面的跃进——关于安斯泰来制药（中国）有限公司员工宋×不幸身故的思考》中写道：

宋女士不幸身故后，最初公司虽然派员参加了宋×的追悼会和登门拜访，但在有关善后问题的处理上“旋即杳无音讯，如石沉大海”。亲属在备受煎熬中，“怀着满腔的愤怒‘冲’到了贵公司南京办事处”。贵公司在获知以上信息后，极具效率地安排了总部业务管理室沈挥经理和代理人陈根发律师抵宁，忍辱负重，本着尊重“死人为大”的中国传统习惯，登门拜访，安抚人心，并能采取积极措施，实现了沈阳之行，签署了《备忘录》，取得了阶段性的成果。后来，由于种种原因，家属的工伤申请未果，但公司成功地为宋×女士申请并取得了“团体人身意外伤害保险”金。虽然在工伤申请等事宜上，双方为维护各自权益，据理力争、唇枪舌剑，但“剑拔弩张”之势终未见。“窃以为此乃贵公司用人上上之选的回报。”2006年10月以后，通过更高层次的思想观念的沟通与交流，双方代表在人格方面互相认可，进入合作阶段，融入了更高境界的人文主义精神，形成了团结一致的力量支柱。“《调解书》及关于《调解书》未尽事宜的《备忘录》的正式成文，浸透了贵公司与宋×亲属共同的心血，标志着宋×不幸身故事件的圆满解决。”

2006年4月中旬，已调任日本安斯泰来商业服务株式会社筑波事业所副所长的原安斯泰来制药（中国）有限公司业务计划部部长泷口利秋先生在给笔者的感谢信中写道：

感谢先生在南京员工死亡事件处理上的智慧和苦劳，由于你和沈挥君的耐心工作，并能在公司内外的巨大压力下坚持和解主张，逆转了公司在事件处理上的不利局面,经过近一年的努力,终于取得了圆满的解决。在此深表敬意。我到筑波事业所上任后,很怀念在北京的日子,经常有一丝丝寂寞的感觉……

四、结语

每一个案件的顺利解决都是遵循一种公正的或崇高的纠纷解决机制的结果,每一个案件的圆满解决也能在一定程度上反映出一种纠纷解决机制的有效性和科学性。本章所述的“一个外企女工‘意外坠楼身亡’的纠纷与解决”也不例外,它给纠纷双方带来的不仅是消除仇恨和包括诉讼在内的负担,而且确实能够创造出一种令人满意的双赢与和谐关系。

第十一章　为伊利集团公司原总裁做无罪辩护

一、震惊全国的“伊利风波”

根据有关媒体的报道，2004 年 12 月 17 日以来，因涉嫌挪用公司资金用于个人营利，内蒙古伊利集团公司董事长郑俊怀、副董事长总裁杨贵琴、财务总监张显著、公司董事会办公室主任李永平、原奶事业部经理郭顺喜等 5 名高层管理人员，被公安机关依法采取刑事拘留的强制措施。[1] 这次事发的原因是所谓的“伊利股份独董风波”。2004 年 3 月 9 日，媒体发出“伊利股份国债投资出现浮亏”、“伊利股份买国债账面亏损”等消息。4 月 27 日，伊利股份召开董事会，一些董事对

〔1〕 参见景宏：《伊利事件涉嫌挪用巨资董事长等 5 高管遭拘留》，载《新华网》2004 年 12 月 21 日。张迪：《伊利集团 5 高管被刑拘后运转正常》，载《中国经济网》2004 年 12 月 21 日。

国债等问题质询郑俊怀。6 月 15 日,伊利股份公司独立董事俞伯伟等 3 人发表《独立董事声明》,称由于对国债问题质询未果,拟聘请会计师事务所进行专项审计。6 月 16 日伊利股份发布公告,称临时董事会审议同意《董事会关于提请股东大会免去俞伯伟先生独立董事的方案》,6 月17 日伊利股份公司发布公告称董事会临时会议形成决议,同意将《内蒙古伊利实业集团股份有限公司监事会关于提请股东大会免去俞伯伟先生独立董事的议案》提交 2003 年度股东大会审议。独董俞伯伟被罢免后,抛出了更多事情,其中最重要的就是对伊利第五大股东呼和浩特华世商贸有限公司身世的质疑。[1] 这一“华世商贸”问题后来成了本案涉嫌“挪用公款罪”的焦点。

二、包头市人民检察院的起诉书

2005 年 12 月 5 日的“内包检刑诉[2005]84 号起诉书”称:

被告人郑俊怀,男,1950 年 9 月 16 日出生……汉族,大学文化,原任内蒙古伊利实业集团股份有限公司董事长兼首席执行官,曾任总裁,系内蒙古自治区第十届人民代表大会代表。2004 年 12 月 18 日因涉嫌挪用公款罪被内蒙古自治区人民检察院刑事拘留,经内蒙古自治区人民检察院决定,于同年 12 月 30 日被逮捕。

被告人杨桂琴,女,1960 年 4 月 3 日出生……回族,大专文化,原任内蒙古伊利实业集团股份有限公司副董事长、首席知识运营官,曾任执行董事、财务负责人、董事会秘书、常务副总裁、总裁。2004 年 12 月 19 日因涉嫌挪用公款罪被内蒙古自治区人民检察院刑事拘留,经内蒙古自

[1] 参见赵燕文:《伊利股份可能遭遇独董起诉》,载《证券市场周刊》2004 年 7 月 25 日。

治区人民检察院决定，于同年12月30日被逮捕。

被告人张显著，男，1958年3月15日出生……汉族，大专文化，原任内蒙古伊利实业集团股份有限公司董事会秘书、财务负责人。2004年12月18日因涉嫌挪用公款罪被内蒙古自治区人民检察院刑事拘留，经内蒙古自治区人民检察院决定，于同年12月30日被逮捕。

被告人李永平，男，1972年11月10日出生……汉族，大学文化，原任内蒙古伊利实业集团股份有限公司董事会办公室主任、证券事务代表。2004年12月19日因涉嫌挪用公款罪被内蒙古自治区人民检察院刑事拘留，经内蒙古自治区人民检察院决定，于同年12月30日被逮捕。

被告人郭顺喜，男，1954年6月13日出生……汉族，大学文化，原任内蒙古伊利实业集团股份有限公司执行董事、总裁助理、原奶事业部总经理、呼和浩特市八拜奶牛厂厂长，系中国人民政治协商会议土默特左旗第九届委员会委员。2004年12月20日因涉嫌挪用公款罪被内蒙古自治区人民检察院刑事拘留，经内蒙古自治区人民检察院决定，于同年2004年12月30日被逮捕。

本案由内蒙古自治区人民检察院侦查终结，以被告人郑俊怀、杨桂琴、张显著、李永平、郭顺喜涉嫌挪用公款罪，于2005年7月30日移送审查起诉。2005年8月15日内蒙古自治区人民检察院将案件指定本院审查起诉。本院受理后，同时告知被告人有权委托辩护人，依法讯问了被告人，审查了全部案件材料。经审查认为，本案部分事实不清、证据不足，于2005年9月30日退回侦查机关补充侦查。内蒙古自治区人民检察院经补充侦查于2005年10月28日将本案再次移送审查起诉。因案情重大、复杂，本院于2005年9月15日和11月28日两次依法延长审查起诉期限半个月。

经依法审查查明：

1. 1999年底，被告人郑俊怀得知呼和浩特立鑫实业开发公司（以下简称立鑫公司)准备转让其所持有的伊利公司社会法人股,便召集被告人杨桂琴、张显著、李永平共同商议购股事宜。郑俊怀提出成立一家公司收购这部分股票,资金通过银行贷款解决,杨桂琴等三人表示同意,并进行了分工:由张显著通过伊利公司托管的呼和浩特市八拜奶牛场(以下简称八拜奶牛场)向银行贷款1500万元解决购买股票所需的资金,李永平负责注册成立公司、购买股票。

1999年12月22日,郑俊怀向内蒙古日信实业有限公司借款50万元作为注册资金。12月30日,李永平在呼和浩特市工商局以张显著出资20万元、李永平出资30万元的名义注册成立了呼和浩特市华世商贸有限责任公司(以下简称华世公司),法定代表人为张显著。此间,郑俊怀还出面找立鑫公司的负责人商量,让他把公司持有的股票转让给华世公司。此后,郑俊怀、张显著分别与被告人郭顺喜商议,要求郭配合,以八拜奶牛场的名义向银行贷款1500万元供华世公司购买股票。郭顺喜同意,并指示八拜奶牛场的财务人员予以办理。

1999年12月27日,张显著指派八拜奶牛场的财务人员以奶源基地建设配套资金为由向中国农业银行呼和浩特市新华桥支行(以下简称新华桥支行)申请贷款1 500万元,期限一年。同时张显著要求财务人员在该行八拜奶牛场新设账户时,预留了张显著的个人名章。在申请贷款过程中,银行要求伊利公司为贷款提供担保。张显著与郑俊怀商量后,张显著伪造了伊利公司董事会同意为八拜奶牛场贷款提供担保的决议,李永平在此份假决议上加盖了伊利公司董事会的公章。12月30日,八拜奶牛场的贷款申请经郭顺喜同意,加盖了相关印鉴后,与新华桥支行签订了1 500万元的保证担保借款合同。事后,张显著将贷款事宜向郑俊怀、杨桂琴做了汇报。

2000年1月5日和13日,张显著分别从八拜奶牛场账户开出金额为900万元和514.8万元的两张支票交给李永平。李永平将此款支付给立鑫公司,为华世公司购买了伊利公司社会法人股393万股。此期间,李永平得知天津市常印印刷有限公司(以下简称常印公司)准备转让其所持有的伊利公司社会法人股,便向郑俊怀做了汇报。郑俊怀决定华世公司收购这部分股票。1月6日和21日,张显著从八拜奶牛场分别转入华世公司10万元和35万元。李永平将其中348 460元支付给常印公司,为华世公司购买了伊利公司社会法人股91 700股。此后,李永平为上述股票办理了股权转让手续,并支付过户、公证等费用81 810元。张显著又用260 081.76元支付了贷款利息,余款161 648.24元转入华世公司。

为避免不能如期归还1 500万元,张显著与郭顺喜协商后,决定由八拜奶牛场提出借款延期申请。2000年12月20日,郭顺喜和张显著分别在申请书上签名,并加盖了相关印鉴后与新华桥支行签订了借款延期协议。

2000年12月26日,华世公司用所购买的伊利公司社会法人股作抵押,从中国建设银行呼和浩特市新城西街支行贷款1 500万元归还了八拜奶牛场。2001年1月2日,八拜奶牛场将此款归还了新华桥支行。

2. 2001年4月,长春胜利粮贸公司(以下简称粮贸公司)准备转让其所持有的伊利公司社会法人股。被告人李永平得知消息后向郑俊怀做了汇报,并计算大概需要130万元。被告人郑俊怀决定华世公司收购这部分股票,并将被告人张显著叫到办公室,共同商议购股事宜。郑俊怀让张显著想办法解决购买股票所需的资金,张显著提出将伊利公司的资金通过八拜奶牛场转到华世公司使用。郑俊怀同意,并进行了分工:由张显著负责调动资金,李永平负责购买股票。

此后,张显著指派财务人员为八拜奶牛场新设一个银行账户,并要求做得隐蔽一点。财务人员即按照张显著的要求在呼和浩特市商业银行车站支行(以下简称车站支行)以八拜奶牛场名义开设了账户,并预留了张显著个人名章。随后,又按照张显著的指派从伊利公司结算中心开出一张金额为150万元的支票，转存到该账户中。

2001年5月8日，张显著指派财务人员从车站支行八拜奶牛场账户汇款127万元给粮贸公司，同时又从该账户开出一张金额为16 135.35元的支票交给李永平，由李永平直接支付粮贸公司，为华世公司购买了伊利公司社会法人股202 541股。2003年3月，张显著派人将车站支行八拜奶牛场的账户清户，余款217 429.41元转入华世公司。2004年7月，华世公司将150万元直接归还给伊利公司。

为不暴露华世公司购买股票的款项来源，张显著与郑俊怀商量后，对华世公司购买股票所使用的1 500万元和150万元的相关财务凭证一直未进行会计账务处理。

2002年12月15日，华世公司变更了注册事项。注册资本变更为465万元，其中郑俊怀、杨桂琴分别以自己亲属的名义出资230万元和175万元。张显著、李永平也分别以各自亲属的名义出资20万元和10万元，公司法定代表人也变更为李永平之母李凤兰。2004年6月，为应对公众质疑，在郑俊怀安排下，华世公司再次申请变更事项，将郑俊怀、杨桂琴、张显著实际持有的股权进行了虚假转让。

2004年7月，有关部门介入伊利公司调查。为对抗调查、掩盖犯罪事实，在郑俊怀安排下，郑俊怀与杨桂琴、张显著、李永平等人分别签署了关于代替伊利公司高级管理人员持有华世公司股权的虚假承诺函；张显著、李永平又伪造了伊利公司董事会关于同意以华世公司为载体进行长期激励的虚假董事会会议记录；张显著、郭顺喜、李永平代表伊利公司、八拜奶牛场、华世公司签署了关于1500万元和150万元的虚假借款协议；同时，张显著将这些协议以及自己保管的1 500万元和150万元的相关财务凭证、单据交给八拜奶牛场财务人员补做了会计账务处理。

认定上述事实的证据如下：

1. 呼和浩特市工商行政管理局颁发的呼市回民奶食品总厂为全民

所有制企业,法定代表人为郑俊怀的营业执照。

2. 呼和浩特市体改委关于呼市回民奶食品总厂改组为伊利公司的批复。

3. 呼市回民奶食品总厂股份制改组筹备领导小组关于推荐郑俊怀等为伊利公司首届董事候选人的文件。

4. 中共呼和浩特市委颁布,表明伊利公司是呼市国有重点大中型公司制企业的《呼和浩特市国有大中型企业领导人员管理暂行办法补充规定》和《呼和浩特市国有重点大中型公司制企业领导人员管理暂行办法》。

5. 中共呼和浩特市委、市政府关于推荐郑俊怀为伊利公司董事长的任职通知。

6. 中共呼和浩特市委组织部、办公厅关于郑俊怀担任伊利公司董事长是国有股权代表的说明。

7. 呼和浩特市政府市长办公会关于八拜奶牛场由伊利公司托管经营的会议纪要。

8. 呼和浩特市工商行政管理局颁发的八拜奶牛场为全民所有制企业,法定代表人为郭顺喜的营业执照。

9. 华世公司注册、变更事项的工商档案资料。

10. 证人郭如鳌、王秀清关于郑俊怀提出注册公司借款50万元,张显著、李永平取走支票的证言。

11. 证人马庆、张翔宇、李凤兰、郝银花、周培权关于自己没有在华世公司出资,实际出资人为自己亲属的证言。

12. 证人权绍宁、陈萌、张玉凯、汪凌、王念学关于2004年6月身份证被郑俊怀借用的证言。

13. 郑俊怀等5人伪造的关于华世公司所持股权的承诺函。

14. 张显著、李永平、郭顺喜伪造的伊利公司、华世公司、八拜奶牛场之间的借款协议。

15. 李永平变造的伊利公司三届三次董事会会议记录。

16. 张显著、李永平伪造的伊利公司三届临时董事会会议记录及扣押文件清单。

17. 证人陈建远关于对华世公司的情况不清楚，也未在伊利公司三届三次董事会上讲过利用华世公司进行长期激励的证言。

18. 证人富子荣、杨贵、陈彦、李云卿、毋剑明关于伊利公司董事会没有研究过华世公司的任何问题，三届临时董事会会议记录的签名是郑俊怀在2004年下半年找他们补签的证言。

19. 八拜奶牛场向银行贷款1 500万元及伊利公司担保的相关文书。

20. 证人云平、苏勒关于八拜奶牛场办理1 500万元贷款经过的证言。

21. 检察机关对八拜奶牛场1 500万元贷款供华世公司购买股票的司法会计鉴定以及提取的相关财务凭证。

22. 检察机关对伊利公司150万元供华世公司购买股票的司法会计鉴定以及提取的相关财务凭证。

23. 立鑫公司、常印公司、粮贸公司与华世公司法人股转让协议书。

24. 证人毋剑明、王振喜、喻质敏、温瑛关于转让伊利公司法人股给华世公司的证言。

25. 证人张志超关于受张显著指派为八拜奶牛场办理1 500万元贷款以及将伊利公司150万元转入八拜奶牛场在银行新设账户的证言。

26. 证人李升关于请示郭顺喜同意后，为八拜奶牛场1 500万元贷款加盖相关印鉴的证言。

27. 证人黄斌、王春芳、李升关于2004年7月，受张显著指派将1 500万元和150万元的会计凭证进行账务处理的证言。

28. 被告人郑俊怀、杨桂琴、张显著、李永平、郭顺喜关于挪用公款供华世公司购买股票的供述。

29. 郑俊怀等5名被告人的户籍证明材料。

30. 郑俊怀系内蒙古十届人大代表，郭顺喜系土默特左旗九届政协委员的证明材料。

本院认为，被告人郑俊怀作为国家机关委派到伊利公司从事公务的人员，利用担任伊利公司董事长、总裁的职务之便，伙同被告人杨桂琴、张显著、李永平、郭顺喜，由郑俊怀个人决定，以单位名义将巨额公款供华世公司购买股票，谋取个人利益，情节严重，其中，郑俊怀、张显著、李永平挪用公款数额为1 650万元，杨桂琴、郭顺喜挪用公款数额为1 500万元，5名被告人的行为均触犯了《中华人民共和国刑法》第二十五条第一款和第三百八十四条第一款“国家工作人员利用职务上的便利，挪用公款归个人使用，进行非法活动的，或者挪用公款数额较大、进行营利活动的，或者挪用公款数额较大、超过三个月未还的，是挪用公款罪，处五年以下有期徒刑或者拘役；情节严重的，处五年以上有期徒刑。”之规定，犯罪事实清楚，证据确实、充分，应当以挪用公款罪追究其刑事责任。

被告人郑俊怀在共同犯罪中起主要作用，根据《中华人民共和国刑法》第二十六条第一款之规定，系主犯；被告人杨桂琴、张显著、李永平、郭顺喜在共同犯罪中起次要作用，根据《中华人民共和国刑法》第二十七条之规定，系从犯，应当从轻处罚。

根据《中华人民共和国刑事诉讼法》第一百四十一条之规定，对上述被告人提起公诉，请依法判处。

三、为原总裁做无罪辩护

2005年12月22日上午8:30，轰动全国的伊利集团公司原董事长郑俊怀、原总裁杨桂琴等高管挪用公款案在内蒙古包头市中级人民法院开庭审理。法庭的审理显得紧张激烈，首先是几名被告人均对公诉的指控提出异议，而几名被告人的辩护律师均是作无罪辩护，所以，在许多观点上与公诉方针锋相对，审理时间也十分漫长，一直持续到晚上23时。[1] 合议庭由包头市中级人民法院刑二庭庭长段喜林等3名法官组成，辩护方则有8名律师参加。庭审整整持续了一天，二百余名群众及来自全国各地的20余家新闻媒体记者旁听了此案。[2]

作为原总裁杨桂琴的辩护人，笔者在无罪辩护中认为：

……起诉书指控被告人杨桂琴参与共同挪用公款罪，“挪用公款数额为1 500万元”、“系从犯”的意见，缺乏共同犯罪的基本构成要件，证据不足，被告人杨桂琴的行为不构成犯罪。理由如下：

一、起诉书提出的1999年年底，被告人杨桂琴因参加本案第一被告人郑俊怀召集的“共同商议购股事宜”工作会议，从而推定杨桂琴也参与了共同挪用公款罪的认识和推理存在错误，证据不足。

首先，辩护人想提请法庭注意的是，起诉书指控的是共同挪用公款罪，而不是与非法成立公司、收购股票有关的犯罪。1999年年底，本案第一被告人召集其他被告人商议的是“成立一家公司”和收购呼和浩特立鑫公司所持伊利公司的社会法人股事宜，虽然谈到了贷款之事，但对如何使用贷款并没有涉及，也就是说没有讨论如何挪用公款。事实上，使用八拜奶牛场的贷款收购立鑫公司股票，完全可以采取资金拆借、合作、共同经营等方式，并不一定只有非法挪用公款这一办法。因此，被告人杨桂琴参加会议的行为并不是参与了共同挪用公款罪的策划，而仅仅是参加了一个探讨成立一家公司收购立鑫公司社会法人股的“务虚”的

---

〔1〕 参见于澄、张鑫：《伊利原五高管涉嫌挪用公款受审》，载《法制日报》2005年12月23日。

〔2〕 参见李永宏：《伊利原5名高管昨日在包接受庭审》，载《包头晚报》2005年12月23日。

会议，即被告人杨桂琴与其他被告人不存在共同挪用公款的故意。相反，在这次会议上，杨桂琴明确提出了不能动用伊利公司资金的意见，在力所能及的范围内对阻止非法事件的发生，已经尽力了。

其次，《刑法》第 25 条所讲的“共同犯罪”，是指“二人以上共同故意犯罪”。因此，构成共同挪用公款罪最基本的要件是各犯罪嫌疑人在主观方面要有共同挪用公款的故意，在对挪用的主观认识上具有一致性。本案中，共同挪用公款的故意是什么时候形成的呢？辩护人首先对公诉人所做的大量举证工作表示敬意，但是作为法学同行不得不提出意见的是，在近一百个证据中没有一个能够证明杨桂琴与其他被告人存在共同故意。起诉书好像认为本案的共同故意是从 1999 年底的商议开始的，辩护人认为这种看法是错误的。为什么呢？因为，在这次商议中并没有涉及挪用的事宜，事实上八拜奶牛场的银行贷款也还没有下来，被告人杨桂琴对这样一个经营不良的企业能否贷到银行款也表示了异议，没有把这件事情当回事。那么，本案中所谓的挪用故意是什么时候形成的呢？如果硬要说有的话，那么从证据上看，应该是在起诉书指控的“2000 年 1 月 5 日和 13 日，张显著分别从八拜奶牛场账户开出金额为 900 万元和 514.8 万元的两张支票交给李永平”这一行为发生前，起诉书第 4 页所述的“张显著与郑俊怀商量后”形成的。郑俊怀在 2005 年 3 月 25 日的讯问笔录中也说：华世公司购买立鑫公司的伊利法人股所需的资金“是我让张显著用八拜奶牛场的名义从银行贷款 1 500 万元给华世公司使用的”，“是我和张显著、郭顺喜商量决定”让八拜奶牛场贷款 1 500 万元给华世公司使用的。并说：“具体的细节我记不清了，但让八拜奶牛场的 1 500 万元给华世公司使用这件事我和张显著、郭顺喜都说过，我让他们两人具体办理的。”可见，在所谓挪用的操作中杨桂琴并没有参与，后来张显著等被告人在具体操作时，也不是接受了杨桂琴的指示。张显著、李永平等在操作这件事情时，一直是直接受本案第一被告人郑俊怀的直接领导和指挥,没有杨桂琴什么事。控方也许会说,1999 年 12 月 30 日郭顺喜与农业银行新桥支行签订 1 500 万元的保证担保借款合同后,张显著将贷款事宜向杨桂琴也做过汇报。以此推断杨桂琴参与了共同挪用公款的策划。辩护人认为,这种推理也是主观的和缺乏证据的。因为,当时的所谓汇报实际上是张显著在汇报其他工作时顺便提到了贷款的事,并没有涉及张显著等人之后如何挪用的事宜,这种汇报带有吹吹风的感觉,卷宗也没有任何挪用公款的策划等方面的证据。事实上,在这次汇报中,张显著也没有谈到如何挪用八拜奶牛场 1 500 万元公款的事情,更没有请示杨桂琴的意思,杨桂琴对之后的 1 500 万元贷款的流向到底是借款、合作还是挪用,是不清楚的,并且由于是董事长郑俊怀亲自决定和指挥的工作,她也感到无权过问。可以说,杨桂琴实际上一直处于郑俊怀、张显著等人商量形成的共同挪用的故意和行为的圈外。这一方面是由于杨桂琴当时在伊利公司中的微妙地位,即当时她只是个副总裁,而郑俊怀是董事长、总裁、书记三权集一身,根据《蒙牛内幕》(孙先红、张治国著,北京大学出版社 2005 年版)一书(第 33 页)的说法:"在老郑执掌伊利的后十年中,先后大概有十位副手或辞或免",牛根生也是其中的一位。因此,在这样的人际环境中,杨桂琴对许多敏感的事情实际上都处在可有可无的地位,她本人在伊利公司的处世也格外小心,不该知道的不会去随便过问,尤其是对董事长直接指示的工作则更是不敢过问。可以说,在张显著、李永平、郭顺喜等人操作 1 500 万元资金为华世公司购买股票时,杨桂琴对于资金的使用性质是什么,并不知晓,她主观上并不存在与其他被告人一起共同非法挪用公款的故意。

二、在客观方面,杨桂琴没有实施或参与挪用公款的行为。关于这一点,从起诉书指控的所谓犯罪事实中也可以看出和合理推断。这是因为:

第一,起诉书第 3 页中说:1999 年年底郑俊怀"召集被告人杨桂琴、张显著、李永平共同商议购股事宜”，并进行了分工：由张显著通过伊利公司托管的呼和浩特市八拜奶牛场向银行贷款，李永平负责注册成立公司、购买股票。但是，这里的所谓分工并不是挪用公款行为的分工，而是争取银行贷款和成立一个公司的分工，这一分工并不必然导致挪用公款罪，因为（后来的华世公司）使用八拜奶牛场的银行贷款存在（拆借、合作、共同经营等）多种方式。

第二，起诉书第5页中说到了第二个涉及杨桂琴的情况，称1999年12月30日“张显著与郑俊怀商量”，并与李永平一起配合郭顺喜贷到款后，张显著曾将贷款的事宜向杨桂琴也做了汇报。这也证明不了杨桂琴的参与，因为张显著的汇报是例行公事，在汇报其他工作时顺便汇报了贷款的事情，并且也没有提到挪用的事情，从杨桂琴那里也没有得到有关挪用的指示，之后杨桂琴对1 500万元公款的流动性质和情况也不清楚。

第三，起诉书第7页中讲到了第三个涉及杨桂琴的地方，即2004年7月，有关部门介入伊利公司调查，在郑俊怀安排下，郑俊怀与杨桂琴、张显著、李永平等人分别签署了关于代替伊利公司高级管理人员持有华世公司股权的虚假承诺函。控方也许由此推断，杨桂琴参与了共同挪用公款的犯罪，要不为什么要签字呢？辩护人认为，这种推理也是缺乏逻辑和经不起推敲的。因为，首先这一签字发生在2004年7月，距离被指控的挪用公款罪发生的时间（2000年1月至2000年12月），已3年有余。其次，郑俊怀除了找本案的其他三位被告人杨桂琴、张显著和李永平签字外，还找了伊利公司的财务部长赵成霞签字，赵成霞并没有被指控犯罪。另外，张显著在2005年6月25日的讯问笔录中说，承诺函是从郑俊怀给他的磁盘中打印出来的，杨桂琴那份是他让签的。这说明了什么呢？说明这个签字行为本身并不必然构成共同挪用公款罪。

三、杨桂琴以亲属名义投资华世公司并不能证明她参与了共同犯罪。

首先,关于成立华世公司的真正目的,辩护人认为起诉书只看到了收购立鑫公司社会法人股的一个侧面,而没有看到或回避了伊利公司用于创造一个激励机制的方面。而且,随着时间的推移,第二个方面的激励机制作用越来越明显。为什么这么说呢?从本案的事实和证据看,杨桂琴以亲属名义出资175万元成为华世公司股东的事情发生在2002年12月15日,同时以亲属名义出资30万元成为华世公司第三大股东的还有伊利公司的财务部长赵成霞,赵成霞自己在证言中也称她是华世公司的实际持有人之一。可是,赵成霞并没有被指控参与了所谓的共同犯罪。这说明什么问题呢?辩护人认为,这就证明以亲属名义投资华世公司的伊利公司管理人员并不一定就等于参与了共同挪用公款罪,华世公司对于伊利公司的主要管理人员来说确实存在着一种激励机制,这是不可否认的事实。

其次,弄清杨桂琴以亲属名义投资加入华世公司的时间,是理解杨桂琴没有参与共同挪用公款罪嫌疑的又一关键。我们知道,张显著、李永平接受郑俊怀的指示成立华世公司的时间是1999年12月29日,当时的董事只有张显著和李永平二人。杨桂琴的家属马先生是2002年12月25日以后才投资加入华世公司成为股东的,这时张显著、李永平等人挪用的1 500万元公款早已(于2000年12月26日)归还给了八拜奶牛场。这就是说,当时在杨桂琴身上并没有发生《刑法》第384条规定的"挪用公款归个人使用,进行非法活动"和"进行营利活动",因为当时的华世公司与杨桂琴没有任何关系。

四、辩护人想提请法庭在审理本案时务必避免下列两个错误倾向:一个是起诉书对各位被告人先后顺序的排列是按照他们被捕时在伊利公司的职务大小来排列的,这种排列并不符合各被告人在本案中所起作用的大小顺序。另一个是,被告人杨桂琴参加1999年年底第一被告人召集会议时的职务只是一个普通的副总裁,在决策中根本起不了什么作用。

辩护人认为，从杨桂琴在伊利公司担任的职务变化情况看，也能够说明她在本案中实际上没有起到什么作用。必须注意的是，在本案挪用公款行为发生前后，杨桂琴只是公司的一个副总裁，2000年12月31日才被任命为常务副总裁，这时其他被告人挪用的1 500万元公款已经归还了八拜奶牛场。杨桂琴被聘任为总裁是在挪用公款行为完成后的2001年12月31日。2002年8月2日杨桂琴在没有任何工作过失、而且业绩非常突出的情况下被突然免去总裁职务，潘刚被任命为总裁，2002年9月20日杨桂琴被任命为“首席知识运营官（CKO）”，实际上是一个虚职，2003年7月被董事会选举为副董事长。伊利公司的副总裁其实是没有什么实权的，起不了多大的作用，如蒙牛公司的创始人牛根生在离开伊利公司时也是副总裁。1999年6月通过的伊利公司《章程》中对总裁的职权规定得特别庞大具体，而对副总裁的职权只规定：“总裁因故不能履行其职责时，经董事长同意后，方可授权副总裁代行总裁职责。”以此加以严格限制。因此，在1999年底第一被告人召集的成立公司、收购立鑫公司股票的商议中，作为副总裁的杨桂琴是起不了多大作用的，实际上第一被告人也因为杨桂琴的不同意见而没有分派给她什么具体工作。

五、从本案中杨桂琴与其他被告人的关系看，杨桂琴也不构成犯罪。

本辩护人为杨桂琴所作的无罪辩护，并不仅仅是基于第一被告人和其他被告人的辩护人所作的无罪辩护，不是人云亦云或鹦鹉学舌，而主要是基于杨桂琴在本案中的参与程度和行为不构成主犯或从犯的特征，证明其参与共同犯罪的证据不足，缺乏证据锁链，因此不能认定她有罪。换言之，即使本案的其他被告人构成共同犯罪，而杨桂琴也是无罪的。

从本案的事实和证据看，杨桂琴既不构成所谓共同犯罪的主犯，也不构成从犯。根据《刑法》第26条规定，所谓主犯，是指“组织、领导犯罪集团进行犯罪活动的或者在共同犯罪中起主要作用的”犯罪嫌疑人。辩护人在上述第一大点中已经阐述了杨桂琴在本案中根本没有共同犯罪的故意，在客观上也没有“起主要作用”，其他被告人的挪用行为直接受第一被告人的领导和指示，而杨桂琴对挪用的情况并不清楚，因此压根儿就与所谓的主犯不沾边。那么杨桂琴是否构成从犯呢？辩护人认为，按照刑法规定的从犯特征，杨桂琴的行为也不构成从犯。根据《刑法》第27条规定，所谓从犯是指“在共同犯罪中起次要或者辅助作用的”犯罪嫌疑人。可是，本案的证据表明，其他被告人在挪用八拜奶牛场的1 500万为华世公司收购立鑫公司所持伊利公司的社会法人股时，并没有找杨桂琴商量或通过杨桂琴向上面汇报，而是绕开杨桂琴由张显著直接与第一被告人联系商量决定的。并且，从证据看，成立华世公司、办理1 500万元银行贷款和支票转账手续等所谓挪用的行为，杨桂琴并没有参与，因此根本不可能在被指控的所谓共同犯罪中“起次要或辅助作用”。一句话，杨桂琴没有实施挪用公款的行为，因此不构成任何共同犯罪的从犯，涉及她参加的1999年年底的会议上并没有形成共同挪用的故意，她也没有被分派和实施与之后的挪用公款行为相关的工作。

六、从杨桂琴的一贯表现和先进事迹看，也不能推定她存在共同挪用公款的主观故意。

杨桂琴系回族，是一个虔诚的穆斯林，从小就具有廉洁奉公的良好品德。她于1976年就响应国家“上山下乡”的号召，插队到伊利公司的前身呼和浩特回民牛奶场所属的道劳图木牧场劳动锻炼，在插队的数年中曾多次被评为先进工作者。1982年杨桂琴回到由回民牛奶场改组成的呼市回民奶食品厂工作，由于对工作认真负责，1985年被任命为供应科科长，从此开始了以厂为家的生活。1988年7月，她的不满周岁的儿子患病拉肚子，其丈夫马教授带学生外出实习，她带儿子去医院就诊时，大夫要求小孩住院治疗，但是由于单位正在进行财务制度改革，为了不影响工作，杨桂琴没有请假陪孩子输液，而是给孩子吃了点药后就送到内蒙古农业大学幼儿园退休职工纪阿姨家代管。等她忙完一天工作后，孩子因过度腹泻引起脱水已经处于病危状态，等到再次把孩子送到医院抢救时，为时已晚，因抢救无效不幸身亡。就这样，杨桂琴为事业付出了血的代价。

1993 年伊利股份公司成立，杨桂琴当选为董事会的董事，为了使公司早日成为上市公司，她协助有关领导废寝忘食地工作，在三年多时间中几乎没有休过一个节假日。1995 年底，正是伊利股票上市的冲刺阶段，杨桂琴 80 岁的父亲病危，她也没有中断在北京办理股票上市的长期出差，在她父亲病逝的前一天才赶回家。由于长期劳累奔波，杨桂琴的身体状况日渐恶化，近年来曾经几次因心脏病发作而被从工作岗位上送到医院或送回家休息。杨桂琴的这种对工作认真负责和实干的精神，使她在伊利公司中成了与众不同的巾帼形象，她从事或负责财务工作十几年，从未出现过违规违法行为。

从本案的证据中可以看出，她实际上并没有参与策划或挪用公款的行为，而是与自己的上级第一被告人保持了一定的距离。我国《刑事诉讼法》第 46 条明确规定："对一切案件的判处都要重证据，重调查研究，不轻信口供。只有被告人供述，没有其他证据的，不能认定被告人有罪和处以刑罚；没有被告人供述，证据充分确实的，可以认定被告人有罪和处以刑罚。"本案中对杨桂琴构成共同犯罪故意的认定，只有其他被告人的供述，而没有其他证据；在客观方面又没有实施犯罪行为的确凿证据，因此认定她为本案共同犯罪的"从犯"的证据是不充分的。

综上所述，辩护人认为，从共同挪用公款罪的构成要件看，起诉书对杨桂琴的指控缺乏事实根据，证据不足，法律推理缺乏充分合理性，因此不能认定杨桂琴存在参与共同挪用公款的主观故意，并且在客观方面杨桂琴也没有参与共同挪用公款的行为。对杨桂琴参与共同挪用公款罪的指控缺乏犯罪构成中所必要的主观方面和客观方面的要件，缺乏主观和客观要件的有机统一性，因此不能认定她有罪。

从杨桂琴被采取强制措施以来，已一年有余，由于她患心脏病多年，经常心脏部位锐痛，发作时有生命危险，此外还患有胃炎、胆囊炎等疾病，一年多的羁押生活已使她的身体状况进一步恶化。在此，请求法院严格按照无罪推定、重证据不轻信口供和宽容原则，排除干扰，作出一个对得起良心和经得起时间考验的判决，依法判决杨桂琴无罪，尽早释放。

四、失望的一审判决

经过8天的休庭，2005年12月31日下午3时，包头市中级人民法院对社会各界广泛关注的郑俊怀、杨桂琴等5名高管挪用公款案作出一审判决，郑俊怀等5人分别被判处6年至1年不等的有期徒刑。法庭宣判后，被告人郑俊怀、杨桂琴、张显著、李永平没有当庭表示上诉，被告人郭顺喜当庭表示服从判决不再上诉。[1]

内蒙古自治区包头市中级人民法院(2005)包刑二初第37号《刑事判决书》的主要内容如下：

包头市人民检察院以内包检刑诉(2005)84号起诉书指控被告人郑俊怀、杨桂琴、张显著、李永平、郭顺喜犯挪用公款罪，于2005年12月5日向本院提起公诉。本院根据内蒙古自治区高级人民法院的指定管辖决定，依法组成合议庭，公开开庭审理了本案。包头市人民检察院指派检察员王恩光、谈静、代理检察员吴经军、李继英出庭支持公诉。被告人郑俊怀及其辩护人刘爱国、李京生，被告人杨桂琴及其辩护人王明志、陈根发，被告人张显著及其辩护人王清祥，被告人李永平及其辩护人刘喜

〔1〕 参见袁爱芳：《伊利原高管挪用公款案宣判》，载《北京晚报》2006年1月1日。

荣，被告人郭顺喜及其辩护人孙军豹、夏军等到庭参加诉讼。现已审理终结……

本院认为，被告人郑俊怀作为国家机关委派到伊利公司从事公务的人员，利用担任伊利公司董事长、总裁的职务便利，伙同被告人杨桂琴、张显著、李永平、郭顺喜，由郑俊怀个人决定将巨额公款挪用给华世公司购买股票，谋取个人利益，其中，郑俊怀、张显著、李永平参与挪用公款数额为人民币1 650万元，杨桂琴、郭顺喜参与挪用公款数额为人民币1 500万元，五名被告人的行为均已构成挪用公款罪，且属情节严重。公诉机关指控五名被告人的行为构成挪用公款罪的犯罪事实清楚，证据确实、充分，罪名成立，本院予以支持。各被告人的辩解理由及其辩护人的辩护意见，缺乏事实和法律依据，本院不予采纳。被告人郑俊怀在共同犯罪中起主要作用，系主犯；被告人杨桂琴、张显著、李永平、郭顺喜在共同犯罪中起次要、辅助作用，系从犯。鉴于五名被告人已将所挪用的公款全部归还，没有给伊利公司造成损失，并综合考虑五名被告人犯罪的具体情节及其社会危害程度，可酌情对其从轻处罚，对各从犯依法可予减轻处罚。依照《中华人民共和国刑法》第三百八十四条第一款、第九十三条第二款、第二十五条第一款、第二十六条第一、四款、第二十七条、第七十二条第一款、第六十四条之规定，判决如下：

一、被告人郑俊怀犯挪用公款罪，判处有期徒刑六年。

（刑期从判决执行之日起计算。判决执行以前先行羁押的，羁押一日折抵刑期一日，即自2004年12月18日起至2010年12月17日止。）

二、被告人杨桂琴犯挪用公款罪，判处有期徒刑三年。

（刑期从判决执行之日起计算。判决执行以前先行羁押的，羁押一日折抵刑期一日，即自2004年12月19日起至2007年12月18日止。）

三、被告人张显著犯挪用公款罪，判处有期徒刑三年。

（刑期从判决执行之日起计算。判决执行以前先行羁押的，羁押一日折抵刑期一日，即自2004年12月18日起至2007年12月17日止。)

四、被告人李永平犯挪用公款罪，判处有期徒刑二年。

(刑期从判决执行之日起计算。判决执行以前先行羁押的，羁押一日折抵刑期一日，即自2004年12月19日起至2006年12月18日止。)

五、被告人郭顺喜犯挪用公款罪，判处有期徒刑一年，缓刑二年。

(缓刑考验期限，从判决确定之日起计算。)

六、五名被告人挪用公款所购买股票的非法所得部分依法予以追缴。

如不服本判决，可在接到判决书的第二日起十日内，通过本院或者直接向内蒙古自治区高级人民法院提出上诉。书面上诉的，应当提交上诉状正本一份，副本两份。

五、不平的心

2005年12月31日，对于我和郑俊怀的辩护人李京生等律师来说，也许是一年中最坏的一天。那天，我们从凌晨四五点钟起床，赶往首都机场乘坐早晨七点整飞往包头的飞机，前往参加下午3点举行的宣判。但是，飞机按时起飞后，过了二十几分钟又飞回了首都机场，说是因为包头下大雪，能见度只有200米。在机场一等就是7个小时，下午三点左右才又起飞，等到我们一行到达包头机场已经是下午4点多了，与本案其他辩护律师电话联系的结果是，法庭已经“散场了”。本来打算乘坐早上7点的航班飞往包头参加宣判的北京律师，因天气原因飞机延误直到下午四点多才到包头。“这便使昨天下午的开庭多少有些‘冷场’，8位律师只有3位到场。”[1]我们在漆黑的包头街头

[1] 参见陈筱红：《郑俊怀挪用公款获刑6年》，载《北京青年报》2006年1月1日。

从其他律师手中拿到了代为领取的判决书，看到“被告人郑俊怀犯挪用公款罪，判处有期徒刑六年”、“杨桂琴……三年”、“张显著……三年”这样的内容，心中产生无限的惆怅。老天爷似乎也对郑俊怀、杨桂琴等人的遭遇表达了意见，整天洒落下飞舞的雪花。

2006年1月1日的白天，我几乎是在宾馆的房间里度过的，当然是以看书度日。那天，我阅读了李京生律师前一天在机场赠送给我的《我为你辩护》一书，共鸣和启发颇多，增强了我追求律师和学者一体化的信心。在其他国家，确实有许多伟大的学者是在他们的律师生涯中发现了某些法律世界的真命题，从而掀起了法学上的革命，如新分析主义法学的创始人哈特（Herbert Lionel Adolphus Hart，1907—1992年），曾于1932年至1940年在伦敦担任出庭律师，新自然法学的重要代表人物罗纳德·德沃金（Ronald Dworkin，1931—2013年），从哈佛法学院毕业后也曾在纽约的Sullivan & Cromwell律师事务所做过数年律师。总之，在其他国家，律师可做的和能做的事情似乎更多。还是把话题转过来，看看《我为你辩护》吧！李京生律师在“导言”中写道：“一件案子从接手到了结，就像抚养自己的孩子一样、精心呵护，倾注了心血，并为它废寝忘食，日思夜想。但当它有了结果的时候，就会对它丧失兴趣，赢也好输也好，很快就把它淡忘了。为了写这本书，我不得不再把已结的案卷找出来，从一份份法律文书中寻找昔日的刀光剑影，战火硝烟。”[1]这似乎是许多律师的执业感受，至少笔者以前也有同样的感受，但是现在，笔者却经常想从那些被扔进案卷橱柜的材料中做文章，这也许是律师与学者的区别和互补之所在。作为律师出身而跻身于学者群体，笔者就更应该把生活中的法或“活的法”记录下来并加以精心提炼。

---

〔1〕 李京生：《我为你辩护》，人民文学出版社2003年版，第9页。

2006年第一天的晚上，在包头机场候机楼，笔者购买和翻阅了包头籍作家贺志宏的《阅读草原》。该书对波澜壮阔的蒙古民族诗史的描写激活了我的思想和勇气。贺志宏指出，中华民族原本是一个勇敢和宽容的民族，而草原文化是中华文化中最具活力的重要组成部分，贯穿其中的原创性、开放性、兼容性和英雄性是中华文化阳刚之气的缩影。[1] 这对笔者后来的辩护工作是一个极大的鼓舞。

六、自由比什么都重要

一审判决下达后，杨桂琴及其家属显然是受到了沉重的打击，在是否上诉的考虑中显得有点沮丧。笔者认真分析了一审判决书存在的问题后，认为杨桂琴的自由比什么都重要，因此积极建议杨桂琴提出上诉，把目标确定在争取改判或缓刑上，并为她代写了《上诉状》。据有关媒体报道，在一审后10天上诉期的最后一天，除被判处一年、缓刑二年的郭顺喜没有上诉外，其余包括伊利原董事长郑俊怀在内的4名高管均递交了上诉状。[2] 笔者在为杨桂琴采纳后递交的《上诉状》中写道：

上诉人因挪用公款一案，不服包头市中级人民法院(2005)包刑二初字第37号刑事判决书，现提出上诉。

上诉请求：依法改判杨桂琴无罪，予以释放。

上诉理由：

一审判决认定杨桂琴参加了挪用八拜奶牛场1 500万元贷款的共

---

〔1〕 参见贺志宏：《阅读草原》，长征出版社2005年版，第87页。

〔2〕 郭顺喜的一审辩护律师表示："他获得了人身自由，我们的目的已经达到了。"参见乔晓会：《伊利高管案郑俊怀等四人上诉》，载《新京报》2006年1月11日。

谋,是错误的。1999 年 12 月,郑俊怀召集杨桂琴、张显著、李永平开会讨论的不是挪用公款的事情,而是如何成立一家公司和收购股票。当时,杨桂琴提出不能用伊利公司的资金购买股票,这足以证明她不同意挪用公款。当时,八拜奶牛场的贷款还没有影子,再说使用贷款的方式有多种,如资金拆借、合作经营、统一调配等,一审判决凭什么就认定杨桂琴同意了“挪用”? 事实上,对于如何使用贷款的问题,根本就没有在这次会议上讨论。郑俊怀在 2005 年 3 月 25 日的供述中承认:华世公司购买立鑫公司的伊利法人股所需的资金“是我让张显著用八拜奶牛场的名义从银行贷款 1 500 万元给华世公司使用的……这件事我和张显著、郭顺喜都说过,我让他们两人具体办理的。”这充分证明,所谓“挪用”的故意是后来发生的,杨桂琴根本没有参与,也没有人向她汇报。1999 年年底张显著在汇报其他工作时,顺便提到的贷款事宜,也不是共谋的行为,根本没有谈到如何使用贷款的问题,而仅仅是一个工作简报。一审判决认定“无论是专门汇报还是顺便汇报,杨桂琴的特殊身份和预谋时的具体分工,都决定了她是挪用公款的组织、领导和策划者,属于组织犯,并不需要她去实施具体的挪用行为”,这完全是缺乏事实和证据的武断,因为事实上杨桂琴既没有参加挪用公款的预谋,也没有“组织、领导和策划”的行为,一审判决显然是把杨桂琴的领导责任看成了刑事责任。

杨桂琴以亲属名义出现在华世公司的股金,系伊利公司为了创造激励机制,由郑俊怀向她借用的工资。这一情况发生在 2002 年 12 月,此时所谓挪用 1 500 万元的行为早已结束,况且同样变更为股东的还有伊利公司财务部长赵成霞的亲属。这足以证明,杨桂琴与华世公司的联系,与所谓的挪用公款没有关系。

综上所述,一审判决认定杨桂琴参与共同挪用公款罪的事实不清,证据不足,因此请求二审法院查清事实,依法改判杨桂琴无罪,予以释放。

在二审的书面审理过程中，笔者又提出了如下内容的辩护意见：

辩护人认为，一审法院的判决、即(2005)包刑二初字第37号刑事判决书，认定事实不清、证据不足、适用法律错误。因此，郑重请求二审法院查清事实，依法改判上诉人杨桂琴无罪。理由如下：

一、关于杨桂琴是否参与了本案挪用公款罪的事实问题

在一审法院的开庭审理中，本辩护人经审判长同意，提问了杨桂琴，确认了在起诉书和公诉意见中涉及杨桂琴的只有三个地方：一是1999年年底，郑俊怀在办公室召集了杨桂琴等开会；二是张显著于1999年年底在汇报其他工作时，将贷款1 500万的事宜附带向杨桂琴汇报过；三是2004年7月郑俊怀与杨桂琴等人分别签署了关于代替伊利公司高管人员持有华世公司股权的“虚假承诺函”。

一审法院根据上述三点，认定杨桂琴参与了共同挪用公款罪。这是非常机械的和混淆犯罪与正常工作行为界限的。我们知道，要认定共同挪用公款罪，必须具备共同的挪用故意和实施挪用的行为。就杨桂琴而言，就是首先必须具有与郑俊怀等人在挪用问题上的一致意见，没有不同或反对意见；同时还必须实施起码的组织或挪用公款的行为。而上述公诉人提出的涉及杨桂琴的三点事实，其实并不构成杨桂琴参与共同犯罪的充分必要条件，而是一些或然性的现象。这是因为：

第一，在正常人的理解上，1999年年底杨桂琴参加的是一次工作会议，会议讨论的是成立一家公司收购呼和浩特立鑫公司所持伊利公司的社会法人股事宜，而不是如何挪用公款的事宜。在这次会议上，杨桂琴提出不能用伊利公司的资金购买股票，当然也包括由伊利托管的八拜奶牛场的资金。这足以证明杨桂琴不同意挪用公款。道理很简单，杨桂琴连动用公司的资金都不同意，她怎么会同意挪用国有企业的公款呢？据

此，本辩护人认为，杨桂琴与本案的其他上诉人不同，她不存在共同挪用公款的主观故意。一审法院在认定杨桂琴是否存在共同犯罪故意的事实时，显然是为现象所迷惑，没有看出参加会议人的本质区别。再说，这次会议后，其他参加人都分配到了工作，即张显著跑贷款、李永平负责注册公司，可是杨桂琴什么也没有分派到。这说明了什么呢？这起码说明，要么因为杨桂琴在这件事情上有不同意见，郑俊怀没有让她参与；要么杨桂琴从一开始就不愿意或没有参与郑俊怀等人的行动。无论是哪一种，都说明了杨桂琴不存在共同犯罪的故意。本辩护人想重申一下在一审辩护中的一个发现，那就是，根据其他上诉人的供述，本案共同犯罪中的共同故意应该是在起诉书指控的"2000 年 1 月 5 日和 13 日，张显著分别从八拜奶牛场账户开出金额为 900 万元和 514.8 万元的两张支票交给李永平"这一行为发生前，起诉书第 4 页所述的"张显著与郑俊怀商量后"形成的。郑俊怀在 2005 年 3 月 25 日的讯问笔录中也说：华世公司购买立鑫公司的伊利法人股所需的资金"是我让张显著用八拜奶牛场的名义从银行贷款 1 500 万元给华世公司使用的"，"是我和张显著、郭顺喜商量决定"让八拜奶牛场贷款 1 500 万元给华世公司使用的。并说："具体的细节我记不清了，但让八拜奶牛场的 1 500 万元给华世公司使用这件事我和张显著、郭顺喜都说过，我让他们两人具体办理的。"可见，在所谓挪用的操作过程中杨桂琴既没有参加组织策划，也没有实施具体的挪用行为。

第二，1999 年年底张显著在汇报工作时附带向杨桂琴汇报贷款一节，能证明什么呢？本辩护人认为，这一事实根本不能证明杨桂琴参与了共同挪用公款。这不仅因为，贷款与挪用之间没有必然联系，因为挪用仅仅是使用贷款的一种，而且是一般人都意识不到的使用方法。更重要的是，张显著只是附带汇报了贷款的情况，并没有请示如何使用、挪用，杨桂琴也没有下达任何指示。这充分证明，这样的附带汇报只不过是例行公事，而不是挪用公款的预谋或策划。杨桂琴在主观上与其他上诉人之间不存在意思联络，既无主观动机，又无客观行为。之所以发生这样的情况，是因为这件事情是郑俊怀董事长亲自抓的，她不便过问。

第三，2004年7月的签字更说明不了什么。因为，首先这一签字是发生在挪用公款行为完成后，其次在这所谓的“虚假承诺函”上签字的还有当时伊利公司的财务部长赵成霞，而赵成霞并没有被指控犯罪。这说明，这个签字与共同挪用公款罪并没有必然联系。这一行为既不能说明犯罪的故意，也不是实施共同犯罪的行为。

通过上述分析，本辩护人认为，一审法院在认定杨桂琴是否参与了共同犯罪的事实上，是缺乏明确事实和充分证据的，存在着严重的主观武断问题，其结果是给杨桂琴带上了一个“莫须有”的罪名。

二、适用法律上的问题和矛盾

一审判决一方面认定杨桂琴“是挪用公款行为的组织、领导和策划者，属于组织犯”（第22页），另一方面又认定她与其他3名被告人一样，“在共同犯罪中起次要、辅助作用，应当认定为本案的从犯”（第24页）。这样认定，显然是对相关法律规定的曲解和误用。

我们知道，根据《刑法》第26条第1款规定：“组织、领导犯罪集团进行犯罪活动的或者在共同犯罪中起主要作用的，是主犯。”这就是说，“组织犯”是“主犯”的一种，不可能构成“从犯”。同样，根据《刑法》第27条第1款规定：“在共同犯罪中起次要或者辅助作用的，是从犯。”即“从犯”分为两种：一种是在共同犯罪中起次要作用的，即次要的实行犯。所谓次要的实行犯，是相对于主要的实行犯而言的，是指虽然直接实行犯罪，但在整个犯罪活动中其作用居于次要地位。另一种是在共同犯罪中起辅助作用的，即帮助犯，它是指虽未直接实行犯罪，但在犯罪前后或者犯罪过程中给组织犯、实行犯、教唆犯以各种帮助的犯罪人。

从刑法的一般理论来讲，“组织犯”与“从犯”属于两个不同性质的范畴，不具有包含或被包含的逻辑关系，即构成“组织犯”的就不是“从犯”，构成“从犯”的就不可能是“组织犯”。在本案中，由于一审判决认定本案系“由郑俊怀个人决定将巨额公款挪用给华世公司购买股票”（第24页），因此杨桂琴也就不可能构成“组织犯”。另一方面，一审判决在认定杨桂琴是“组织犯”和“并不需要她去实施具体的挪用行为”（第22页）的同时，又认定“被告人杨桂琴……在共同犯罪中起次要、辅助作用，系从犯”。这一法理和逻辑完全混淆了作为主犯的“组织犯”与“从犯”（实行犯、帮助犯）的本质区别，违反了在犯罪认定中主观故意和客观行为必须相一致的原则。一审判决认定杨桂琴为“组织犯”，是基于所谓“杨桂琴的特殊身份和预谋时的具体分工”（第22页），这完全是主观的武断，因为“特殊身份”并不能决定参与共同犯罪，再说在所谓的“预谋”时，杨桂琴也没有接受“具体分工”，事实上她什么工作也没有分派到。由于杨桂琴既不存在挪用公款的故意，也不存在挪用公款的行为，因此她既不构成“组织犯”，也不构成“从犯”。

一审判决为什么会发生适用法律的错误呢？本辩护人认为，这是因为一审判决陷入了“主观归罪”的泥潭。一审法院认为，杨桂琴构成“组织犯”，并不需要有“具体的挪用行为”。这是一种彻头彻尾的“主观归罪”论，这种做法将法官自己想象的或推断的主观罪过、目的和动机与客观行为事实对立起来，片面强调上诉人的所谓“主观罪过、目的和动机”，并以此定罪量刑。我国刑法学为了避免这种“主观归罪”论，已经将主客观统一作为一项基本原则而贯穿于刑法实践当中了。本案的一审判决显然违反了这个刑法学的基本原则。

三、杨桂琴的责任问题

在本案中，杨桂琴既不存在共同挪用公款的故意或组织他人实施挪用公款的行为，也没有实施任何挪用公款的具体行为或为他人挪用公款提供帮助，因此她既不构成“组织犯”，也不构成“从犯”。一审判决对杨桂琴的所谓“犯罪事实”的认定和适用法律是错误的，杨桂琴的相关态度和表现不构成犯罪。她所应承担的责任，不是刑事责任，而应该是行政上的管理责任或领导责任，即由于她屈服于郑俊怀的权威而没有采取相关的防范措施，对本案的发生没有起到阻止作用。由于这种责任是不同于刑事责任的行政责任，因此应由伊利公司董事会或有关行政部门予以处罚。

综上所述，由于杨桂琴在本案中的特殊情况，缺乏犯罪构成中主观和客观要件的统一性，因此不能推定她参与了共同挪用公款罪。在此，再一次请求二审法院依法改判她无罪，立即释放。

2006年4月21日，内蒙古自治区高级人民法院作出二审判决，原伊利集团公司董事长郑俊怀以及张显著、李永平、郭顺喜被法院维持原判，原伊利集团公司副董事长总裁杨桂琴，由一审法院判处的有期徒刑改判为缓刑。[1] (2006)内刑二终字第21号《刑事判决书》的最后部分写道：

本院认为，上诉人郑俊怀作为国家机关委派到伊利公司从事公务的人员，利用职务之便，伙同上诉人杨桂琴、张显著、李永平、原审被告人郭顺喜将巨额公款挪用给华世公司使用，谋取个人利益，其行为均已构成挪用公款罪，且情节严重，上诉人郑俊怀、张显著、李永平参与挪用公款数额为人民币1 650万元，上诉人杨桂琴、原审被告人郭顺喜参与挪用公款数额为1 500万元，均应依法予以惩处。上诉人郑俊怀在共同犯罪中起主要作用，系主犯，依法应从严惩处。上诉人杨桂琴、张显著、李永平及原审被告人郭顺喜在共同犯罪中起次要、辅助作用，系从犯，依法可予减轻处罚。关于上诉人郑俊怀、杨桂琴、李永平的上诉理由及辩护人提出的辩护意见和上诉人张显著的上诉理由，经查，上诉人郑俊怀的身

---

〔1〕 参见姚均芳：《伊利公司5名原高管二审获刑》，载《法制日报》2006年5月20日。

份情况，有充分的证据证实其身份为国家机关委派到伊利公司从事公务的人员，且在共同犯罪中起到组织、领导、策划作用。上诉人杨桂琴、张显著、李永平均参与了挪用公款的预谋，并且上诉人张显著、李永平还积极实施挪用公款行为，各上诉人提出的主要上诉理由和辩护人提出的辩护意见在本案一审审理时既已提出，包头市中级人民法院一审判决已对这些观点充分辨析，各上诉人提出的上诉理由及其辩护人提出的辩护意见均不能成立，本院均不予采纳。原审判决认定上诉人郑俊怀、杨桂琴、张显著、李永平及原审被告人郭顺喜犯挪用公款罪的事实清楚，证据确实、充分，定罪准确，审判程序合法。原判鉴于所挪用的公款全部归还，没有给伊利公司造成损失等情节对上诉人郑俊怀、张显著、李永平和原审被告人郭顺喜的量刑适当。考虑上诉人杨桂琴在本案中所起作用等具体情节，可依法对其适用缓刑。依照《中华人民共和国刑事诉讼法》第一百八十九条第（一）项、第（二）项、《中华人民共和国刑法》第三百八十四条第一款、第九十三条第二款、第二十五条第一款、第二十六条第一款、第四款、第二十七条、第六十四条第一款之规定，判决如下：

一、维持包头市中级人民法院（2005）包刑二初字第37号刑事判决书中对上诉人郑俊怀、张显著、李永平、原审被告人郭顺喜的定罪量刑部分和对上诉人杨桂琴的定罪部分及非法所得依法予以追缴部分，即被告人郑俊怀犯挪用公款罪，判处有期徒刑六年，被告人张显著犯挪用公款罪，判处有期徒刑三年，被告人李永平犯挪用公款罪，判处有期徒刑二年，被告人郭顺喜犯挪用公款罪，判处有期徒刑一年，缓刑二年，被告人杨桂琴犯挪用公款罪；

二、撤销包头市中级人民法院（2005）包刑二初字第37号刑事判决中对上诉人杨桂琴的量刑部分，即判处有期徒刑三年；

三、上诉人杨桂琴犯挪用公款罪，判处有期徒刑三年，缓刑三年。（缓刑考验期从判决确定之日起计算，即自2006年4月21日起至2009

年4月20日止)。

本判决为终审判决。

笔者为杨桂琴所做的无罪辩护意见,虽然最终没有被法院采纳,但是由于笔者充分地阐述了对杨桂琴定罪量刑中的从轻和宽容理由,因此取得了一定的效果。我国《刑法》第27条规定:“在共同犯罪中起次要或者辅助作用的,是从犯。”在从犯的表述中区分了两种情况:一种是起次要作用的从犯,这种从犯通常是指直接参加实行犯罪,只是在整个犯罪活动中所起的作用较小;另一种是起辅助作用的,实际上就是刑法理论上的“帮助犯”。由于“帮助犯”没有法律的严格界定,但是在实践中却被大量地使用,从而导致了法律适用上的矛盾。[1] 本案中,杨桂琴没有直接参加实施挪用公款的活动,也没有足够的证据证明她具有共同犯罪故意,从“帮助犯”的角度看也是缺乏明显特征的。由于法律规定上的缺陷,一审法院对杨桂琴的定罪量刑导致了法律适用上的矛盾,二审法院改判杨桂琴为缓刑的做法则反映出了法院在处理共同犯罪中的宽容原则。

〔1〕 参见李新红:《刑法应单列帮助犯》,载《法制日报》2006年5月22日。

第十二章　司法与传媒

司法与传媒是人类进入文明社会以来的一个重大群体性价值取向交流关系。从司法与传媒的交流和发展历史看,它既涉及公开公正审判所必需具备的媒体传播和监督等条件、规范,又涉及传媒的难题之一——言论自由和表达自由的范畴、界限,这一关系在有的国家凸显为社会主要矛盾的集中营,被提升到法治国家的宪政层面。

马克思曾认为新闻出版自由是人类最重要的自由,这是因为“没有新闻出版自由,其他一切自由都会成为泡影”[1]。而司法则属于上层建筑,它通过对案件的裁决和执行来维护统治秩序。因此,司法是一个由抽象到具体的过程,它是将法律中的抽象规定具体适用于个人和个案的政治措施。恩格斯曾指出:“一切法律设施本来都具有政治性质”。[2] 由此,不可避免的是,法律机构的政治性质,使其审判活动

---

〔1〕《马克思恩格斯全集》(第 1 卷),人民出版社 1995 年版,第 201 页。

〔2〕《马克思恩格斯全集》(第 1 卷),人民出版社 1956 年版,第 697 页。

从纯法律功能转向政治功能，即表现为审判的政治化，出现司法不公，如强者压迫弱者，富人欺压穷人，司法官僚徇私枉法、偏离公正审判等问题。司法不公必然对作为人类自由核心的新闻出版自由造成损害，传媒对司法的质疑和批评也因此展开。但是，媒体的权力过大，也会给司法审判带来灾难。如在美国1985年的邓—布拉德斯特里特与格林莫斯建筑公司之争(Dun & Bradstreet v. Greenmoss Builders)案件的审理中，怀特大法官猛烈地抨击了1964年联邦最高法院作出的侧重保护言论自由的纽约时报对沙利文案(New York Times v. Sullivan)的判决，认为赋予媒体过大的权利对社会未必就是福音，因为媒体权力的膨胀必然导致另一方权益的缺失。[1]

任何一种制度无论多么完善都不可能没有弊病，关键在于是否能将付出的代价与获得的利益相权衡或平衡，司法与传媒的关系具有对立和统一的方面。在我国，由于司法与传媒的政治属性和理念具有高度的一致性，因此司法与传媒的互动取向也具有一致性。但是由于传媒对司法的报道监督缺少必要的法律和经验，因此司法与传媒的互动取向又具有一定的对立和或然性。

一、司法与传媒的互动取向

在当今的信息社会时代，司法与传媒存在广泛而密切的联系，扮演着社会生活的重要角色和价值取向使者。在依法治国，建设中国特色社会主义的当下，司法的公正与否及其社会影响，主要依靠各种媒体的报道和演绎，发挥积极的引导作用。由于社会的治理、民事商事和惩罚犯罪都必须严格按照法律规定办理，而司法是各种救济的最后

〔1〕 参见黄逸宇：《言论自由的代价与底线》，载《人权》2012年第1期。

防线,因此它自然成为现代传媒的一个关注焦点。但是,司法与传媒属于倾向和职能不尽相同的民意民利代言体。司法,其本质是上层建筑领域中的统治阶级或领导集团的代言体,传媒的代言范畴则要宽泛得多,它可以成为社会各种群体,甚至社会弱势群体和反对派的代言体。因此,司法与传媒必然会产生一定的冲突和矛盾,有时甚至成为社会各大利益群体、各种政治派别的主要矛盾。我国的司法与传媒的关系,由于社会主义原则和法治理念的指导,减少了冲突和矛盾的尖锐性,在许多情况下出现的是相互尊重和相互合作,推动社会主义法治建设的局面。有专家认为,这主要是因为,我国的司法与传媒的政治责任和社会责任在总体上和终极上具有一致取向,因此在维护、推进社会公正审判和传媒监督方面,也是共同所愿,司法与传媒双方积极合作、良性互动取向理应成为主导性的关系。[1]

在近几年中,由于网络、微博和微信等新媒体的迅猛发展,大众传播领域发生了前所未有的革命性变化。主流新闻媒体借助新媒体的快捷和便利,很快就能将对社会问题的调查和意见传播到全国各地和各界人士。值得称道的是,我国的新闻媒体在揭发、报道重大事件和重大案件方面起到了他人无可替代的领军作用。正如有学者指出的那样,传媒对诉讼案件的报道,是满足公众知情权的重要途径,同时也体现了审判公开化和舆论监督的进步,对法制宣传和遏制司法腐败有积极意义。[2] 下面我们以吴英案为例,来分析一下媒体在推进公正审判中的积极作用。

原浙江省东阳本色集团董事长吴英在 2009 年 12 月因集资诈骗罪被浙江省金华市中级人民法院判处死刑,2012 年 1 月被浙江省高级

〔1〕 参见袁祥:《肖扬要求司法和媒体良性互动》,载《光明日报》2006 年 9 月 13 日。
〔2〕 参见林爱珺:《舆论监督与法律保障》,暨南大学出版社 2008 年版,第 120 页。

人民法院维持原判。其间,一些媒体对案情和判决提出了不同的看法,引发了社会舆论和法学专家的广泛关注。特别是广大网民对非法集资的罪与非罪、非法集资的死刑适用等问题提出了各种各样的看法,展开了一系列的讨论。在媒体的引导下,这一案件遂演变为一个重大法治事件。媒体发表的专家意见和社会舆论主要是,吴英的罪名虽然成立,但是不应该将其判处死刑,即使判处死刑也不应该立即执行。从媒体对吴英案的报道中,我们看到了媒体理性和智慧的表达,即媒体并没有对吴英的犯罪证据、数额和法院的定罪、适用法律等方面发表不符合身份的意见,而主要集中在我国的金融体制变革中所产生的企业资金短缺与不可避免的非法集资等问题上。媒体的报道并没有超越司法程序,在法院作出判决前,对吴英犯罪行为的定罪量刑作出预测或建议,因此并没有发生人们所担心的"媒介审判"[1]问题。可见,媒体监督和司法审判完全可以相辅相成,媒体监督是新闻自由和表达自由的集中体现,法院审判活动接受媒体监督则是我国宪法规定的司法应接受人民监督的集中表现。2012 年 5 月 21 日,经过重审,浙江省高级人民法院最终判决吴英犯集资诈骗罪,判处死刑缓期 2 年执行,比较客观公正地处理了吴英案中折射出的法律问题和民意。

我们再来观察一个曾经引起中外媒体广泛关注的李某一强奸案的媒体报道问题。针对媒体对李某一案件的积极报道,有人认为媒体的报道非常及时、全面,所选案件具有代表性和针对性,媒体对司法的监督依法合理;有人却认为媒体"绑架"了李某一案,一些媒体在报道中存在过度报道和泄露李某一及亲属隐私的问题。笔者认为,媒体选择这一具有特殊背景和警示意义的案件作为大书特书的报道对象,无可厚非。这是因为媒体本身就肩负着对重大社会事件和案件进行尽

〔1〕 马芸菲:《穷尽真相丢弃渲染媒体需冷静》,载《中国经济导报》2012 年 4 月 20 日。

责报道，并对国家司法审判传达民意、表达监督意见的职责。由于媒体的资源和能力是有限的，因此必须选择社会反响较大的案件进行报道，这一方面可以促使一些具有特殊背景的案件在社会的关注下实现正义，另一方面也能够最大限度地实现媒体自身挖掘真相、揭露黑暗和实现正义的功能。北京市海淀区人民法院一审判决李某一有期徒刑10年后，有媒体指出：一件普通的刑事案件，因其背景特殊而被提升为媒体舆论关注的案件，但是最终使公平正义得以伸张，因此这个案子“闹大”还是值得的。[1] 一审法院判决后，美、法、英、俄等国的媒体也对李某一获刑10年做了报道，这些媒体普遍认为这一案件激发了中国公众对“富二代”、“官二代”和“星二代”的又一轮审视，法院的严厉审判则是司法部门对中国高干子弟的一个严厉警告。

司法与传媒的关系在实际生活中是活生生的，它往往发生在具体的个案之中，要妥善处理两者之间的矛盾冲突，就必须在具体事实情节上作出考量。[2] 上升到制度建设的层面，如果我们要在司法与传媒的关系中找出一种平衡之美或交响乐般的和谐之声，要让司法与传媒的对立统一关系成为社会主义和谐社会的重要杠杆，那就首先应该在涉及司法与传媒的个案中捕捉经验和法则，而不仅仅是缺乏对象和载体的夸夸其谈。下面，结合笔者参与代理的一个真实案件，进一步解剖司法与传媒的互动取向中存在的问题。

二、个案的体验与经验

下面介绍的这个土地租赁合同纠纷案件，数家媒体曾报道监督，

---

〔1〕 参见社论：《正义的判决道德的教育》，载《澳门日报》2013年9月27日。

〔2〕 参见张志铭：《传媒与司法的关系——从制度原理分析》，载夏勇主编：《公法》（第2卷），法律出版社2000年版。

也是笔者亲自参与讨论和调研的个案。案件的来龙去脉是这样的：

大连龙神制冷设备有限公司(以下简称“龙神公司”)系大连市凌水镇政府(以下简称“凌水镇政府”)诉大连市滨基投资有限公司(以下简称“滨基公司”)“土地租赁合同纠纷”一案中的第三人。龙神公司被列为第三人的缘由是，凌水镇政府于2001年在对其下属集体企业大连发电机制造厂的改制中，将除土地使用权以外的大连发电机厂的资产全部有偿转让给滨基公司，双方在签订《大连发电机厂转让合同》的同时，还签订了一份年租金105万元、期限20年的《土地租赁合同》，后来滨基公司又将所购得的全部资产和租赁的土地使用权作为出资与大连旭成有限公司一起投资成立了大连龙神公司，其中滨基公司占60%的股份。由于滨基公司从2001年年底至2004年年初连续3年没有给凌水镇政府缴纳土地租金，于是凌水镇政府分3次将滨基公司告上当地的大连市甘井子区人民法院，每个诉讼要求被告滨基公司支付105万元的土地租金并解除土地租赁合同，龙神公司则被作为第三人牵进诉讼。2005年，大连市甘井子区人民法院接连对三个诉讼作出判决，法院认定凌水镇政府与滨基公司所签订的《土地租赁合同》有效，被告滨基公司和第三人龙神公司应支付每年105万元的土地租金，同时判决解除原土地租赁合同，并责令龙神公司迁出该租赁土地。被告滨基公司和第三人龙神公司不服一审判决，向大连市中级人民法院提出上诉，但均被驳回上诉、维持原判。不久，甘井子区人民法院根据原告的申请，查封龙神公司的所有资产，将价值数千万元的厂房和资产估价四百多万元拍卖给了一家房地产开发公司。

上述案件发生后，《经济观察报》的记者专门对案件的背景和进展做了一个调查，率先报道了这一案件的判决所存在的法律问题和社会影响。记者在采访了大连市甘井子区土地管理局的基础上发现，上述原被告之间签订的土地租赁合同并没有到当地土地管理局备案，因此土地管理局不予认可。按照国家《土地法》第6条的规定，土地使用权的转移必须向土地所在地的土地管理部门提出变更登记申请，办理变更登记手续。记者还从国土资源部和有关土地管理部门了解到，“以租代征”在一些地方已经被默认多年，几乎成了一个潜规则，但实际上是违反法律规定的，为此所签订的所谓土地租赁合同当然也是无效的。[1] 2007年1月5日《世界财经报道》的网络版也转载了《经济观察报》上的上述文章。

在这一案件中，原告在起诉中采取了一个不合常理的做法，将一个连续欠租315万元的案件，先后分三次起诉，每个诉讼标的遂降至105万元，从而逃避了大连市中级人民法院的一审管辖。在2003年11月，凌水镇政府第一次提起一个诉讼，诉讼标的是请求支付其中一年的土地租金105万元。2004年3月，大连市甘井子区人民法院对此作出一审判决，认定《土地租赁合同》有效，被告滨基公司和第三人龙神公司支付一年的土地租金105万元并解除土地租赁合同等。被告滨基公司不服一审判决，向大连市中级人民法院提出上诉。同年6月，大连市中级人民法院作出终审判决：驳回上诉、维持原判。原告凌水镇政府在首战告捷后，又于2004年下半年分两次以同样的案由提起两个分别要求支付105万元土地租金的诉讼。2005年1月，大连市甘井子区人民法院在同一天分别作出两个编号为(2004)甘民初字第573号和574号的《民事判决书》，同样判决被告和第三人支付土地租金和解除土地租赁合同。对于这两个判决，第三人龙神公司不服，向大连市中级人民法院提出上诉。但是，大连市中级人民法院于2005年5月作出终审判决：驳回上诉，维持原判。

---

〔1〕 参见王延春：《以租代征、镇政府土地冲动惹至国务院》，载《经济观察报》2007年1月5日。

龙神公司惨遭厄运后，开始不断向大连市中级人民法院申诉，经过一年多的努力，终于获得了大连市中级人民法院再审的机会。一些媒体记者在调查和挖掘这一案件的事实真相的过程中，发觉它是一个具有一定代表性和典型性的地方政府“以租代征”土地引发的纠纷案件，因此博得了在京多家媒体的报道。媒体希望通过对这一案件的调查、讨论和报道，引起国家土地管理部门和司法部门的重视，杜绝土地开发使用中的“以租代征”现象。其中，《中国经济时报》舆论调查中心于2006年12月24日组织在京十几家媒体和专家学者在北京友谊宾馆举办了“土地政策与宏观调控暨大连凌水镇土地纠纷案例研讨会”。笔者应邀出席了这次研讨会，提出了自己的看法。笔者当时认为，土地使用权的转让和变更是一项极其严格的法律手续，它不仅要求原土地使用人与受让人之间的合意，而且必须履行法律规定的登记审批程序。我国的《土地管理法实施条例》第6条明确规定，因依法转让地上建筑物等导致土地使用权转移的，必须向土地所在地的县级以上人民政府土地行政主管部门提出土地变更登记申请，由原土地登记机关依法进行使用权变更登记。这就是说，变更登记是土地使用权流转的必要条件。在本案中，原告凌水镇政府虽然与被告滨基公司签订了土地租赁合同，但是并没有到土地管理部门办理变更登记手续，因此这一土地租赁合同并未生效。另外，本案原告将龙神公司作为第三人牵进诉讼，也缺乏明确的法律依据。按照我国民事诉讼法的有关规定，第三人是指“案件处理结果同他有法律上的利害关系”的当事人。在本案中，龙神公司并没有与原告签订过任何土地租赁合同或转租合同等法律文件，因此不属于案件处理结果同他在法律上有利害关系的当事人，而是案外人。我们知道，债是特定的当事人如合同双方当事人之间的权利义务关系。在本案的土地租赁合同纠纷中，欠租的一方是被告滨基公司，法院判决案外人龙神公司与被告一起共同承担土地租金是没有法律和法理依据的。在研讨会上,与会的专家学者纷纷发表意见,大家一致认为,“地随房走”是房地产流转和变更登记中的一条铁律,因此取得房产所有权的一方理应依法享有该房产土地的使用权。因房产转让而取得土地使用权的企业应缴纳的不是土地租金,而是国家的土地出让金等费用。法院判决涉案土地租赁合同有效并解除原告与被告之间的所谓土地租赁合同,显然缺乏法律依据。这些意见和建议得到了有关媒体的广泛报道和传播。[1]

在众多媒体的报道、讨论和传播下,大连市中级人民法院认真接受了媒体的监督,发现了新的事实,纠正了法律适用中存在的问题,于2007年10月15日同一天,分别作出了三个再审判决,撤销了2004年和2005年对本案作出的三个终审判决。三份再审判决书中均明确:“驳回大连市甘井子区凌水镇人民政府对大连龙神制冷设备有限公司的诉讼请求”,均认定:“因滨基集团已将厂房等作为出资与旭成新型制冷共同投资组建龙神公司,故龙神公司对已经由滨基企业集团作为固定资产投入公司的厂房和该厂房所依附的土地理应享有使用权,而滨基集团与凌水镇政府之间的租赁合同纠纷与龙神公司没有关联,亦不存在其他法律关系。”因此,认定龙神公司不应承担涉案土地租赁费用。从大连市中级人民法院在再审过程中重新认定的案件事实和对龙神公司法律地位的分析看,显然是受到了媒体报道和专家学者意见的启发,从而纠正了错误,作出了改判。在本案中,我们也可以发现媒体在报道和监督司法审判中所扮演的另一个重要角色,即媒体同时起到了法院与专家学者之间意见交流的桥梁作用。

接到再审判决后,为了尽快追回已经被拍卖执行的公司资产,龙

〔1〕 参见刘凌林:《龙神公司为何成了“第三人”》,载《中国企业报》网络版2007年1月31日。

神公司一方面于 2007 年 10 月 26 日向大连市甘井子区人民法院提出执行回转申请,另一方面于 2007 年 12 月在大连市中级人民法院对凌水镇政府提出诉讼,要求被告凌水镇政府承担部分财产损害责任,赔偿经济损失。龙神公司诉称:在以往的诉讼过程中,被告向法院申请查封和执行原告的房产,大连市甘井子区人民法院于 2005 年 8 月 5 日查封了原告的所有房产,并作出民事裁定书,裁定拍卖被执行人(本案原告)的所有房产,致使原告的工厂关闭停产。2005 年 11 月份,甘井子区法院委托上海拍卖行大连有限公司对原告的所有房产进行拍卖,致使原告的房产被廉价拍卖。由于被告的上述不法侵害,导致原告的全部房产被他人非法侵占,严重地侵害了原告合法的财产权益,给原告造成了巨大的经济损失。据初步计算,至今被告已给原告造成直接经济损失约 385 万元。为了维护原告的合法权益,尽快恢复正常的生产和经营活动,特诉诸法院,请求依法判决被告承担财产损害赔偿责任。

龙神公司提起上述民事诉讼后,大连市中级人民法院立案庭于 2008 年 1 月 3 日正式立案,同年 8 月 7 日正式开庭审理,但是于 2009 年 2 月 24 日却裁定"中止审理"。其理由是:本案须以另一案的审理结果为依据,而凌水镇政府诉滨基公司及第三人龙神公司土地租赁合同纠纷一案,涉及执行回转,尚未审结。2007 年 10 月 26 日龙神公司向大连市甘井子区人民法院提出执行回转申请后,在长达一年多的时间里法院也未予以裁定和执行回转。2008 年 11 月份法院传唤龙神公司的代表到法院协商了一次,2009 年 3 月中旬,甘井子区人民法院执行庭在大连市中级人民法院执行局领导的指导下,召集龙神公司、凌水镇政府和拍得龙神公司房产设备的安达房地产公司召开了一个听证会,但也未能立即裁定并实施执行回转。

上述民事诉讼的审理为何如此拖延?执行回转的裁定又为何如

此难行？龙神公司在忍无可忍的情况下，继续求助于媒体的呼吁和监督。就这样，一些媒体与法院之间展开了法庭外的“交涉”。2008 年 7 月 25 日，在《中国企业报》上发表了记者李元友的署名文章《龙神公司步入艰难维权路》。2008 年 9 月 17 日，搜狐网上登载了《中国经济时报》记者王南、王润海的文章《集体土地“以租代征”引起的难题》。文章指出：法院再审改判龙神公司与凌水镇政府之间不存在土地租赁法律关系，但现实是龙神公司已经停产并被拍卖了。某些地方政府在经营土地过程中，具备了对土地的控制权，使国有土地有可能为地方政府所控制，导致土地管理处于失控状态。大连凌水镇政府“以租代征”引发的土地租赁纠纷问题已经引起了辽宁省政府、法制办等部门的重视。2008 年 10 月 15 日，辽宁《法制内参》也发表了《纠错为何如此难?》的报道，对本案审理和执行中存在的认识模糊、久拖不决和执行难等问题提出质问和建议。

但是出乎预料的是，2008 年 7 月份从甘井子区凌水镇政府改名的甘井子区凌水街道办事处（以下简称“凌水街道”）又以不服大连中院 2007 年 12 月份作出的（2007 大民房再字 00012 号）再审判决，向辽宁省高级人民法院申请再审，省高级人民法院立案三庭给予了立案调查。龙神公司于 2008 年 11 月份收到了辽宁省高级人民法院的“应诉通知书”。由于凌水街道的再审申请，导致了大连市中级人民法院对龙神公司诉凌水街道“财产损害赔偿纠纷”一案的中止审理，也影响到了执行回转的裁定和实施。至此，整个案件又充满了扑朔迷离的玄机。2009 年 4 月 23 日，辽宁省高级人民法院作出了（2008）辽立三民再审第 13 号民事裁定书，裁定本案由高级人民法院提审，再审期间中止原判决的执行。2010 年 3 月，辽宁省高级人民法院作出（2009）辽审民提字第 125 号、第 188 号和第 203 号民事判决，撤销了大连市中级人民法院（2007）大民房再字第 2 号、第 9 号和第 12 号的再审判决，维持了大连市中级人民法院(2005)大民房终字第132号、第133号和第342号二审判决。按照辽宁省高级人民法院的再审判决,原大连市甘井子区人民法院作出的龙神公司与滨基公司共同承担土地租赁费,并迁出租赁土地的判决得以生效,这对于龙神公司来说,无异于“死刑”判决。

为什么会出现如此颠覆性的再审判决呢?辽宁省高级人民法院与大连市中级人民法院,对本案事实和适用法律的认识为什么会出现如此大的差异呢?媒体的意见和监督为什么就不能在高级人民法院的再审中起作用呢?一连串的问号如冰水泼身,让关心和帮助龙神公司维权的人士感到“严冬”的降临和精神的郁闷。2010年10月16日,在《中国经济时报》召集的龙神公司案件第二次再审研讨会上,二十多位专家学者和媒体代表一致认为辽宁省高级人民法院的再审判决在认定事实和适用法律上均存在问题,判决有失公正。这是因为,辽宁省高级人民法院的再审判决,除了认定原大连市甘井子区人民法院查明的“事实”外,还增加了两个“新的事实”根据:其一,称滨基集团与龙神公司当时两个公司的法定代表人为同一人,滨基集团又拥有龙神公司60%的股权,且龙神公司为本案所涉及土地的实际使用人和受益人。其二,2004年8月9日龙神公司向凌水镇政府出具的《关于原大连发电机制造厂土地转让方案》中写有减免“原欠土地租金”等字样。其实,有法律常识的人士都知道,即使两个公司的法定代表人为同一人,也不能认为两个公司就是同一个公司,不能认定一个公司对另一个公司的债务承担共同或连带责任。而减免租金“方案”属于单方的意见、提议,并非协议或合同,因此也不能作为共同承担土地租金的依据。辽宁省高级人民法院的再审判决以一审认定的事实和上述新增的理由,判决龙神公司与滨基公司共同承担土地租金,显然缺乏事实、证据和法律依据。

一块土地,因为一份租赁合同产生的清晰的民事法律关系,却引出了超复杂的审判过程,经过基层法院一审、中院二审,中院再审,省高院的提审,竟然产生了 12 份判决！这么多的判决其实就是围绕着一个争议的焦点,那就是土地租赁合同以外的人,应不应该共同承担土地租金？按理说,理越辩越明,但为何 12 份判决都无法解释清楚一个清晰的法律关系呢？如果将多方专家和学者的意见归纳起来,那就是 12 份判决的背后,不完全是法律和法律程序在支撑,其中还存在着法律与政治、司法与传媒的博弈。

三、司法与传媒互动取向的特征

从传媒对审判的报道和监督案例中,我们能领略到司法的本质和精神,又能看到在实现社会公平正义道路上现身的传媒的身影。从法治社会的发展历史看,司法的理念主要在于正义、安定性和目的性,而实现和表达这些理念的手段,除了司法本身的积极查办和公正判决外,必须借助社会舆论特别是媒体的传播和监督。我们不难看到,凡是司法与传媒的关系处理得良好的国家或地区,司法公正和表达自由的状况就像蓝天白云一样悬挂在天空。凡是司法与传媒的关系处理得不好,矛盾尖锐的国家或地区,司法公正和表达自由就都无法实现。从司法与传媒发生互动、产生效应的案件中,我们可以看到下列几个显著特征。

第一,传媒报道司法进程、监督司法是司法与传媒互动取向的最大特征。在许多国家,传媒被赋予了对重大事件和案件具有尽责报道传播的职责。有的国家,如加拿大、英国、美国等还在司法实践中通过判例,确立了媒体对重大典型案件报道的“公共利益负责传播”(public interest responsible communication)原则,作为对诽谤诉讼的一个抗辩事由和原则。[1] 在我国,由于大多数媒体属于国有和公共事业单位,因此传媒对司法的报道和监督比西方国家更具有维护公共利益的职责。从司法公正对媒体的要求看,许多重大典型案件应该要求相关媒体予以报道、传播,媒体则应恪守职责,尽责传播,不得懈怠。可以说,司法与传媒的互动是法治社会发展进步的一个必要条件。但是,由于我国在传媒领域缺少相应的法律法规,尚未制定出诸如《新闻法》、《出版法》、《记者法》和《传媒法》等必要的法律,因此媒体对司法的报道、监督缺少高价位的和明确的法律依据。目前,传媒对司法的报道和监督在性质上仍然属于舆论监督的范畴,其影响具有或然性,在某种程度上它的确是站在了围绕表达自由的"光与影"的歧路之上。可以说,在实现司法公正的方法上,司法与传媒是有连接点的。笔者一直认为,真正的人民监督不能是没有任何法律地位的舆论监督,而必须是具有一定强制力和对话途径的民主监督。传媒对司法的监督地位和程序也应该在未来的传媒法中有所体现。一方面是新闻媒体确实应该成为社会正义的捍卫者,另一方面是媒体本身应该接受公众和舆论的监督。[2] 但是在实践中,传媒监督有时会忽视司法的特性和规律,而有些司法机关和司法工作人员则在思想上对传媒监督存在抵触情绪。有学者认为,只有实现了公开、公正,才能实现媒体与司法的"共赢"。[3]

第二,社会各界人士特别是专家学者参与媒体组织或牵头的讨论,是司法与传媒的互动中取得良好社会效果的关键。在上述大连龙

---

〔1〕 Eugene C. Lim, Malice, Qualified privilege, and the New Responsible Communication Defence to Defamation: Which Way Forward for Investigative in Canada?, (2012) 45 *UBC L. Rev.* 223 – 239.

〔2〕 参见《马克思恩格斯全集》(第6卷),人民出版社1956年版,第275页。

〔3〕 参见杜晓、赵晨熙:《媒体监督与司法审判如何走向"共赢"》,载《法制日报》2011年2月1日。

神公司案件的报道和监督中，由于媒体组织在京专家学者对有关土地使用权转让和土地租赁中的法律问题进行了调查和研讨，确定了报道和监督的基调、方向，因此在大连市中级人民法院的再审中起到了积极作用。另一方面，媒体与法院之间确实也存在着“相应的张力”，“媒体超越监督的界限”也时有发生。[1] 而预防传媒纠纷的最好办法莫过于在报道的内容和方法上参考专家学者的意见了。在现实生活中，某一媒体对案件审理的报道和呼吁之前，往往希望有一个专家学者的法律意见或专家论证意见，其道理也在于此。在一些欧美国家，媒体对司法的监督经常借助于“法庭之友”(friend of the court)，即专家学者的意见和帮助，这是因为有些概念和问题对于非专业人士来说确实是难以理解的，而一个好的传媒法律人(a good media lawyer)的帮助能够起到关键作用。[2]

第三，司法过于权威、传媒无法形成强大的舆论是司法与传媒发生分离，两者均不能取得良好社会效果的主要原因。我们知道，在许多不是很大、很有影响的案件审理中，媒体的参与往往形不成强大的舆论压力，这时的审判往往取决于法院某一领导或司法机关自身对媒体的态度。在上述龙神公司案件长达6年多时间的审理过程中，如果没有大连市政法委书记、中级人民法院院长等领导认真听取龙神公司的再审理由，接受媒体监督，龙神公司就不会有提起再审和获得改判的机会。但是在辽宁省高级人民法院的再审过程中，法院和审判人员却没有理睬任何媒体的报道和舆论监督，撤销了大连市中级人民法院的再审判决，折射出了在司法强势的地方，传媒监督司法的命运。

---

〔1〕 参见王锋：《表达自由及其界限》，社会科学文献出版社2006年版，第233页。

〔2〕 Richard Haynes, *Media Rights and Intellectual Property*, Edinburgh University Press, Edinburgh, 2005, p.12.

四、结语

综上所述,司法与传媒的互动取向是我国法治建设的重要工程,司法与传媒的相互监督和包容,是实现我国社会主义法治理念的前提条件。在当下的信息社会,媒体对社会重大事件和典型案件的报道传播,吸引着公众的眼球,引导着公众的舆论,影响着包括司法在内的国家所有的决策和行动。在有的国家,媒体的自由权被称为与国家的立法权、司法权和行政权相提并论的"第四种权力",尽管它是一种无形的权力,但却越来越博得人们的青睐和仰仗。有学者指出,虽然将新闻自由权定义为"第四种权力"的做法源自于西方的专家和学者,但是在今天的中国似乎也已经成为了普遍为大家所理解和使用的概念了,这是因为其中也有某些合理之处。[1]

在上述案例分析中,我们可以看到,我国尚没有一个专门的法律对司法与传媒的互动,特别是传媒对司法的监督作出明确规定,划出明确界限。因此在司法实践中,司法与传媒的互动取向带有自律和或然的倾向,两者在互动取向中虽然能够凭借各自高度的政治责任和社会责任达到和美境界,取得良好的社会效果,但也有互不尊重和互相较劲的情况。通过上述案例分析,笔者对我国司法与传媒互动的未来喜忧参半。这是因为,我国司法与传媒的互动取向,在根本利益上存在高度的一致性,但是在一些个案中却出现了不和谐的现象,这是我国必须在立法和司法实践中予以规范的一个重要问题。

---

〔1〕 参见杨磊、周大刚:《"起诉"媒体——新闻法律热点问题透视》,知识产权出版社2006年版,第8页。

第十三章　文物鉴定交易和保护的法律问题

虽然在 20 世纪 80 年代，我国就初步建立了以《中华人民共和国文物保护法》（以下简称《文物保护法》）为中心的中国特色文物法律体系[1]，但是文物事业的快速发展和不断变化对法律提出了修改、完善和新的需求。2002 年 10 月 28 日，经修订的《文物保护法》公布实施，2007 年 12 月 29 日做了进一步修正，并且根据 2013 年 6 月 29 日第十二届全国人民代表大会第三次会议第三次修正，根据 2015 年 4 月 24 日第十二届全国人民代表大会常务委员会第十四次会议修正，2003 年 5 月 13 日，国务院第 377 号令公布了《中华人民共和国文物保护法实施条例》，自 2003 年 7 月 1 日起施行；根据 2013 年 12 月 4 日国

〔1〕 中国特色文物法律体系由下列四个部分构成：包括宪法、基本法律、文物保护专门法律和国际公约在内的法律规定，行政法规，地方性法规和行政规章。参见李晓东：《文物与法律研究》，河北人民出版社，2006 年版，第 205 页。

务院第32次常务会议《国务院关于修改部分行政法规的决定》修订。2003年3月17日,文化部第26号令发布了《文物保护工程管理办法》,自2003年5月1日起施行。上述文物保护的“一法、一办法和一条例”,为加强和完善我国文物法律体系奠定了基础。但是,近年来,由于文物发掘加快升温,民间文物交易、交流发展迅猛,文物犯罪猖獗,各地的文物保护、文物鉴定和文物司法工作又面临许多新问题。

一、文物鉴定的法律问题

近年来,文物鉴定中的法律问题越来越突出,并日益成为人们广泛议论的一个社会问题。2011年8月杭州南宋官窑博物馆的“壶王”被专家质疑,引起了极大的社会反响。2011年9月假“金缕玉衣”被估价24亿元案又被揭露,人们对于文物专家的鉴定产生了严重的信任危机。

(一) 杭州南宋官窑博物馆“壶王”质疑案

一件“长沙窑人物贴塑大执壶”赫然矗立在杭州南宋官窑博物馆的玻璃展柜里,因器形较大一直被该馆称为“壶王”。展览柜贴有“壶王”介绍:“唐代名窑林立,这件执壶器形硕大,保存完整,为海内外传世长沙窑瓷器中所罕见。”2011年8月20日中午,在央视新闻频道专题片《壶王真相调查》中,故宫博物院的陶瓷专家杨静荣研究员,公开质疑该执壶为赝品。本来,学术界对于一件文物的真伪持有不同意见实属正常,但专家对经过其他专家鉴定的文物公开表示质疑的情况,非常罕见。

8月21日下午,杭州市南宋官窑博物馆召开情况说明会,就人们质疑“壶王”为赝品的事件进行说明。根据杭州南宋官窑博物馆馆长邓禾颖的介绍,“壶王”是由安徽淮北收藏者丁仰振在2005年捐赠的,同时捐赠的还有600余件其他文物。当时杭州市决定大规模扩建南宋官窑博物馆,向社会征集藏品。这600余件文物均是由国家文物鉴定委员会委员、中国古陶瓷学会副会长张浦生,中国古陶瓷学会副会长、前浙江省文物考古研究所副所长朱伯谦,故宫博物院研究员冯小琦,原国家文物局扬州培训中心主任、中国古陶瓷学会常务理事、扬州市文物管理委员会办公室副主任朱戢等4位专家组成专家鉴定组,从丁仰振先生提供的近千件器物中精选并讨论后集体选定的。杭州市政府对丁仰振的捐赠行为给予了1500万元的奖励。馆方表示,目前媒体报道有专家质疑部分文物的真伪,这只是业内专家的一家之言。但本着对社会公众和文博事业负责的态度,针对专家提出的质疑,馆方将高度重视,报请上级文物主管部门对这批征集文物再次进行鉴定。

(二)谢某荣假“金缕玉衣”骗贷案

2011年9月6日,《京华时报》(微博)头版的一篇“专家隔玻璃估价,假玉衣竟值24亿”的报道引爆了民众对文物专家的质疑,同时又将3年前被捕入狱、被人遗忘的“中国超级富豪”谢某荣再次放大到人们面前。谢某荣,浙江湖州人,被捕前系北京燕山华尔森集团董事局主席兼总裁。在2003年的“中国400富人榜”排名中,谢某荣位列第163名。然而,正是这位红极一时的中国富豪,在2000—2008年间,以假合同骗贷及伪造的“金缕玉衣”为招牌,从银行骗取了10多亿元贷款,上演了中国版的“庞氏骗贷案”。

2003年年初,时任建设银行北京经济技术开发区支行行长的颜某壮和副行长赵某对华尔森集团的还款行为产生怀疑,为了巨额贷款不至于化为泡影,两人几次找到谢某荣进行谈判。对此,谢某荣先是向银行提供了经过造假的企业财务报表等材料，继而又抛出了他最后的撒手锏——“根荣陈列馆”中的“金缕玉衣”。谢某荣当时吹嘘，这件金缕玉衣，全世界只有两件，权威专家已经做过鉴定，市场估价为24亿元。他陈列馆中的古董价值上百亿元，不会赖着银行的区区几个亿。也许是谢某荣的巧舌如簧抑或颜某壮等为保乌纱帽只能最后一搏，最终建设银行北京经济技术开发区支行决定发放银行承兑汇票给华尔森集团提供资金，46次滚动开出票面价值共计人民币4.56亿元的承兑汇票。2008年2月，国家审计署在审计建设银行北京经济技术开发区支行核销9亿多元的呆坏账贷款时，发现其中大量资金都与北京华尔森集团有关。2008年3月22日至24日，北京华尔森集团董事局主席谢某荣、建设银行北京经济技术开发区支行行长颜某壮等人相继被逮捕。2009年12月，北京市第一中级人民法院对谢某荣贷款诈骗案及颜某壮等5名银行责任人员失职一案作出一审判决。谢某荣被判犯贷款诈骗罪，判处无期徒刑，剥夺政治权利终身，并处没收个人全部财产。颜某壮因违法发放贷款罪、违规出具金融票证罪被判处有期徒刑20年，副行长赵某被判处有期徒刑19年。[1]

法院查明，谢某荣凭借自制的“金缕玉衣”取得银行信任，不但为之前6.6亿的借贷做担保，而且又获得5 000万元贷款及4.5亿元银行承兑汇票。实际上，“金缕玉衣”系伪造而成，伪造文物后，谢某荣出钱请原故宫博物院副院长等5位专家估价24亿元。[2] 经过网民“人肉搜索”，这五位权威专家是：曾任中国历史博物馆研究员、国家文物鉴定委员会副主任委员、南开大学历史系兼职教授、北京大学考古系

---

〔1〕 参见心海：《伪金缕玉衣背后的中国版庞氏骗贷案》，http://www.yourcollect.net/news/2011988420.htm. ，2011年9月8日。

〔2〕 参见王婉莹：《专访鉴定专家：黄金有价玉无价我们没风险》，载《京华时报》2011年9月6日。

研究生导师、中国收藏家协会会长等职的史某青(2007 年去世),曾任故宫博物院副院长、中国博物馆学会副理事长、北京大学考古系玉器硕士研究生导师的杨某达,中国宝玉石协会原副会长、北京大学宝石鉴定中心主任杨某旭,中国宝玉石协会原秘书长李劲松,世界收藏家协会副主席兼中国总会会长、世界文物艺术品鉴定评估委员会主任王某祥。据这些专家自己证实,他们只是在隔着玻璃"光看不上手"的情况下,将谢某荣的一套所谓汉代"金缕玉衣"估价为 24 亿元人民币。其中有的专家称这种评估活动属于"学术自由"。[1]

在这起骗贷案中,谢某荣自制的假"金缕玉衣"是最关键的因素。如果没有上述五位权威文物鉴定专家为之鉴定评估,并出具集体签名估价达 24 亿元的鉴定报告,那谢某荣就无法用它轻易骗过银行的信任。由于文物鉴定专家的错误鉴定,导致国家和他人蒙受巨大经济损失,应当承担何种责任,我国法律并无明确规定。笔者认为应该在《文物保护法》中增加相应的经济责任和行政责任条款,在刑法中增加相应的刑事责任条款。这是因为,如上述五位专家即便不是存心作伪,也相当于是在"助纣为虐",在法理上应当承担一定的法律责任。如果参与谢某荣骗贷活动的,则应按照共同犯罪论处。

目前,我国唯一的政府文物鉴定机构,是 1983 年成立的国家文物鉴定委员会。由于国家文物鉴定委员会委员的特殊身份,委员越来越多,其头衔几乎变成了一种社会荣誉,而不再是纯粹的专家身份。由于国家文物鉴定委员会委员是终身制的,因此尽管出现过这么多丑闻,但鉴定委员身份,并没有合理的进出制度。另一方面,我国民间的文物鉴定尚未形成一套有效的行业自治办法,也缺乏相应的法律法规的规范和监管。与文物鉴定有关的《文物保护法》、《拍卖法》等对于

---

〔1〕 赵丽:《文物鉴定无规范无监管乱象亟待消除》,载《法制日报》2011 年 9 月 8 日。

民间的文物鉴定几乎没有涉及，有关鉴定机构和专家的资质、鉴定程序、估价办法和法律责任等均无明文规定。目前民间的文物鉴定主要依靠各种自诩为文物鉴定机构和专家的道义和“潜规则”。有学者专家指出，“鉴宝”行业已呈失控状态，应该通过法律和信用机制对文物鉴定行为进行制约，尽快为民间“鉴宝”立法，借鉴国外经验，推出“社会文物鉴定资质认定”机制，严厉制裁造假专家。[1] 2012 年 3 月 24 日，中国社会主义文艺学会艺术品鉴定与评估委员会成立，作为全国范围的艺术品鉴定师、评估师专业组织和具有一定权威性的艺术品鉴定师、评估师行业机构，它将担负起鉴定师、评估师的交流、指导和服务职能。这一组织的成立，对于打造、提升全国艺术品鉴定师队伍的整体形象，提高鉴定、评估技能，拓展鉴定、评估业务等方面将发挥重要作用。[2] 2012 年 3 月 28 日，国家文物局表示正在研究制定《文物评估认定条例》[3]，将开启依法治理文物评估交易市场乱象的平台。

文物鉴定是一项极具科学性和专业性的考古工作，需要很高的科学技术和考古经验做支撑。在科学技术飞速发展的今天，虽然反科学的现象正在逐步消退，但是取而代之的并不是完全对科学的信仰，其中对科学的无知、漠视、怀疑、畏惧和抵触现象也粉墨登场。如人类借助航天探测技术近距离观察月亮时，并未见到美丽传说中的月宫、嫦娥、玉兔、蟾蜍等，那里有的只是不存在任何生命的苍凉和死寂，但这并不能立即和完全改变人们对月亮的“美好”认识。[4] 因此，很有必要由国务院会同有关文物部门和科技部门制定出一部统一的、科学的

---

〔1〕 参见唐红丽：《民间“鉴宝”乱象当休——行业监督、法律制约双重空白亟须填补》，载《中国社会科学报》2012 年 2 月 22 日。

〔2〕 参见殷泓：《艺术品评鉴专业组织成立》，载《光明日报》2012 年 3 月 25 日。

〔3〕 参见廖翊：《治理文物市场乱象国家文物局将出手》，载《法制日报》2012 年 3 月 29 日。

〔4〕 参见李刚：《识瓷五笺》，载浙江省博物馆编：《东方博物》（第 26 辑），浙江大学出版社，2008 年版，第 19 页。

诸如《文物鉴定条例》这样的法规,明确文物鉴定的监管主体、人员组成、鉴定办法和法律责任等问题。同时,在现有的法律法规框架之下,应逐步建立一个完整、统一和科学的文物鉴定资质资格认证管理体系,形成一套有效的行业规范。

二、文物交易的法律问题

有关媒体的调查表明,目前的文物旧货市场中仿品和假货约占市场的90%以上。摆在柜台上的少有真文物,"真东西"大多在地下交易。由于多年对赝品听之任之,长期放纵,导致管理的严重失控,市场被扭曲。另外,在拍卖市场也出现了"乱象丛生"和"无法无天"的情况。[1] 究其原因,其中对文物造假认识的不统一,是市场假货充斥的一个主要原因。古董、字画仿品,古来有之,历史上相沿成习。古玩行话中曾经有这样的说法:"有真有假是古玩行的老套子了"。一些业内人士也持这样的看法。但问题是,许多收藏爱好者和消费者也因此上当受骗。传统意义上的"古玩"虽然强调个"玩"字,是"玩意儿",一直不当它是个行业,但现在既然已经是这么大的产业了,再抱着这样的态度去经营、运转,是不符合法律精神的。那么,如何区分真假,做到"恺撒的归恺撒,罗马的归罗马"呢?这仅靠行业的自律恐怕不行,最有效的办法是依靠法律法规和司法审判来保护收藏者和消费者的权益,应对各种问题。下面,结合最近发生的有关古玩交易的4个诉讼来分析总结古玩交易中的法律问题。

---

〔1〕 参见杨继斌、陈一鸣:《赝品帝国》,载《南方周末》2011年9月29日。

（一）德国人北京购买画作赝品获赔案

德国人约翰(John Korfer)于2001年12月在徐悲鸿纪念馆北京文之杰文化艺术服务中心以13000元的价格购买了两幅画。文之杰中心的法定代表人王某在给约翰开具的收条上注明:清、乾隆,并加盖了徐悲鸿纪念馆的艺术章。2002年3月,约翰在徐悲鸿纪念馆又以10万元买走了5幅画,其中包括袁江的山水画、陈少梅的山水人物画、徐悲鸿的花鸟画等。王某同样向约翰开具了收条,标明了画家名称和价钱,注明了画家的生卒年代等,并加盖了"悲鸿纪念馆艺术画廊"章。约翰回国后,得知自己买了假画。2002年12月5日,约翰带着其中的四幅画再次来到徐悲鸿纪念馆,要求退款。文之杰中心不给退,只答应换几幅其他的画。一怒之下,约翰将文之杰中心告上法庭。2003年9月21日,北京市第一中级人民法院对这起买卖合同纠纷案作出一审判决,约翰共计获得返还购画款及交通费、食宿费、鉴定费等共计19万余元。[1]

（二）江苏铜山赝品字画买卖撤销案

孙某仁系书画商,2006年3月下旬经人介绍到袁某龙处协商购买一幅书法作品,该作品系袁某龙从他人处获得。在买卖的过程中,孙某仁多次询问袁某龙作品的真伪,并要求其出具真品保证书,但袁某龙称自己也不知道真伪,拒绝出具保证书,而是让孙某仁自己决定。孙某仁当场进行了鉴别,又对作品拍照后返回家中进行多次鉴别,最终认为该作品是真品,以1.1万元的价格购得。孙某仁购得作品后,

---

〔1〕 参见郭京霞:《德国人在中国维权成功——购买画作赝品获赔19万元》,载《中国书画》2004年第11期。

对该幅作品的真伪产生怀疑，经多位同行鉴别，认为该幅作品为赝品。在协商不能解决纠纷的情况下，孙某仁将袁某龙诉至江苏省铜山县人民法院。在诉讼过程中，原告申请对该作品进行鉴定，经法院委托文化部文化市场发展中心艺术品评估委员会，对该书法作品进行评估，认定该作品确系赝品。

原告孙某仁诉称，被告明知其出售的是赝品，而以欺诈的方式使原告作出错误的意思表示，故请求撤销原被告之间的买卖合同，被告返还货款 1.1 万元，并赔偿利息损失 2 000 元。被告袁某龙辩称，在买卖过程中，被告始终没有承诺书法作品为真品，原告系书画方面的内行，其经过多次慎重的鉴别，自愿出价 1.1 万元购买该书法作品，被告不存在欺诈，合同不应撤销。依据古玩字画投资行业的行规，原告鉴宝失误，责任应自负。

江苏省铜山县法院认为，原被告之间就以 1.1 万元的价格买卖涉诉书法作品达成合意，双方之间的买卖合同已经生效。在订立合同的过程中，原告多次询问被告作品的真伪，多次进行鉴别，并要求被告出具真品保证书，最终以 1.1 万元的高价购得该作品，故可以认定原告的真实意思是购买真品。被告明知原告的真实意思，但没有明确表示该作品的真伪，而是采取放任的态度，任由原告自行判断、自行决定，不存在欺诈的故意，故原告认为被告以欺诈的手段使其在违背真实意思的情况下订立合同的主张不予以支持。但是，原告因为自己主观上的失误，对标的物的真假性质产生误解，使得原告的合同目的根本无法实现，故原被告之间的买卖合同是因原告重大误解订立的，依据法律规定属于可变更或可撤销的合同。因此，原告要求撤销合同的主张本院予以支持。合同被撤销后，原被告双方因该合同取得的财产应相互返还，故原告要求被告返还 1.1 万元货款的主张应予以支持。另外，因为原被告对合同被撤销均存在过错,应各自承担相应的责任,故原告要求被告赔偿利息损失2000元的主张不予以支持。诉讼过程中产生的鉴定费用,也应由原被告共同负担。2007年11月铜山法院依照《中华人民共和国合同法》第54条、第58条的规定,判决如下:①撤销原告孙某仁与被告袁某龙之间的书法作品买卖合同。②被告于判决生效后10日内返还原告货款1.1万元,同时原告将该书法作品返还给被告。③驳回原告的其他诉讼请求。案件受理费1 180元,由被告负担。司法鉴定费15 000元,原被告各负担7 500元。

被告袁某龙对上述判决不服,提起上诉,认为其不存在过错,孙某仁也不存在重大误解,一审法院判决撤销买卖合同不当,请求二审法院依法改判。2008年4月,徐州市中级人民法院经审理认为,袁某龙是在不能确定书法作品真伪的情况下,将作品出卖给孙某仁,孙某仁因重大误解作出了错误的意思表示,因此,双方的买卖合同属于因重大误解订立的合同,应予撤销。上诉人的上诉理由不能成立,故判决:驳回上诉,维持原判。[1]

(三)广州古玩瓷器赝品第一案

2006年广东率先出现了挑战古玩买卖潜规则的诉讼。发起这场赝品官司的人是深圳一位从业多年的律师“老孟”。“老孟”40岁出头,东北人,从小喜欢中国古典文化,2005年才开始玩起收藏,算是绝对的新手,但他却从此着了迷。老孟经常从深圳开车来到广州逛西关古玩城。2005年年初,老孟在古玩城里认识了吴某。当时吴某在古玩城里开有铺面,主要经营瓷器,自称是全广州收藏之最,有近30年的

---

〔1〕 参见周媛:《孙越仁诉袁宝龙买卖合同纠纷案》,http://tsxfy.chinacourt.org/public/detail.php? id=20,2009年5月19日。

古董收藏经历和多年古玩经营经验，还是荔湾区收藏家协会会员，鉴赏能力颇高。2005 年 6 月，吴某在家里给老孟重点推介了一樽青釉小胆瓶，并说是宋代的汝窑瓷器，有近 900 年的历史，开价 80 万元。此外，吴某还向老孟推介了一樽青花海水绥带大瓶，说是明代的民窑产品，是当时出口的瓷器，而且是窑藏出土的，开价 200 万元。老孟一开始不敢贸然相信吴某的话，回到深圳后，他买了一堆介绍古瓷器的书籍，发现吴某所说的与书上记载的基本相符，这才动了买的念头。2005 年 8 月 19 日，经过多次讨价还价之后，老孟最终分别以 6.5 万元和 15 万元的价格买下了“汝窑”小胆瓶和“明代民窑”青花海水绥带大瓶，双方当场钱货两清。

两件“宝贝”买回家后的一周，老孟邀请朋友到家鉴赏，但朋友的观点让他心凉了一大截：这两件瓷器全是赝品，是现代仿制的！为此，老孟再上网查阅相关文章和对照相关瓷器书籍，也对两件古玩产生了怀疑。8 月 25 日，老孟打电话给吴某，提出两件古玩是现代仿品的质疑，但吴某仍坚持青釉小胆瓶是宋代的，是出土的，绝对没问题。老孟还是不放心，2005 年 12 月 20 日，他将两件“古董”委托给广东省文物鉴定站鉴定。结果是，两件“古董”均为现代仿品。2006 年 4 月，景德镇市价格认证中心也对这两件仿品进行了价格认证，结果两件瓷器加起来仅为 1.18 万元。老孟说，作为古玩新手，他也知道有“打眼”的时候，交学费在所难免，因此他一开始并不准备打官司，愿意折扣后退货。经过多次交涉，老孟同意以 15 万元的价格退货，但吴某却不同意。吴某说，他之所以不退货是因为他从没有向老孟作出过任何的“包真”诺言，“否则的话，价格肯定不只 21.5 万元”。而且，“古玩行业向来是‘不包真’的，连正式的拍卖会也‘不包真’。可以说，几百年来，赝品是古玩行业的一大特色。靠眼力是行规，谁都有‘走眼’的时候。”吴某表示这两件瓷器是以前从别人手上买来的，自己一直认为它们是“老的”。但作为律师的老孟却不信邪，他不相信古玩市场在法律上真的有什么特殊的地方。因此，老孟坚决要打这场官司，算是向古玩买卖的潜规则宣战，也算是一场带有公益色彩的官司。2006 年 10 月，老孟一纸诉状把吴某告上广州市越秀区法院，要求法院认定这起买卖行为无效，吴某退还 21.5 万元及其利息。[1]

（四）上海假田黄买卖纠纷案

2005 年 6 月的一天，林先生途经上海经台湾人田小姐介绍，和台湾人刘先生见了面，想买一块成色非常不错的田黄石印章。当天晚上，当刘先生拿出一块田黄石印章后，林先生激动不已，以往的经验告诉他，这是一块难得的精品。成材约有半市斤，价值 200 万元以上。因为当时每克田黄的市场价格大约在 1 万元左右。更令林先生惊喜的是，刘先生说这个印章想急于脱手，开价不到 70 万元。于是，双方很快达成一致，以 63 万元成交。不久林先生拿着这枚田黄印章来到了福建，给朋友们展示，许多行家看了以后，有的人说这个东西不错，有的人说这个东西不对。林先生自己就是田黄专家，对自己的眼光很自信，可朋友们也都是专家。林先生为了弄个究竟，专门请教了一些造假的人。一位造假者的评价让林先生哭笑不得：这件东西还做得不够好！为了弄个明白，林先生立即飞到北京，在国家珠宝玉石质量监督检验中心对这块田黄石进行检测。根据红外线对材质的分析，这枚印章的材质与田黄石的谱线显示相差很远，而与绿泥石非常接近。绿泥石是一种非常普通的石材，价格也很低廉。该检验中心负责人介绍，绿泥石常见不排除有黄色，也不排除人工加色。

---

〔1〕 参见柯学东、胡瑛：《广州古玩赝品第一案：律师挑战古玩买卖潜规则》，载《广州日报》2006 年 10 月 18 日。

在收藏界，出了这种事是没有颜面的。林先生带着律师找到刘先生，要求退货。刘先生认为，在古玩界没有退货之说。刘先生说，林先生在这起交易中也是有责任的："你是田黄专家，我不是；我没有欺诈也不可能欺诈你。"刘先生提出了折中方案：自己是从别人手里拿的货，赚了23万元，这个利润先退给林先生，剩下的40万元损失一人承担一半，但林先生拒绝了。2006年5月，林先生在上海市静安区人民法院提起诉讼，将刘先生告上法庭，要求解除买卖合同，归还货款及利息。[1]

上述4个案件，前两个已有判决，但是判决所依据的法律并不相同。后两个诉讼，由于法院的审理资料未被公开和媒体转载，结局不得而知。由于我国不是一个判例法国家，一个法院的判决不能当然地适用于另一个法院，对于同一类案件，每个法院都可能根据自己对法律的理解作出不同的判决。尽管如此，如果上述后两起诉讼的请求也都能得到法院支持的话，则必将对古玩交易的"潜规则"产生更强烈的颠覆性影响。

虽然赝品泛滥已经成为收藏市场的一种常态，但奇怪的是，收藏界本身打假的呼声并不高，有的人甚至还比较反感打假。一些文物拍卖公司也声明"拍卖不保真"，个别文物拍卖公司甚至"知假拍假"。这是因为，古玩这个行当，存在靠"眼力"吃饭的行规，这里没有商品的"三包"（包退、包换、包赔），"打眼"了就自认倒霉，这被许多人认为是古玩交易的"潜规则"。有专家指出，"拍卖不保真"等现象并不是文物拍卖流通的行规，而是"陈规陋习"，这些问题如果不能通过司法途径或行业自律加以有效约束，必将对文物艺术品市场乃至文化产业的

---

〔1〕 参见decarl wu：《两起古玩官司可能推翻业界潜规则》，http：//www mycollect. net/blog/34774. html. ，2008年10月24日。

健康发展产生不利影响。[1] 从交换与法的关系看，古玩交易和拍卖也是买卖行为的一种，在没有专门的古玩交易法律的情况下，也应该适用民法通则、合同法等的原则和条款。目前，古玩市场存在着严重的“三不管”问题，即文化局、文物管理部门和工商局，好像都能管，但又好像都无能为力。这就需要建立一个古玩市场和交易的管理协调机制，尽快制定一个专门的规范古玩交易的法律或法规。

三、打击文物犯罪的法律问题

（一）文物犯罪呈上升趋势

“乱世藏黄金，盛世兴古玩。”2002 年，国家新修订的《文物保护法》允许文物收藏单位以外的公民、法人及其他组织收藏的文物，可以依法进行流通，因而使民间收藏愈加火爆。据业内不完全统计，当今国内有各类收藏协会、文物藏品市场近万家，收藏队伍突破5 000万人。北京的潘家园、太原的府西街、广州的荔湾，加之陕西、甘肃等地的文物市场节假日非常火爆。仅北京的年交易额就有几十个亿，地下交易更是无法统计。在古玩市场异常繁荣的背后，文物犯罪再次呈现上升势头。仅 2008 年至 2009 年 9 月，全国共立文物犯罪案件1 768起。其中，盗掘古墓葬案件 848 起，占文物犯罪总量的 47% 。文物犯罪的侵害目标不断扩展蔓延，从原来的小巧文物逐渐向高大憨重的田野石刻雕像、古塔、石窟及寺庙文物发展。犯罪呈专业化、暴力化、集团化趋势。[2]

---

〔1〕 参见李韵：《国家文物局加强文物拍卖审核管理九类物品不得随意拍卖》，载《光明日报》2011 年 2 月 24 日。

〔2〕 参见蔡岩红：《文物犯罪近年再呈上升势头》，载《法制日报》2011 年 3 月 8 日。

虽然公安机关对文物犯罪始终保持高压态势，但在暴利驱使下，不法分子依然趋之若鹜，可以说，当前的文物犯罪活动日趋诡秘。文物犯罪的专业化、集团化和智能化倾向给公安机关开展长线侦查、实施集中打击带来了很大困难。以前的文物犯罪多为“盗”，可现在“抢”正在越来越多地发生。2009 年，全国公安机关共立抢劫文物案件 20 起，2010 年增加到 34 起。很多地方出现了不法分子与文物保护人员或执法人员对抗的情况，甚至大打出手，气焰十分嚣张。2010 年 9 月 14 日晚，湖北省随州市曾都区文物局 4 名执法人员在文物保护区巡查时，被正在盗墓的不法分子用洛阳铲等凶器打伤，执法车辆被毁。2010 年 9 月 22 日晚，陕西省澄城县公安局善化巡警中队抓获一名正在实施盗墓的犯罪嫌疑人，并将其带回讯问。20 分钟后，20 余人身穿迷彩服、手持凶器，闯入巡警中队，打伤 3 名办案民警，将犯罪嫌疑人抢走。2011 年 1 月 28 日，湖北省黄冈市博物馆发生文物抢劫案，犯罪嫌疑人将值班人员打伤后，抢走 3 件战国时期的青铜器。[1]

在陕西，“盗掘”与“反盗掘”不断斗法、不停较量。文物犯罪除呈现集团化、暴力化、现代化的特点外，犯罪团伙还拉拢个别公安、文保人员充当“保护伞”，甚至腐蚀个别司法人员，以求“东窗事发”后能被从轻处理，进一步加剧了文物保护的难度。[2]

（二）应以“文物犯罪”概念取代“妨害文物管理罪”

文物犯罪是一个学理罪名，系指以文物为对象的犯罪总体，即将具有某种外在统一性和内在独立性的有关文物的犯罪统称为文物犯罪。从我国刑法上看，有关文物的犯罪多载于分则第六章第四节“妨

---

〔1〕 参见周斌：《当前文物犯罪活动日趋诡秘》，载《法制日报》2011 年 4 月 8 日。

〔2〕 参见仟学武：《文物安全政府担何责？盲目追求 GDP 破坏胜于盗掘》，载《中国文化报》2011 年 9 月 14 日。

害文物管理罪”。但“妨害文物管理罪”与文物犯罪在外延上并不完全吻合。我国《刑法》分则第六章第四节虽然在“妨害文物管理罪”的标题下集中规定了8个具体的文物犯罪,但在其范围之外仍散见一些有关文物的犯罪,如走私文物罪、失职造成珍贵文物损毁流失罪。此外,《刑法》第264条还规定:盗窃珍贵文物,情节严重的,可处无期徒刑,并处没收财产。刑法分则第六章第四节除了规定8个具体的妨害文物管理的犯罪外,还载有抢夺、窃取国有档案罪,擅自出卖、转让国有档案罪。[1] 笔者认为,随着文物犯罪概念的普及和特征化,有必要用“文物犯罪”取代“妨害文物管理罪”的概念。在盗窃珍贵文物频发的当下,有必要将“盗窃珍贵文物罪”作为一个独立的罪名,以加大打击文物犯罪、保护珍贵文物的力度。另外,将有关档案的犯罪归属于妨害文物管理罪是否科学合理则有待于实践检验。这是因为,虽不排除个别种类的档案如明清档案具有文物价值,一般的档案并不属于文物范畴。

(三) 失窃文物艺术品的价值认定与定罪量刑

2011年5月8日夜,一位名叫石某魁的犯罪嫌疑人潜入正在举行《交融两依藏珍选粹展》的斋宫,待清场后他切断电源,打碎玻璃,进入展柜,盗取了9件珍贵展品,其中将5件展品遗落或丢弃在故宫内,制造了震惊全国的故宫盗窃大案。2012年2月17日,这一震惊全国的故宫盗窃案在北京市第二中级人民法院开庭审理,控辩双方围绕着失窃展品的价值认定和犯罪行为是否构成“情节特别严重”两个焦点展开了辩论。检方认为,失窃的9件展品此前的购买价格为165万元,

---

[1] 参见薛瑞麟:《关于文物犯罪几个问题的思考》,载《杭州师范学院学报(社会科学版)》2005年第2期。

而在保险公司投保的保险金额为41万元，可以此作为涉案金额的参照依据。此外，从失窃物品本身来看，具有不可复制性，价值极高，遗失的珍贵展品后人将再无缘得见，这种损失是金钱无法衡量的。辩护人则认为，投保的价值不能等于文物的实际价值，不能以投保的价值作为量刑依据。针对检方无价之宝的说法，辩护人也明确表示不同意，称“再贵的物品也是有价值的”。

由于石某魁的盗窃行为发生在故宫，社会影响极为恶劣，被盗物品本身价值极高，因此检方认定其犯罪情节特别严重，建议判处犯罪嫌疑人石某魁13年至15年有期徒刑。辩护人则认为，石某魁盗窃的展品数量及其价值都无法确定，石某魁盗窃属于临时起意，没有策划也没有进行事先准备等，不属于“情节严重”的情形，因此认为量刑过高。[1] 2012年3月19日，北京市第二中级人民法院对本案作出一审判决，法庭认为石某魁盗窃情节严重，判处有期徒刑13年，剥夺政治权利3年，并处罚金13 000元人民币，辩护人认为石某魁盗窃犯罪情节较轻的辩护意见未被采纳。法院的判决支持了检方的观点，认定被盗展品投保的保险金额具有参考意义。另外，其中被盗的5件展品虽被遗弃在故宫内，但遗弃的地点或属于公共区域或属于不宜被人发现的地点，展品的所有人或控制人已经对该5件展品实际失去了控制，所有权受到了根本侵害，因此并不存在未遂的情节。

近年来，盗窃文物案件频发，仅2011年国内就发生多起文物失窃案件。除了上述故宫盗窃案外，主要有：1月28日，3名不法分子在湖北省黄冈博物馆打晕值班人员，抱走战国时期的青铜器3件。2月10日，江苏省如皋市博物馆16件文物被盗。2月21日，江西省美术家协

---

〔1〕 参见李松、黄洁：《失窃艺术品价值如何认定仍存争议》，载《法制日报》2012年2月18日。

会会长游新民家中价值400余万元的多幅名画被盗。3月,山东艺术学院美术学院毛岱宗油画室被盗,涉案价值150余万元。10月30日,北京索卡画廊的赵无极1971年的油画《25.11.71》被盗。12月,湖北荆门市文物部门下属周培公祠前一对石像被盗。这些"盗窃珍贵文物罪"与一般盗窃罪相比,在犯罪金额的认定上普遍存在估价难的问题,因此很有必要通过立法或由最高人民法院制定一个专门机构对被盗珍贵文物进行统一估价。在定罪量刑上,建立起"盗窃珍贵文物罪"的概念和罪名,以区别于一般的盗窃罪。

(四)"文物犯罪"仍可适用死刑

2011年5月1日起实施的《刑法修正案八》,正式取消了13个经济型非暴力死刑罪名,其中盗掘古遗址、古墓葬罪以及盗掘古人类化石、古脊椎动物化石罪等3项涉及文物管理的死刑被取消,同时将"盗窃罪"中关于"盗窃珍贵文物,情节严重的"判处死刑的情形也取消,最高刑由死刑改为无期徒刑。这一修正表明,今后妨害文物管理类犯罪和盗窃罪的法定刑中不再适用死刑,量刑最高是无期徒刑。

笔者认为,在适用《刑法修正案八》时应注意,立法并没有完全取消文物犯罪的死刑,涉及文物的犯罪如果具备以下情形,仍然可以适用死刑,主要包括下列三种情况:一是武装掩护走私文物,情节特别严重的。《刑法修正案(八)》取消了走私文物罪的死刑,但同时规定武装掩护走私的,依照《刑法》第151条第1款的规定从重处罚。也就是说,如果在"武装掩护"下走私文物,适用走私武器、弹药罪,走私核材料罪和走私假币罪的法定刑,最高刑为死刑。二是抢劫文物具备法定情形的。刑法中没有单独规定抢劫文物罪,以文物为目标实施抢劫行为的,构成抢劫罪。《刑法》第263条规定,以暴力、胁迫或者其他方法抢劫公私财物的,最高刑为死刑。三是采用爆炸等方法盗掘古文化遗址、古墓葬,造成珍贵文物严重破坏的。有的犯罪分子采用爆炸等方式盗掘古文化遗址、古墓葬(古人类化石、古脊椎动物化石),造成珍贵文物的严重破坏。笔者认为,这种犯罪行为不但严重危害了文物安全,同时也对公共安全造成了重大威胁。在《刑法修正案八》取消了盗掘古文化遗址、古墓葬罪死刑的情况下,可以将上述犯罪行为认定为爆炸罪。《刑法》第 115 条第 1 款规定,放火、决水、爆炸以及投放毒害性、放射性、传染病病原体等物质或者以其他危险方法致人重伤、死亡或者使公私财产遭受重大损失的,处 10 年以上有期徒刑、无期徒刑或者死刑。对采用爆炸等方法盗掘古文化遗址、古墓葬(古人类化石、古脊椎动物化石),造成珍贵文物严重破坏的,应解释为《刑法》第 115 条规定的"使公私财产遭受重大损失",并在"10 年以上有期徒刑、无期徒刑或者死刑"的量刑幅度内处罚。

2010 年 5 月 14 日,湖南省长沙市中级人民法院公开对新中国成立以来湖南最大的盗墓系列案进行一审宣判:被告人林细生、刘胜利、龙寿云因犯盗掘古墓葬罪,掩饰、隐瞒犯罪被判处死刑,刘智华获死缓,其余 20 余名被告人均被判处有期徒刑。他们被控在 9 个月内,疯狂盗掘了战国时期大型古墓葬等 10 余座,先后盗得国家一级文物 11 件、二级文物 51 件、三级文物 86 件。[1] 但是,这起重大盗墓案件揭开的还仅仅是我国盗掘古墓现象日趋猖獗的冰山一角。在该案中,盗墓者使用的盗墓工具既有传统的洛阳铲,也有金属探测器、氧气罐、膨胀炸药和千斤顶等先进专业工具,还有发电机、多功能充电器、鼓风机、防毒面具等专业设备,其装备堪比专业的考古队。这起案件是盗掘古墓罪死刑被取消前的最后一起重大盗墓系列案,林细生等 3 名被判处

---

〔1〕 参见龚芳柳、王力夫、胡林伟:《一听判死刑,盗墓犯家人瘫坐地上大哭》,http://www.xxcb.cn/show.asp? id=1028235.,2010 年 5 月 14 日。

死刑的被告人,也因此成为了最后一批因该罪名而被判处死刑的盗墓者。笔者认为,以后发生类似的盗掘古墓葬罪,仍可以抢劫罪或爆炸罪判处死刑。其实,在文物犯罪中,犯罪嫌疑人的盗掘古墓葬罪、盗窃罪等与抢劫罪、爆炸罪、贪污罪等经常存在交叉和包含关系,对于情节严重、手段残暴者,可以认定为处刑较重的犯罪。如被称为"中国第一文物监守自盗案"被告人李海涛的罪名更改和确认,就反映出了文物犯罪的罪名变化特征。

被告人李海涛在 1993 年至 2002 年担任承德市文物局外八庙管理处文保部主任期间,采取涂改文物档案、以下一级文物顶替上一级文物、以非文物的工艺品顶替文物等手段,多次窃取外八庙文物库内的馆藏文物,共窃得馆藏文物及文物饰品部件 260 件。其中国家一级文物 5 件,二级文物 56 件,三级文物 58 件,一般文物 101 件,存疑文物 1 件,未定级文物 39 件。李海涛自己或伙同他人共卖出馆藏文物 153 件(其中一级文物 4 件,二级文物 47 件,三级文物 50 件,一般文物 12 件,未定级鉴定文物 39 件,存疑文物 1 件),获取赃款人民币 320 余万元,美元 7.2 万元。

香港金钟道万豪酒店于 2002 年 10 月 28 日举行的一场名为"皇室信仰:乾隆朝之佛教宝物"专场拍卖会。佳士得拍卖公司拍卖的清乾隆粉彩描金无量寿佛坐像与乾隆时期银坛城两件物品上分别有"留平××号、复查××号、故××号"字样,被怀疑是故宫藏品。经国家文物局核查证实,这两件文物应存于承德外八庙,均为国家定级馆藏珍贵文物。2002 年 11 月 28 日,承德市公安局正式立案,定名"11·28"特大盗窃走私文物案。2002 年 12 月 8 日,被告人李海涛因涉嫌盗窃国家重要文物被承德市公安局刑事拘留,2003 年 1 月 18 日被依法逮捕。2004 年 6 月 16 日,承德市人民检察院向承德市中级人民法院提起公诉。2004 年 8 月 18 日,河北省承德市中级人民法院以盗窃罪依法判处被告人李海涛死刑，剥夺政治权利终身，并处没收个人全部财产。被告人李海涛不服，提出上诉。2007年2月12日，河北省高级人民法院将此案发回承德市中院重新审理，2008年5月18日，承德市人民检察院再次将此案向承德市中级人民法院提起公诉。承德中院经重新审理查明，被告人李海涛身为国家工作人员，利用职务上的便利，多次窃取外八庙国家珍贵馆藏文物，并将部分文物倒卖，其行为已分别构成贪污罪和倒卖文物罪，检察机关的指控事实清楚、证据充分。同时，其作案时间之长、数量之多，级别之高、损失之大均是新中国成立以来所罕见，犯罪情节特别严重，应予严惩。承德中院依法作出判决：被告人李海涛犯贪污罪，判处死刑，剥夺政治权利终身，并处没收全部财产；犯倒卖文物罪，判处有期徒刑8年，并处罚金人民币100万元。决定执行死刑，剥夺政治权利终身，并处没收全部财产。[1]

被告人李海涛不服上述一审判决，提起上诉。河北省高级人民法院经审理后，维持原判。最高人民法院经复核裁定，核准河北省高级人民法院维持第一审，以贪污罪判处被告人李海涛死刑，剥夺政治权利终身，并处没收个人全部财产的刑事判决。2010年11月19日，审理达6年之久的“中国第一文物监守自盗案”主犯李海涛被执行死刑。

综上所述，《刑法修正案八》施行后，在司法实践中文物犯罪仍有死刑适用的空间。对于武装掩护走私文物、抢劫文物、盗掘古文化遗址、古墓葬等犯罪的犯罪分子，应该适用死刑，以加大对文物犯罪的打击力度。

---

〔1〕 参见朱峰：《盗窃乾隆无量寿佛等259件文物大盗昨被执行死刑》，http://news.xinhuanet.com/legal/2010-11/20/c_12796538.htm.，2010年11月20日。

四、结语

《文物保护法》出台已有十几年了，但是或许由于缺乏对基层的深入调查研究，特别是对县级文物保管基层单位工作中遇到的困难和问题了解得不够，导致《文物保护法》及其实施条例的有些内容严重脱离实际。例如，依据现行的《文物保护法实施条例》的规定，如果设立文物商店，须经省级文物主管部门审批。但是实际上，全国现有的古玩、旧货市场经省级主管部门批准的并不多。2009 年 8 月，笔者在西北做国情调研时发现，许多古玩市场从未向省主管部门申报过，因此严格说这些市场均属非法。可有些古玩市场已生存了十几年，而且方兴未艾，主抓的却是工商部门，文物管理只是摆摆样子。在有的地方，文物部门领导的“不作为”问题还相当严重，如隐瞒不报文物案件、不追究违法事件或犯罪行为、不追缴被出卖的出土文物就是几种典型的情况。[1] 一些地方的经济开发没有兼顾到文物的保护，使文物遭到毁灭性的破坏，“法人违法”成为文物保护的新难题。[2] 在文物鉴定领域鱼龙混杂，没有专门的法律和规定可依，国家对民间文物鉴定人才的培养还没有出台统一的标准，没有资质认证体系。[3] 可以说，在文物鉴定、交易和打击文物犯罪等方面的立法及其修改工作既紧迫又繁重。

---

〔1〕 参见李晓东：《文物与法律研究》，河北人民出版社 2006 年版，第 300 页。

〔2〕 参见潘从武、尹晓丽：《“法人违法”成文物保护之痛》，载《法制日报》2012 年 5 月 26 日。

〔3〕 参见杨赛：《中国收藏家协会：引导社会收藏有序发展——访中国收藏家协会会长罗伯健》，载《中国社会科学报》2011 年 12 月 22 日。

第十四章　北美诽谤法的不同向度

一、加拿大的诽谤法

加拿大的诽谤法并没有完全统一。然而，各省之间的差异对存在于全国的普通法和统辖诽谤诉讼的诽谤法的实质来说并无大碍。各省的不同法案只是通过在诽谤诉讼中的各种辩论和程序要求或通过编撰，诸如真实性(truth)、公正评论(fair comment)、特有权(qualified privilege)等现存的普通法规则来支持这一普通法系罢了。一个例外情况是魁北克省，其诽谤法是作为调整不法行为责任的一般法律制度，规定在魁北克民法典(Civil Code of Québec)的第1457条中，另外也包括一些重要的免责条款，这些规定一般类似于在加拿大其他省份适用的普通法规则。

现行的加拿大《权利和自由宪章》第2(b)条规定："每个人都享有下列基本自由"，即"思想、信仰、意见和表达自由，包括出版自由和其他媒体的传播自由"。加拿大《权利和自由宪章》下的表达自由法理学和自由条款表明,表达自由案件需要有一个精确和透彻的分解,在那里价值必须是可估量和权衡的。诽谤案件是言论自由案件的一个缩影。有冲突的价值的深度和重要性同样要求法院对所有相关事实作出一个细致的分析,以找到一个尊重所有相关价值的平衡方法。

诽谤是一种严格责任侵权行为,这一责任并不取决于出版商的错误,而取决于诽谤的事实。一个诽谤性陈述,一般被认为是一个“具有中伤、侮辱、损害或影响原告品格和声誉倾向的行为”。[1]这样的诉讼首先必须明确被告,团体诉讼在普通法上一般是不被认可的。如果一个原告要证明一个他或她自己的或已经传播给第三人的陈述是诽谤,那么首先诽谤和损害是假定的,需要承担责任的被告必须从普通法或法规中选择一种抗辩进行辩论。这一假定诽谤和损害的原理取决于下列三个主要因素:(1)对原告来说,证明损害(damages)一般是非常困难的,因为诽谤性陈述的影响通常是难以估计的;(2)对原告来说,证明一个虚假主张的不真实(the falsity)同样是困难的,这涉及逻辑上证明一个否定的不可能范畴;(3)被告证明其陈述是真相的要求与证明其新闻工作的称职是一致的。[2]

当一个表面上证据确凿的诽谤诉讼被提起后,被告将求助于几个抗辩。当然,真实性(thuth)是一个绝对的抗辩,但是证明一个陈述是真实的通常是困难的,因为在法院诉讼上有比较严格的证据规则和证据标准。当然,原告自己承认了被告的表达也是另外一个完整的抗辩。当一个陈述是一个意见表达(不是事实的主张)时,如果它是善意地作出的,是基于正确的事实和涉及公共利益事宜的,被告就能以公

---

〔1〕 M.J. Bryant, Section 2(b) and Libel Law: Defamatory Statements about Public Officials, (1991-92)2 *Media & Communic. L. Rev.* 339.

〔2〕 R. Martin, *Essentials in Canadian Law: Media Law*, Concord Ont. Irwin Law, 1997, p. 133.

正评论(fair comment)进行抗辩。虽然这一抗辩涉及在分清事实与意见之间的不稳定性工作,但是一般被认为是为媒体的陈述提供了相对宽广的保护。

以特有权所作的抗辩也许援引那些在言论自由中公共利益优于私人名誉上的利益这样的先例。特有权的主张,与真实性和公正评论的抗辩不同,它不寻求否认一个陈述的诽谤性质。相反,它寻求的是拒绝任何赔偿,因为他们认为这是一种作出报道后的特殊情况。绝对的特有权是议会、省级立法机构和诉讼程序规定的陈述,其目的是可以对公众关心的重要事宜进行自由辩论和讨论。对法庭程序做报道时,媒体仅仅得益于一个绝对的特有权,唯一的警告是这一报道必须是公平、精确和及时的。依照法规,特有权可以延伸到公平和精确报道的广阔范围,包括立法机构、行政机关、合法的公众会议和"那些在加拿大从事于任何艺术、科学、宗教、学习、贸易、商业、工业、职业、游戏、体育和娱乐的任何协会和团体"的行动记录。[1] 然而,以期依赖一个普通法提供的特有权也包含了一定程度的风险,因为谁也不能确定法院会在享有特有权和不享有特有权之间如何划线。的确,在加拿大普通法的法理中似乎没有一个特殊的东西(status)来把新闻工作者从一般市民中分离出来。加拿大的最高法院也经常在刷新基于媒体和公共关系的宪章授意的特有权这一点上犹豫不决。

虽然把严格责任放到诽谤案件的被告可能会被认为对表达自由有过度的约束,但是其他与诽谤法有关的因素则会缓和这样的影响。在普通法各省的所有诽谤立法中,潜在的原告在有争议的陈述被出版或传播后,被给予一段短暂而严格的强制性时间令其对报纸、广播电

---

〔1〕 R. Martin, *Essentials in Canadian Law: Media Law*, Concord Ont. Irwin Law, 1997, pp. 152 – 154.

视台发出一个诽谤的通知。反过来潜在的被告一般也被给予几天时间去检查他们的陈述并决定一个适当的回应。如果潜在的被告承认了自己的错误,那么在回应答复期间,他可以对此发表或播放道歉,以此减少以后的诽谤诉讼中对“实际损失”的补偿性损害赔偿。这样做的结果经常趋近于完全不需要任何损害赔偿。这种规定实际上给潜在的媒体被告提供了第二次正确报道的机会。而且,在加拿大“失败者的支付”(the loser pays)规则,很有可能减少大量地向法院提出的虚假索赔。这些规定与美国的现状形成鲜明的对照,因为在美国对出版社和广播电视台提起诽谤诉讼的时效经常是 1 到 3 年,由于律师胜诉费的流行,致使更多可疑的诽谤诉讼索赔被推上审判舞台。[1] 诽谤案件的抑诉——慎诉,显然是加拿大传媒法的特色之一,它有别于美国诽谤案件的泛诉倾向,反映了加拿大马赛克文化的价值取向。

二、美国的诽谤法

同加拿大的诽谤法一样,美国的诽谤法也源自英国的普通法传统。直到 20 世纪 60 年代中期,美加两国的诽谤法大体上是一样的,或非常相似。美国的宪法第一修正案中所说的“议会不得制定……限制言论自由,或出版自由……的法律”的规定,起初被认为并不适用于诽谤案件。这一情况,随着美国联邦最高法院决定把大量的诽谤性表达置于第一宪法修正案保护而改变了。1964 年,联邦最高法院在《纽约时报》诉沙利文案(*New York Times* v. Sulliven)中终于作出了具有划时代意义的判决。

---

〔1〕 B. Sanford & J. Houpt, The Libel Curtain: A Comparison of Canadian and American Libel Law, ed., Constitutional Freedom of Expression and the Media: Testing the Limits, Toronto: Canadian Bar Association, 1994, p. 20.

《纽约时报》诉沙利文案(New York Times v. Sulliven)是一个发生在美国亚拉巴马州的案件，案中蒙哥马利市的警察局局长(commissioner)沙利文先生，要求《纽约时报》赔偿在一个广告中因事实错误而造成的对他的名誉损害。1960年3月29日，《纽约时报》刊登了一篇由马丁·路德·金和南方争取自由保护委员会编制的支持民权运动的宣传文章(an endorsement)。当时马丁·路德·金正面临伪证指控，在呼吁集资支付马丁·路德·金博士律师费的过程中，这一广告提到了亚拉巴马州的动荡局势。在标题为《关注他们的呐喊》(*Heed Their Rising Voices*)的一文中强调该广告写到了"南方的违宪者"(Southern violators of Constitution)骚扰了金博士，在7个不同的场合逮捕了他，并对黑人学生在蒙哥马利市国会大厦台阶上的抗议活动实施镇压措施。沙利文指出，这个广告包含了几个实施的虚假陈述，如金博士只被逮捕过4次，这些在国会大厦台阶上的学生没有唱广告上提到的"我的祖国，Tis of Thee"，而是国歌。沙利文辩称，他对蒙哥马利市的警察负有一般责任，代言文章中包含的错误反射他作为一个警察局局长的工作能力的不足。尽管事实上在该广告中一直没有出现他的名字，但是亚拉巴马法院的陪审团却判给他诉求的50万美元。这一判决在上诉到州高级法院时得到了维持。[1]

1964年该案上诉到联邦最高法院，下级法院的判决被推翻了，关于诽谤的普通法规则被更改到了适用宪法第一修正案保护言论和出版自由的程度。联邦最高法院的法官一致认定："应由宪法划定(delimits)一个州的权力范围，为公职官员提起的针对他们公务行为进行批评的诽谤诉讼裁决赔偿。"[2]虽然没有大量的评论，但法院断

---

〔1〕 A. Lewis, New York Times v. Sullivan Reconsidered: Time to Return to the Central Meaning of the First Amendment, (1983) 83 *Colum. L. Rev.* 604.

〔2〕 New York Times Co. v. Sullivan, (1964) 376 U.S. 283.

定，亚拉巴马法院的普通法实施相当于州权力的运行，并因此吸引了宪法的审查。既然公务员的职责与政府的民主化进程紧密相连，那么正如法院所论证的那样，对这些职责的批评方式也必须给予特殊的保护。因此，法院认定，公务员只有在通过清晰和令人信服的证据证明诽谤性陈述系出于实际恶意（actual malice）所为时，才能在从有关他们公务行为的诽谤诉讼中取得赔偿。实际恶意只有在一个被告出版发行前知道其陈述内容虚假，或者不计后果地漠视真假时，才能成立。这一为公务员设置的新栏杆，与其说取决于更多明显的事实如出版和诽谤，毋宁说取决于被告的心理状态，与旧的诽谤严格责任规则相比，是非常苛刻的。[1]

自《纽约时报》案作出具有里程碑意义的判决后，法院一直在适用实际恶意标准和开拓原告的种类方面探讨。首先是扩大这一范畴。第一，将实际恶意规则延伸至除公务员以外的“公众人物”，这是一个很广泛的范畴，包括电影明星、职业运动员和其他非公职的原告。1971年，纽约时报案的学说到达了它的顶点，法院坚持实际恶意规则可以被援用到所有关于“议论和传播涉及公共和一般关心事宜、而不考虑涉案者有名和无名”的案件。这些发展使诽谤表达的阶层，受到了宪法第一修正案的极大保护。但是后来，法院又从这个位置往回收。在1974年，法院试图澄清公众人物的范畴。格茨诉罗伯特·韦尔奇公司（Gertz v. Robert Welch, Inc.）的判决，对两种公众人物做出了区分：一是一般公众人物，他们的美名或恶名独立存在于即将到来的案件的辩论；二是有限的公众人物，他们在有争议的辩论中才被看成公众人物。如果法院确定该诽谤的诉讼涉及足够的公共利益，并且

〔1〕 Charles Tingley, Reputation, Freedom of Expression and the Tort of Defamation in the United States and Canada: A Deceptive Polarity, (1999) *37 Alta. L. Rev.* pp. 626 –628.

原告充分地塑造了那个发行物，那么这个原告就被视为有限的公众人物。在裁决公众人物身份时，法院更多地聚焦在案件的语境和原告是否假定在特殊情况下博得恶名的风险。除了紧缩公众人物的范围以外，格茨案的法院还规定，私人原告只要证明被告方的过失即可，而不是纯粹的出版和作为严格责任的诽谤。在 1979 年，法院通过给予原告非常宽泛的发现（broad discovery），以获得被告实际恶意的陈述，继续缓和以前在诽谤诉讼中针对公众人物的强硬立场。作为《纽约时报》案令人疑惑的法理上的一个结果，最近涉及所谓公众人物原告的诽谤案件越来越多地使法院产生分歧。在 1985 年的一个决定中，怀特大法官（Justice White）在写给首席大法官伯格（Chief Justice Burger）的报告中，对诽谤法的混乱发出了悲叹。他确信，联邦最高法院在《纽约时报》案中，在现有的告发公职官员的公共利益与那些应维护的被诽谤名誉的抵触利益之间做出了一个没有远见的平衡。[1] 可以说，联邦最高法院在审理诽谤案件时是否会一直延续第一宪法修正案的精神，仍存在一定的变数。这是因为，“有些大法官已经认为，最高法院对表达自由保护得有点儿过了头”。[2]

三、加拿大诽谤法与美国诽谤法的不同向度

必须承认的是，在平衡诽谤法保护的各种利益时，加拿大普通法的演变比美国要缓慢得多，它一直处于审慎的状态。在美国，尽管存在对公众人物范畴更加保守解释的倾向，但是许多法院一直坚定地支持纽约时报案的决定，只要没有实际恶意，任何对公务员的陈述都能

---

〔1〕 Dun & Bradstreet, Inc. v. Greenmoss Builders, Inc. (1985) 472 U. S. 767.

〔2〕 〔美〕安东尼·刘易斯：《批评官员的尺度——纽约时报诉警察局长沙利文案》，何帆译，北京大学出版社 2011 年版，第 297 页。

出版。而且,美国的原告必须在法庭上提出和证明诽谤传播的虚假性、被告的错误和损害的实际存在。而在加拿大的普通法中,这些虚假、错误和损害则都是假定的。因此,直到1995年,加拿大的法院在《权利和自由宪章》下审视诽谤法时,仍然经常在权利保护的顺序上犯错,把对名誉的保护放在表达自由之前。在1995年的希尔诉多伦多山达基教会(Hill v. Church of Scientology of Toronto)一案中,联邦最高法院的法官科里(Cory)强有力地指出,诽谤法并不需要修改,因为虚假的、诽谤性的表达价值极小,根本不能弥补在保护名誉中的法律价值。[1] 在希尔诉多伦多山达基教会案以后,《权利和自由宪章》教义的演变发生了变化。同时由于美国的《纽约时报》诉沙利文案的影响,加拿大诽谤法的宪法化进程加快了。经过多年的借鉴和探索,加拿大联邦最高法院终于在2009年的葛兰特诉《多伦多星报》(Grant v. *Torstar*)和库逊诉泉(Cusson v. Quan)案的两个判决中确立了一个新的抗辩原则——"公共利益负责传播原则",允许那些出版发布虚假、诽谤性陈述的人士通过证明其工作涉及公共利益和符合"负责任的传播"来免除责任。

加拿大最高法院大法官麦洛莲(Beverly McLachlin)在葛兰特诉《多伦多星报》案的判决中是这样阐述"公共利益负责传播原则"的:言论自由是不可以随意诽谤他人,但是一旦事件成为与公众利益密切相关,并为公众所关注讨论时,媒体应该得到更大的报道自由度。记者对于公众关注事件的深度、广泛报道,不应该受到"过度顾及某个个人声誉"的阻碍。现行的诽谤辩护过于僵化和受限,以及有违《权利及自由宪章》对言论自由的保障。当然,基于公共利益负责传播抗辩而

---

[1] Hill v. Church of Scientology of Toronto, (1995) S. C. J. No. 64, (1995) 2 S. C. R. 1130.

免责并不是没有条件的，笼统地讲它必须具备下列两个条件：其一，这一出版发表必须是一个有关公共利益的事宜；其二，被告必须说明，他的或她的出版发表是负责任的，在那里他或她已经勤勉尽责地去核实了发表的全部有关情况。[1] 在今天的加拿大，公共利益负责传播抗辩对任何诽谤的被告均有效，包括传统的媒体（报纸、电视和收音机）和诸如博客这样的新媒体，而提出这一抗辩的证明责任在于被告。

四、结语

美国联邦最高法院对《纽约时报》诉沙利文案的判决曾被认为是一个“值得当街起舞的时刻”，因为判决采纳了麦迪逊的人民主权学说，认定人民批评政府的自由是宪法第一修正案的核心思想，并同时宣告《1798 年的煽动法令》（*the Sedition Act of* 1798）规定的所谓“煽动诽谤政府罪”违宪。数十年后，加拿大的最高法院出台了“公共利益负责传播”原则。它虽然比不上《纽约时报》诉沙利文案中所确立的原则的宽宏大量，但是这一抗辩允许那些出版发布虚假、诽谤性陈述的人，通过阐述其工作涉及公共利益和符合“负责任的传播”来避免责任。加拿大最高法院对格兰特诉多伦多星报和库逊诉泉两个案件的判决，被称赞为是传媒的一个关键性胜利和诽谤法上的一个重要进步。正如渥太华公民报的律师所说的那样，如果法院没有迈出那一步，这个国家的法律将“处在黑暗时代”（in the Dark Ages）。[2]

---

〔1〕 Richard Dearden and Wendy Wagner, Canadian Libel Law Enters the 21st Century: The Public Interest Responsible Communication Defence, (2009 - 10) 41 Ottawa L. R. 353.

〔2〕 Jamie Cameron, Does Section 2 (b) Really Make a Difference? Part 1: Freedom of Expression, Defamation Law and the Journalist-Source Privilege, (2010), 51 S. C. L. R. (2d) 133 - 134.

在这之前，加拿大的诽谤法曾被认为落后于其他普通法国家，但是考虑到其他国家，如英国、新西兰和澳大利亚等国当时还没有一个权利性宪法法案，因此可以说"公共利益负责传播原则"的确立是一个了不起的壮举。考虑到宪法应同时保护诉辩双方的合法权利和在某些情况下政府及公职人员的尊严，它也许比美国的《纽约时报》诉沙利文案所确立的原则，具有更多的公平性和科学性，而少了极端的倾向。

第十五章　魁北克诽谤法的形成与特色

魁北克省是加拿大十个省中面积最大的一个省,其面积约为 167 万平方公里,人口 800 余万,其中 80% 为法国人后裔,通行法语。魁北克在 16 世纪中叶逐渐成为法国殖民地,1608 年被称为新法兰西。1763 年法国在英法七年战争中失败,魁北克遂被划归为英国殖民地。英国议会于 1774 年通过《魁北克法案》,允许在该地区保留法国的民事法,同时实行英国的刑法及其程序,另外也承认天主教徒的信仰自由和政治权利。时至今日,魁北克省仍然是北美大陆最具法兰西特色的地区。魁北克的法律制度实际上是民法法系和普通法系两大法系相互作用的产物:它的公法多受到普通法系、主要是英国法的影响,而它的私法则多受到民法法系、主要是法国法的影响。因此,形成了当今魁北克普通法与民法法系并存的局面。[1] 殖民地时期的政治变换与长期的不同传统的文化碰撞与融合,使魁北克诽谤法的形成和发展也充满传奇与斗争,形成了独特的风格与理念。

一、魁北克诽谤法的民法因素与宪法因素

魁北克省的诽谤法最初深受法国法的影响,本来是作为调整不法行为责任的一般法律制度,主要规定在魁北克民法典中。现行《魁北克民法典》(*Civil Code of Québec*)第 1457 条规定:“每个人都有义务遵守由他所处的环境、习惯或法律要求的行为规则,以避免对他人造成伤害。当他违反了上述义务时,他应对因其过错行为而给他人造成的任何损害负责,并就该种损害负有补偿责任,而不论该种损害在性质上是身体的、精神的还是物质的。在某些情况下,他也应该对因他人的过错行为给其他人所造成的损害或由其监管下的物的行为对他人造成的损害负责。”[2] 这一规定直接引自法国民法对不法行为责任的界定和处理原则,一直是魁北克诽谤诉讼的主要法律依据。但是在长期的本土化进程中,由于英法两种法律文化的碰撞和融合,魁北克的法院也较早地产生了适用宪法性原则的判例,引领了加拿大诽谤法的宪法化进程。同时,在长期的法律适用中也形成了一些重要的免责条款,这些规定一般类似于在加拿大其他省份适用的普通法规则。

尽管魁北克的诽谤法从诞生之日起就带有浓厚的民事法色彩,但是在对诽谤案件的审理中却较早地产生了适用宪法性原则的判例。早在 1848 年,魁北克的一名法官就在诽谤案件的审理中援引了新的

---

〔1〕 参见焦杰等:《魁北克商法》,中国政法大学出版社 2014 年版,第 16 页。

〔2〕 Civil Code of Québec, *Thomson Reuters Canada Limited*, Québec, 2012, pp. 383 - 384.

适当的宪法性权利。他的决定及随后发生的类似判例表明，诽谤法的宪法化并不是美国的一个创新，而是一个多世纪前出现在加拿大魁北克的一种见解。[1] 实际上，魁北克的法官们早在加拿大还没有成文宪法之前就已经把宪法原则适用于诽谤法，这些判决是那些希望将加拿大《权利与自由宪章》适用于普通法系——诽谤法的人士值得借鉴的先例。在魁北克，有一系列判例表明，主张新闻自由的法律规则应该适用于公众人物所提起的诽谤诉讼，诽谤法具有宪法和公法的一面，法官在宪法变迁时代中的作用主要是修改传统的私法，以整合新的宪法原则与诽谤法。

在英国的私法中，真实性是一个绝对的抗辩。但是在适用于魁北克的旧法国法中，诽谤是真或是假这一点并不重要，除非这一诽谤性陈述已经是一个普遍的公共知识。这是因为，古典的法国法强调“私生活必须受到保护(la vie privee doit etre muree)”[2]。在魁北克，真实性一般不被看成是一个诽谤抗辩，而被看成一个损害加重与否的因素。因为有时确实是“真实性有多大，诽谤就有多大”。另外，关于是否允许被告在其抗辩中包括一种主张真实性的诉称，也是有法律争论的，有的学者认为尽管真实性不能成为实际的抗辩，但是至少应该允许它作为一个可以请求法院判决减少损害赔偿的理由。

在1848年发生的盖吉诉希克斯(Gugy v. Hicks)案中，针对新闻记者因报道政治丑闻而面临被起诉的困境，法官让—罗克·罗兰(Jean-Roch Rolland)指出：“从我们的民法学说来看，我们可以看到，英国法的学说与新闻自由(the liberty of the press)是不一致的，正如我们在英国能看到的那样，它正在被修改，以便得到完整的宪法原则。这一恩

---

〔1〕 Joseph Kary, The Constitutionalization of Quebec Libel Law 1848 - 2004, (2004) 42 *Osgoode Hall L. J.* 229, pp. 229 - 230.

〔2〕 Gazette Printing Co. v. Shallow, (1908) 41 *S. C. R.* 339, p. 343.

惠,在所有的英国殖民地得到如此多的和好的评价。现在,它并没有为现存的法律所减损,而是变成了王国公法的一部分。"[1] 对于陪审团来说,这一方向的亲英派的态度并非异乎寻常,这是因为,类似的观点也是19世纪法国和英国的政治话语的一部分。它们是乔治—艾蒂安卡地亚保守党(George-Etienne Cartier's Conservative Party)的特征,我们至少可以在第一次世界大战前的一些司法意见和律师的结案陈词中看到。[2] 上述罗兰法官的意见实际上呼应的是路易斯—约瑟夫·帕皮诺的爱国党(Louis-Joseph Papineau's Patriote Party)在19世纪30年代提出的改革要求,因为他们在1934年通过的《九十二条决议》中包括了要求参照美国实行司法改革等要求,而帝国政府对这些决议要求的拒绝则成了1837年加拿大反抗殖民统治大起义的先兆之一。

在北美的独立战争之前,许多法律人采取了对英国宪法的扩大解释甚至误解作为可能限制议会立法权的基本法律,法裔加拿大律师在19世纪的头三十年中也遵循了这一传统,经常通过坚持在殖民地实施英国宪法来驳斥殖民地总督的权力,罗兰法官所呼吁的有关新闻自由的英国法,与帕皮诺等一样也出于同样的传统。罗兰法官对英国新闻自由权的提示,引导一些人作出了这样的理解,即魁北克也应该采纳英国的诽谤法。正如他自己所指出的那样:"我并不是说在诽谤案件中给予补偿的法律应与英格兰的法律一样,这是因为在许多方面是不一样的。我并不想去证明我们加拿大法律的有效性,它也许更好或更

---

[1] Joseph Kary, The Constitutionalization of Quebec Libel Law 1848 – 2004, (2004) 42 *Osgoode Hall L. J.* 229, p. 235.

[2] Brian Yong, "Federalism in Quebec: The First Years after Confederation", in J. M. Bumsted, ed., *Interpreting Canada's Past: After Confederation*, vol. 2, Totonto: Oxford University Press, 1986, p. 20.

坏。法院是根据法律来审理判决的,但同时我们也要让法律变得更有智慧。"[1]

在1848年之前,魁北克法院在审理新闻自由案件方面可以援引的民法传统是非常有限的,因为当时的法国在言论自由方面比英国具有更多的限制。因此在把新闻自由作为宪法问题时,罗兰法官援用了英国法的传统。在他的理解上,诽谤法仍然是源自法国私法的一部分,但是它应该参照英国的诽谤法予以修改,以反映新的宪法原则,在审理诽谤案件时则可选择适用英国的宪法性原则。

魁北克的民法性规定,在罗兰法官主张诽谤法宪法化的18年后即1866年被编撰成法典。当时的魁北克民法典第1053条规定:"每个人都要对他因过错(fault)而给其他人造成的损害承担责任,而不论这些错误是积极行为,还是由于轻率、疏忽或缺乏技巧而引起的。"但是,根据法院的解释,报道公众人物的事迹或者劣迹,根据公法的基本原则是一项公益事业,做这样的报道不能被认为属于民法典第1053条所说的过错。法院认为加拿大人的权利和自由是去除恶行或过错行为范畴的东西,真实和诚实的公务行为不属于民法典第1053条所说的情况,这是英国乃至现代法国的法律原则。[2] 在19世纪末期,尽管言论自由(freedom of speech)原则在法国法中得以确立,在加拿大的第一部民法典中魁北克的私法也被编入了法典,但是法院还是普遍地采用英国宪法原则中的新闻自由(freedom of the press)原则。盖吉诉希克斯案为20世纪初期这一问题的深入探讨留下了重要的先例。魁北克的诽谤法在私人与公众人物的适用上演变出了一个重要的区

[1] Joseph Kary, The Constitutionalization of Quebec Libel Law 1848 – 2004, (2004) 42 *Osgoode Hall L. J.* 229, p. 236.

[2] Trudel v. La Compagnie d'Imprimirie et de Publication du Canada, (1889) 5 *Mtl. L. R.* 297, p. 302.

别，即针对公众人物的诽谤，在某种程度上根据宪法的保护可以免遭诽谤诉讼或免除责任，而针对私人个人的诽谤则不能免除诽谤责任。真实性(truth)在公共事宜的诽谤诉讼中是一个抗辩(defence)，但是与普通法不同的是，在私人个人提起的诽谤诉讼中真实性却不是一个抗辩。正如1907年就有法学者指出的那样，魁北克的诽谤法既不是英国的，也不是法国的，它是以魁北克的判例法为基础的，既区别于英国普通法，又区别于欧洲大陆法系的法。[1]

另外，我们在探讨魁北克诽谤法的渊源时经常提到英国的宪法，但事实上英国并没有一部固定的成文宪法。与加拿大和美国不同的是，大不列颠并没有一个单一的或一组可以被称为宪法的文件，它主要是一些政府权力运行的限制、结构和授权的基本规则和原则。它是建立在诸如大宪章(*Magna Carta*)等文件基础之上的，同时也建立在从未被明确写出的传统之上。因此，经常被说成是不成文的和有弹性的，与经常被制定修改的成文宪法和难以修改的美国宪法形成鲜明的对照。但正是由于这一特点，殖民地时期的加拿大特别是魁北克省的法官在适用英国宪法原则时有了选择和解释的余地。

二、魁北克诽谤法的反文化殖民主义

在20世纪头20年中，有两个来自魁北克的诽谤案件被上诉到加拿大最高法院。这两个案件的法官都提到了英国诽谤法和英国宪法原则的应用问题。他们承认，英国的诽谤法原则已经在魁北克诽谤诉讼的运用中得到修改，其重点也已转移。魁北克的诽谤法，至少在表

---

〔1〕 Frederick Parker Wilton, *The Scope and Interpretation of the Civil Code of Lower Canada*, Montreal: Wilson & La Fleur, 1907, p. 116.

面上,已经到达了一个更加诚实地从魁北克外部采纳原则的阶段。

第一个案件是"公报印刷公司诉希尔罗案"(Gazette Printing Company v. Shallow)。在1908年的法庭上,法官吉鲁阿尔(Girouard)指出:"报纸的诽谤……应该根据英国普通法的规则来裁决,当然在适用时应该依据我们人民认可的修改。"吉鲁阿尔法官是在一个反对意见中写出这一评论的,他是合议庭唯一的从魁北克的立场提出判例法的法官。大多数法官在这一点上并没有不同意他的意见,但只是简单地说明,诉辩双方应承认魁北克的法律,认为在这一上诉争议中适用于特殊问题的原则,与普通法的原则并没有区别,因此在不参考任何魁北克法理的基础上对案件作出了判决。[1]

第二个案件是"普拉斯诉希库蒂米纸浆公司案"(Price v. Chicoutimi Pulp inc.)。最高法院的布洛德尔(Brodeur)法官肯定了私人与公共人物在法律上的区别,以及宪法的保护适用于后者。他指出,最初在法国法上,王国是禁止出版诽谤国王和他的顾问、法官、官员或公共行政及政府刊物的,但是现在已经完全改变了,魁北克的诽谤法也顺应了这一变革。同时布洛德尔法官认为,在处理诽谤案件时,"我们找不出一个比英国法更有指导意义的法律了"。[2] 可以说,从19世纪30年代开始,法裔加拿大人的改革家就要求采用英国的公法,以加强殖民地自己的政府。

但是从20世纪30年代开始,随着有责任政府的长期胜利,采用英国公法本身就被一批重要的法学家看成是文化殖民主义的一个形式。著名的阿德其特·里瓦德(Adjutor Rivard)法官对应用英国法的原则就缺乏热情,他是一个纯民法主义者,信赖并献身于传统的魁北

---

〔1〕 Gazette Printing Co. v. Shallow, (1908) 41 *S. C. R.* 339, pp. 345 - 359.

〔2〕 Price v. Chicoutimi Pulp Inc., (1915) 51 *S. C. R.* 179, p. 207.

克文化。他写过几本有关魁北克古典浪漫田园生活的流行书,也许是今天最为人们怀念的魁北克法语方言研究的先驱者。他曾这样评价魁北克的法律:“我们的法律学说是自然的、健康的和合乎逻辑的,它来自古典的法国法,足够灵活地适应我们这个时代的新环境,因此我们必须抵制其他外国因素的侵入。”[1] 另外,里瓦德法官还是魁北克第一个对诽谤法和新闻自由给予特别关注的学者,他于 1923 年在加拿大皇家学会上发表了题为《关于新闻自由》(*De la liberte de la presse*)的论文。他在文中指出,限制新闻自由的代价就是为维护社会秩序所付出的代价。但遗憾的是,报纸的事先审查没有能够长期存在,因为预防损害总比事后处罚好。对他而言,审查制度是合法的,它仅仅是一个合理争议的特殊办法。他认为,新闻出版不应有任何特殊的特权,一个严格责任的标准应该继续适用于报刊文章中的诽谤性言论。言论的诚实与信仰的真实性不应成为免责的理由,因为新闻记者总是可以选择保持沉默的。[2]

在 1931 年魁北克上诉法院审理的朗热利耶诉吉鲁(Langelier v. Giroux)一案中,由 5 名陪审员组成的陪审团不同程度地主张适用英国法律对陈述特权的规定。该案的争议焦点是,在法庭上制作的证言的陈述特权在英国法上是否是绝对的,或者它是否是一个可能被该证言存在恶意的证据推翻的限制性特权。法庭认为,在案件审理中保护证人证言的特权,作为一个公法问题,根据普通法,是受到一定限制的。然而,法庭同时认为它作为普通法在 1763 年就已经存在,当时魁北克刚受制于英国法。法庭最终认为,这一特权还没有成为绝对的权利,

---

〔1〕 Adjutor Rivard, “De la liberte de la presse”, in Royal Society of Canada: *Proceedings and Transactions*, series 3, vol. 17, 1923, p. 101.

〔2〕 Adjutor Rivard, “De la liberte de la presse”, in Royal Society of Canada: *Proceedings and Transactions*, series 3, vol. 17, 1923, pp. 57 –65.

所以在法律上这一诉讼是站得住脚的。合议庭的 3 名法官则提出了补充理由,有的主张直接适用 1763 年英国法,有的强调英国法应从属于魁北克民法典并指导民法典第 1053 条的应用。里瓦德法官虽然同意合议庭的意见,但是强调应该把英国法的原则放到魁北克民法典第 1053 条的背景下去适用,并且认为运用法国法也能产生同样的结果。里瓦德法官感到遗憾的是,魁北克的法学家在主张新闻特权时经常参考英国的法律。因为在他看来,探讨一个负责任的政府创造一种形势,在那里民法原则的合理应用在逻辑上也能产生同样的特权,这也许更为可取。魁北克的特殊社会条件、公共体系的特色和加拿大的政治构造将与英国的法律一样,也能产生同样的特权,而无须特别的借用。因为这些特权来自公共政策,而不是来自公法。用他自己的话来说,那就是:"我们的法律保持完备"(notre droit reste intact)。[1] 可以说,在某些方面,里瓦德的姿态与 20 世纪初的几十年相比更接近于 19 世纪的法官们的立场,与 19 世纪中期的罗兰法官一样,他选择让民法适应一个民主政体,而不是直接借用普通法的学说。所不同的是,旧法官们试图通过判决以推动自由的进程,而里瓦德则采取了较为保守的态度,拒绝对法律做更大的修改。

里瓦德法官的见解和主张虽然没有在魁北克的法官中形成多数意见,但是反映出了 20 世纪中后期一部分魁北克法官对保存本土民法完整性的关切和反对普通法威胁的姿态。与里瓦德法官相呼应,在 1943 年的厚德诉伯努瓦(Houde v. Benoit)一案中,陪审团的两名法官在论述特权概念的来源时强调了民法典的卓越性。其中伯纳德·比索奈特(Bernard Bissonnette)法官指出:"有关诋毁与诽谤的诉讼应该

---

[1] Adjutor Rivard, "De la liberte de la presse", *in Royal Society of Canada: Proceedings and Transactions*, series 3, vol. 17, 1923, p. 80.

主要依靠魁北克民法典第1053条，它起源于法国法，在许多场合法院试图通过援引英国法来解释这一学说，这是因为英国法与我们的古老法律并没有太大的差异。”[1]

由于里瓦德和比索奈特法官等人的呼吁，在1962年的朗格卢瓦诉德拉波(Longlois v. Drapeau)一案中，上诉法院终于创立了在法庭证言的特权认定上优先适用民法典第1053条，而后参照公法的判例。这一判例发布后，魁北克的法官和法学家们对诽谤法的法律适用问题有了新的认识。英国法上的公正评论(fair comment)或合法评论(commentaire loyal)的诽谤抗辩稍作调整后即被吸收到了魁北克的诽谤法中。同时代魁北克的法学教科书的姿态则是，对英国法的参考已经没有必要了，这是因为已经有一大批处理类似问题的魁北克的案例，并且魁北克民法原则的合乎逻辑的应用也与英国的诽谤法在不犯时代错误的情况下一样，能够导致同样的豁免和特权。[2]

三、魁北克诽谤法的特色

1975年，魁北克颁布了《人权与自由宪章》(*Quebec's Charter of Human Rights and Freedoms*)。它宣告意见自由和表达自由是国民的基本权利，并确认每个人都有权保护自己的尊严、荣誉和名誉，同时每个人也都有义务尊重他人的私生活。故意和非法干扰《人权和自由宪章》权利的，《人权和自由宪章》授权法院可以判决被告以惩罚性赔偿。1983年，蒙特利尔大学法学院的克里斯蒂娜·比索奈特(Christine Bissonnette)在她的硕士论文《论魁北克的诽谤法》一文中指

---

〔1〕 Houde v. Benoit, (1943) B. R. 713, p. 729.

〔2〕 Jean-Louis Baudouin & Patrice Deslauriers, *La Responsabilité Civile*, 6th ed., Québec: Editions Yvon Blais, 2003, pp. 272 – 278.

出，魁北克的诽谤法是以魁北克宪章为基础的，是平衡相互抵触的人的尊严与表达自由的法律。[1] 在 1988 年的斯奈德诉蒙特利尔公报(Snyder v. The Montreal Gazette)一案中，法官拉梅(Lamer)在他的反对意见中也指出，表达自由的宪章权利，将通过限制诽谤诉讼的损害赔偿金的金额来对魁北克的诽谤法做出修改。[2] 比索奈德和拉梅等专家的意见在之后的一些诽谤诉讼案件中得到了延续和发展，在这些案件的法律分析中，法官们往往是从宪章权利的陈述开始的。注意义务的标准(the standard of care)也被修正到了与表达自由更加和谐相处的程度，宪章本身也在诽谤案件中被援用于判定典型的损害赔偿。

在 1994 年的加拿大广播电台诉赛普特里斯广播有限公司(Societe Radio-Canada c. Radio Sept-Iles Inc.)一案的审理中，注意义务的标准发生了变化。上诉法院比较激进地脱离先例，开始在诽谤诉讼中对新闻记者适用近似于美国的沙利文规则(the American Sullivan rules)。[3] 而在这一案件之前，大部分魁北克的机关支持下列主张：任何损害个人名誉的虚假陈述都将产生法律责任。然而，在赛普特里斯公司一案中，上诉法院主张新闻记者应与其他专业人员一样，适用同样的责任标准。发表虚假信息的，只有在该发表人有过错(fault)时才承担责任，而这一过错将取决于一个通情达理的记者应该如何报道这一标准。如果一个记者在他的调查中已经做到了正常合理的注意，并且这一事宜是有关公共利益的，那么即使他们所做的报道后来被发觉存在虚假，也不用承担法律责任。曾经参加上述加拿大广播电台诉赛普特里斯公司一案判决的魁北克上诉法院法官勒·贝尔(Le Bel)，

[1] Christine Bissonnette, *La Diffamation Civile en Droit Québécois* (LL. M. Thesis, Université de Montréal, 1983), p. 25.

[2] Snyder v. The Montreal Gazette, (1988) 49 D. L. R. (4th)17, P. 28.

[3] Société Radio-Canada c. Radio Sept-Iles Inc., (1994) R. J. Q. 1811, pp. 43 – 81.

在2002年最高法院审理的“劳资纠纷调解委员会”(Prud'homme)诽谤案中，抓着时机发表了自己的见解，他与最高法院的勒贺·蒂蓓法官一起，甚至从普通法学说的角度来推动民法对诽谤的救济。他们认为，魁北克的诽谤法不仅以魁北克的宪章为基础，而且也以魁北克民法典为基础，其注意义务的标准是过错，而不是普通法的严格责任。他们明确指出，过错的标准不仅仅适用于记者，也适用于每一个人，根据魁北克民法典，下列一点是被假定的：即诽谤性评论是被善意地制作的，除非另有他证。这一过错决定于一个通情达理的人在这种情况下将会如何表达。在决定什么才是通情达理这一点上，法院应该考虑该个人的行为是否带有恶意(malice)，该个人在说话表达前检查事实的程度，以及论坛的性质、时间及个人陈述全文的机会等因素。[1]

“劳资纠纷调解委员会”案带来的概念上的创新，主要是在实质上排除了作为诽谤抗辩的公正评论(fair comment)和特有权(qualified privilege)。按照法院的观点，当一般的标准是严格责任之一时，这些学说还是有用的，以便允许一个更加宽大的责任标准去适用于为公共利益所做出的某些评论。特有权允许某些陈述只要非恶意制作就能逃避责任，公正评论则允许某人在根本事实为真的情况下，对有关公共利益的问题发表诽谤性评论。然而，如果所有的诽谤性评论都按照一个合理的标准予以评价，那么这些特殊的抗辩就没有必要了，因为在特殊案件中他们允许的余地也应按照一般的责任标准予以衡量。例如对公共利益事宜的评论是否是公正评论的问题，应被看成是一个通情达理的人是否会制作这一评论的一种考虑，而不能将它作为一个单独的抗辩。在实行普通法的省份，受公正评论保护的诽谤性言论或许不会产生什么法律责任，但是在魁北克的民法体制下却不再有这样的公正评论的任何

〔1〕 Prud'homme, (2002) 4 S. C. R. 663, pp. 688 - 695.

抗辩。虽然法院没有参考美国的法理学，但其推理也似乎跟随了美国的《侵权法重述》(*Restatement of Torts*)。美国的第二版《侵权法重述》，在严格责任给出一个过失标准后，也删除了第一版中规定的有关公正评论的节项，因为它们被认为已是多余的了。第二版《侵权法重述》第580节中也表达了这样的意见，即过错标准(the fault standard)将很可能导致普通法上的特有权成为多余。[1]

在20世纪90年代，针对记者与一般民众的诽谤责任的差异问题，加拿大最高法院在若干判决中表明，对新闻记者的处理可能不同于对其他诽谤被告的处理。一些地方法院的判决则认为，出版和表达自由是每个人的权利，不仅仅只是专业的新闻记者的权利。尽管如此，一些判决还是认为，因为新闻记者有责任将有关新闻告知公众，所以他们的表述比其他人的表述更容易被说成是为了公共利益而制作的。同样，在判断他们是否属于合理行为时，法院应考虑到现实情况和身为记者的固有困难。[2] 当然，这并不意味着在魁北克省一个诽谤诉讼的被告的处境总是要比在普通法省份好。因为根据民法，如果被告侵害了一个人的名誉，这一表述又不是为了公共利益而作出的，那么即使是真实的表述也将导致一定的法律责任。魁北克的法院一直以来比其他实行普通法省份的法院更乐于接受群体诽谤诉讼(group libel claims)，魁北克的上诉法院在2003年的一个判决中还判定，针对群体诽谤可以采取集体诉讼(a class action)。同时上诉法院还坚持了早些年提出的一个主张，即公众人物有一个在金钱上获得更大的损害赔偿的权利，因为这些人的名誉是更有价值的。[3] 另外，在

---

〔1〕 Restatement (Second) of the Law of Torts S. 580 (1965).

〔2〕 Beaudoin c. la Presse Ltée, (1998) R. J. Q. 204, p. 212. Barrière c. Filion, (1999) R. J. Q. 1127, p. 1151.

〔3〕 Malhab c. Metromedia, (2003) R. J. Q. 1011.

诽谤责任的转变上,即从虚假言论的严格责任到过失责任,魁北克的法院较早地作出了一个有利于言论自由的重大变化,而这是2009年以前加拿大实行普通法的法院一直拒绝作出的。

早在一个多世纪前,魁北克的法院就在特鲁德尔诉加拿大编辑与出版公司(Trudel v. La Compagnie d'Imprimirie et de Publication du Canada)一案的判决中指出:出版自由"是我们的法律的一部分,作为对我们的政治性宪法是必要的事物,其本身当然是我们的法律的一个部分,没有这一自由和这一法律,我们将无法运用我们的宪法"[1]。类似的观点在20世纪末的魁北克法理学中成为了主流学说。有学者曾这样演绎了上述这一经典:"在民主化进程中,出版的作用是最基本的。在现代民主社会中,出版实际上已经变成了公民的眼睛和耳朵,并且对于公民来说它又是一个以真实的和文明的方式发挥作用的必不可少的工具。出版已经成了守护民主制度正常运行的一只必要的看门狗。"[2]总之,从19世纪开始,魁北克的法院就开始探索拒绝普通法的严格赔偿责任(the strict liability),而代之以应用近似于美国实际恶意标准(actual malice standard)的注意义务标准(standard of care)。[3] 在优先或侧重出版自由、表达自由权利的判例指导下,魁北克的诽谤法得到了再建,而在民法中建立起来的公众人物与私人个人之间的区别则被牢固地保留了下来。

一直以宪法化为特色的魁北克诽谤法同时也极其注重对"涉及公共利益"的言论和报道的保护。在诽谤诉讼中,报道是否"涉及公共利

〔1〕 Trudel v. La Compagnie d'Imprimirie et de Publication du Canada, (1889) 5 Mtl. L. R. 297, p. 303.

〔2〕 Beaudoin c. la Presse Ltée, (1998) R. J. Q. 204, p. 212.

〔3〕 Joseph Kary, The Constitutionalization of Quebec Libel Law 1848 – 2004, (2004) 42 *Osgoode Hall L. J.* 229, p. 239.

益”这一点至关重要。一般地说,在没有充分的证据证明是恶意报道的情况下,仅因为“涉及公共利益”一个理由就足以取得法庭的支持,让被诉诽谤的媒体或媒体人免除法律责任。我们知道,在普通法的诽谤诉讼中,真实性(truth)是一个绝对的抗辩。如果被告能够证明其表达的内容是真实的,原告就会败诉。另外,有理由的过失或者无辜的错误并不能成为免责的理由。无论如何合理,或相信这个说法如何真实,但是如果它本来就是虚假的,一方就要为此承担责任。恶意(malice)是一个技术上的侵权诉讼的要素,但是在许多情况下它只不过是一个历史的遗物,这是因为事实上并不存在一个证明“恶意”的基本要求,它通常是被假定的。但是在魁北克,“涉及公共利益”比报道真实更为重要,证明报道属实并不意味着被告的胜诉,而仍需证明该报道“涉及公共利益”。[1]

从被报道的诽谤案件来看,在魁北克一成不变的一个倾向是,公众人物与私人相比,他们的诽谤诉讼权利受到了更多的限制。[2] 这是因为,魁北克的大多数法官一直认为,诽谤法是横跨公法和私法两大领域的,他们选择了应用宪法和公法原则去修改私法学说。进入21世纪以来,这一进程有了进一步的加强。2009年12月,加拿大联邦最高法院终于在“葛兰特诉《多伦多星报》(Grant v. Torstar)”和“库逊诉泉(Cusson v. Quan)”两个案件的判决中确立了一个新的宪法性抗辩原则——公共利益负责传播原则。“葛兰特诉《多伦多星报》”一案源于《多伦多星报》在2001年7月23日报道了一个当地居民反对安大略省商人葛兰特(Peter Grant)扩充一个高尔夫球场的计划。刊出的报

〔1〕 加拿大司法委员会:《加拿大媒体报道司法指南》,张来霞译,载《人民法院报》2013年11月1日。

〔2〕 Vincent Brousseau-Pouliot, “La Diffamation Médiatique”, (2001) 15 R. J. E. U. L. 161, p. 171.

道引述了当地一名居民的话:“所有人都认为这已成定局,原因是葛兰特的影响力,特别是他与夏里斯(Mike Harris)的关系”。夏里斯是安大略省前任保守党省长,葛兰特因此起诉《多伦多星报》的这一报道构成诽谤,毁坏了他的声誉。官司一直打到最高法院,2009 年 12 月 22 日最高法院维持了较早前安省上诉法院推翻葛兰特可以获得 145 万加元诽谤赔偿的裁决,并且发回重审。“库逊诉泉案”则源于《渥太华公民报》对一名安大略省的警务人员的报道。省警库逊(Danno Cusson)在美国“9·11”恐怖袭击后,带着自己的宠物犬前往纽约灾区搜救生还者,声称自己是加拿大的一名皇家骑警。《渥太华公民报》对这名省警的行为作出了 3 篇被认为有负面影响的报道,部分细节及引述被视为诽谤。初审法院和上诉法院均判决《渥太华公民报》等被告支付原告库逊 12.5 万加元的赔偿,但在 2009 年 12 月也被最高法院推翻及下令重审。[1]

最高法院在上述两个判决中认定,媒体和记者在报道涉及公共利益的热点事件时,如果已经做出了认真负责的报道,那么即使无法证明事件的真伪,也不能被指控为诽谤。这一新的诽谤抗辩原则的确立,被新闻界视为宪法性言论自由胜利的里程碑,对执着和认真追求事件真相的记者、自由撰稿人和博客的作者来说,都提供了言论自由的法律抗辩依据。在一定程度上,这两个判决也是对加拿大《权利与自由宪章》第 2(b)条规定的:每个人都享有“思想、信仰、意见和表达的自由,包括出版自由和其他媒体的传播自由”的一个时代性阐释。这一抗辩原则的出台和应用必将进一步加强魁北克诽谤法的宪法化,给本来就走在加拿大各省前列的魁北克诽谤法注入新的活力。

---

〔1〕 陈根发:《加拿大诽谤法中的公共利益负责传播原则》,载《中国法学网》“本网首发”,2014 年 6 月 9 日。

四、结语

英国的诽谤法一直被看成是平衡相互抵触的表达自由与个人名誉保护诉求之间的一个工具，并且许多学者认为这一平衡是严重地向保护个人名誉方面倾斜的。当然，这一平衡也是随着议会民主制对言论自由（freedom of speech）需求的变化而逐步进化的。[1] 在加拿大，实行普通法的各省法院，在接受了加拿大《权利与自由宪章》后的很长一段时间里，仍然没有能够显著地改变这一平衡。然而在魁北克，对言论自由的规制一直没有成为传统法律的一个有机组成部分。与之相替代，它首先被法学家看成是从外部嫁接的、新宪法强加于传统法的一个事物。加拿大的普通法在采纳加拿大《权利与自由宪章》后所面对的问题，魁北克的法学家已经在过去两个世纪中就有所面对和探讨了。当然，在魁北克，诽谤法接受宪法原则的进程也不是静态的。它首先开始于根据宪法价值对传统法做出的修改，然后是借鉴了英国诽谤法中公法原则比传统的私法要求获得更多表达自由的因素，当宪章权利成为魁北克法的一部分时，诽谤法又一次明确地变成了以宪章原则为基础了。

20 世纪中后期以来，英、美、法、加等西方发达国家在诽谤诉讼的名誉权保护与表达自由之间的冲突问题上，特别是在处理公民、媒体对政府机构、政府官员进行批评而导致的诽谤诉讼上，已经基本达成

---

〔1〕 David Schneiderman, "Damage to Reputation: Civil Defamation or Civil Liberty", in David Schneiderman, ed., *Freedom of Expression and The Charter*, *Toronto*: Thomson Professional, 1991, p. 259.

一致。[1] 这一成果主要归功于各国法院推行的诽谤法的宪法化思考与裁决。魁北克本来是一个深受法国民法影响的地方，但其诽谤诉讼却从19世纪中期开始就引入了英国宪法性原则的适用，在一个多世纪的法国法和英国法本土化过程中，一批杰出的法官和学者，在实践与理论两个领域不同程度地完成了以魁北克民法典为框架移植和汲取英美诽谤法的工程，形成了独特的诽谤法体系和内容。我国的诽谤法体系与魁北克诽谤法在形式上比较接近，即都是以民法的规定为主，以宪法、刑法和有关新闻出版等的法律规定为补充，所不同的是在对待诽谤诉讼的判例及其运用上存在较大的差异，即我国法院在法律适用上还没有足够地重视和运用判例。魁北克诽谤法的成功经验表明，即使有制定得良好的民法典，在诽谤诉讼中也必须适用宪法的有关原则和典型判例，这是平衡公民、媒体的名誉权与表达自由这两种重要权利的必经之路，值得我们参考和借鉴。

---

〔1〕 参见郑文明：《诽谤的法律规制——兼论媒体诽谤》，法律出版社2011年版，第10页。

主要参考文献

《马克思恩格斯全集》(第 1 卷),人民出版社 1995 年版。

《马克思恩格斯全集》(第 2 卷),人民出版社 2005 年版。

《马克思恩格斯全集》(第 3 卷),人民出版社 2002 年版。

《马克思恩格斯全集》(第 4 卷),人民出版社 1965 年版。

《马克思恩格斯全集》(第 21 卷),人民出版社 1965 年版。

《列宁选集》(第 3 卷),人民出版社 1972 年版。

《列宁选集》(第 4 卷),人民出版社 1972 年版。

《孙中山选集》(下),人民出版社 1956 年版。

《毛泽东选集》(第 4 卷),人民出版社 1991 年版。

《毛泽东文集》(第 6 卷),人民出版社 1999 年版。

《毛泽东文集》(第 7 卷),人民出版社 1999 年版。

《周恩来选集》(上),人民出版社 1980 年版。

《周恩来选集》(下),人民出版社 1984 年版。

《邓小平文选》(第 2 卷),人民出版社 1994 年版。

《邓小平文选》(第3卷),人民出版社1993年版。

《刘少奇选集》(上卷),人民出版社1985年版。

《刘少奇选集》(下卷),人民出版社1985年版。

《董必武政治法律文集》,法律出版社1986年版。

《董必武选集》,人民出版社1985年版。

《张友渔文选》(上卷),法律出版社1997年版。

《张友渔文选》(下卷),法律出版社1997年版。

《江泽民文选》(第1卷),人民出版社2006年版。

《江泽民文选》(第2卷),人民出版社2006年版 。

《江泽民文选》(第3卷),人民出版社2006年版。

[苏]康士坦丁诺夫主编:《历史唯物主义》,人民出版社1955年版。

[苏]维辛斯基等:《苏联社会主义法律》,万叶译,生活·读书·新知三联书店1949年版。

[俄]普列汉诺夫:《论一元论历史观之发展》(第3分册),博古译,生活·读书·新知三联书店1964年版。

[苏联]列别金斯基:《苏维埃检察院及其在一般监督方面的活动》,陈华星、张学进译,法律出版社1957年版。

[俄]尤·米·加列诺维奇:《世纪之交的俄罗斯与中国》,王扬、米俊敏、何希泉译,四川人民出版社1999年版。

[古希腊]柏拉图:《理想国》,郭斌和、张竹明译,商务印书馆1986年版。

[古希腊]亚里士多德:《政治学》,吴寿彭译,商务印书馆1965年版。

[德]黑格尔:《法哲学原理》,范扬、张企泰译,商务印书馆1996年版。

[德]尤尔根·哈贝马斯:《包容他者》,曹卫东译,上海人民出版社2002年版。

[德]G·拉德布鲁赫:《法哲学》,王朴译,法律出版社2005年版。

[德]考夫曼:《法律哲学》,刘幸义等译,法律出版社2004年版。

[德]马克斯·韦伯:《儒教与道教》,王容芬译,商务印书馆1999年版。

[英]洛克:《政府论》(下),叶启芳、瞿菊农译,商务印书馆 1982 年版。

[法]孟德斯鸠:《论法的精神》(上),张雁深译,商务印书馆 1961 年版。

[法]古斯塔夫·佩泽尔:《法国行政法》,廖坤明、周洁译,国家行政学院出版社 2002 年版。

[法]保罗·利科:《论公正》,程春明译,法律出版社 2007 年版。

[法]伏尔泰:《论宽容》,蔡鸿滨译,花城出版社 2007 年版。

[美]乔·萨托利:《民主新论》,冯克利、阎克文译,东方出版社 1998 年版。

[美]威廉·詹姆士:《多元的宇宙》,吴棠译,商务印书馆 2002 年版。

[美]斯蒂芬·K. 怀特:《政治理论与后现代主义》,孙曙光译,辽宁教育出版社 2004 年版。

[美]理查德·罗蒂:《后哲学文化》,黄勇编译,上海译文出版社 2004 年版。

[美]约翰·D. 泽莱兹尼:《传播法判例:自由、限制与现代媒介》,王秀丽译,北京大学出版社 2007 年版。

[美]安东尼·刘易斯:《批评官员的尺度——纽约时报诉警察局长沙利文案》,何帆译,北京大学出版社 2011 年版。

詹森林:《民事法理与判决研究》,北京大学出版社 2005 年版。

李铁映:《论民主》,人民出版社、中国社会科学出版社 2001 年版。

孙国华、朱景文主编:《法理学》,中国人民大学出版社 1999 年版。

张文献主编:《法理学》,高等教育出版社 2003 年版。

周旺生:《立法学教程》,北京大学出版社 2006 年版

李林、王家福主编:《依法治国:十年回顾与展望》,中国法制出版社 2007 年版。

刘幸义编:《多元价值、宽容与法律》,台湾五南图书出版股份有限公司 2004 年版。

许海峰主编:《法律监督的理论与实证研究》,法律出版社 2004 年版。

蔡定剑主编:《监督与司法公正——研究与案例报告》,法律出版社2005年版。

孟祥馨、楚建义、孟庆云:《权力授予和权力制约》,中央文献出版社2005年版。

何华辉、许崇德:《分权学说》,人民出版社1986年版。

陈剑虹主编:《宽严相济刑事政策在检察工作中的运用》,中国检察出版社2007年版。

康为民主编:《传媒与司法》,人民法院出版社2004年版。

魏健馨:《和谐与宽容——宪法学视野下的公民精神》,法律出版社2006年版。

杨鸿烈:《中国法律发达史》(上),商务印书馆1930年版。

李京生:《我为你辩护》,人民文学出版社2003年版。

林爱珺:《舆论监督与法律保障》,暨南大学出版社2008年版。

王锋:《表达自由及其界限》,社会科学文献出版社2006年版。

杨磊、周大刚编著:《"起诉"媒体——新闻法律热点问题透视》,知识产权出版社2006年版。

李晓东:《文物与法律研究》,河北人民出版社2006年版。

郑文明:《诽谤的法律规制——兼论媒体诽谤》,法律出版社2011年版。

焦杰等著:《魁北克商法》,中国政法大学出版社2014年版。

Elizabeth Mertz, *The Language of Law School: Learning to "Think Like a Lawyer"*, Oxford University Press, Oxford and New York, 2007.

David M. Walker, Marx, *Methodology and Science*, Ashgate Publishing Company, Burlington, 2001.

Adrian Chan, *Chinese Marxism*, Continuum, London, 2003.

David M. Finkelstein, Marganne Kivelhan eds., *China's Leadership in the 21st Century*, M. E. Sharpe Armonk, New York, 2003.

Wayne W. Bennett, Kären M. Hess, *Management and Supervision in Law*

Enforcement, West Publishing Company, St. Paul and New York, 1992.

Shalini Rajneesh, *Rural Development through Democratic Decentralization*, Deep & Deep Publications PVT. LTD., New Delhi, 2002.

John M. Cohen, Stephen B. Peterson, *Administrative Decentralization: Strategies for Developing Countries*, Kumarian Press, Connecticut, 1999.

Ann L. Griffiths, *Handbook of Federal Countries* 2002, McGill – Queen's University Press, London, 2002.

Maurice Hunt, *Shakespeare's Religious Allusiveness: Its Play and Tolerance*, Ashgate Publishing Company, 2004.

Kathleen M. Sullivan and Gerald Gunther, *Constitutional Law* (*Fourteenth Edition*), *Foundation Press*, New York, 2001.

Steven D. Smith, *Getting over Equality: A Critical Diagnosis of Religious Freedom in America*, New York University Press, 2001.

J. Budziszewski, *True Tolerance: Liberalism and the Necessity of Judgment*, Transaction Publishers, New Brunswick and London, 1992.

W. Paul Vogt, *Tolerance & Education: Learning to Live with Diversity and Difference*, Sage Publications, Thousand Oaks and London, 1997.

Jhon Rowls, *Political Liberalism*, Columbia University Press, New York, 1993.

Raphael Cohen-Almagor, *The Boundaries of Liberty and Tolerance*, University Press of Florida, Gainesville,1994.

Richard Haynes, *Media Rights and Intellectual Property*, Edinburgh University Press, Edinburgh, 2005.

R. Martin, *Essentials in Canadian Law*: Media Law, Concord Ont. Irwin Law, 1997.

David Schneiderman,ed., *Freedom of Expression and the Charter*, Toronto: Thomson Professional, 1991.

后　记

本书最初设想的书名叫《一生有二：学者与律师之间》，这主要是基于我在给“中国法硕”上法理学课时选用的材料和主张的观点。我从2005年开始已经连续10年为《中国法律年鉴》撰写法理学学科综述，其间领略到一些突出的前沿问题和各路学者的风采，也发现了一些法理学研究上的通病和问题。我在给学生上法理学课时总想把抽象晦涩的概念和理论讲得平易近人些，因此有意识地结合了我在从事律师工作时积累下来的相关案件材料，尽量采取了以案说法和诊所式教育的方式。

我的努力得到了学生们的好评，2007年至2013年我连续6年被法学系学生评为“十佳教师”。其间，2008年春季我从中国社会科学院法学研究所法理学研究室调到传媒与信息法研究室工作，因此研究和教学转向了传媒与信息法。尽管如此，我还同时承担了2009年及之后几年法律硕士的部分法理学课程。为了总结人生和教学的经验，我将有关讲课的文稿整理成册,供大家参考和批评。在对全书统稿的过程中,我将书名改成了《司法与传媒》,这不仅是因为本书的内容涉及“司法与传媒”的关系问题,而且也有避免引发不必要争论的想法。因为,主张学者与律师之间不可兼得和兼任的人士大有人在,尽管我国法律对这种主张并不支持。为了对我原定的书名有一个解释和辩护,我在导论中表明了我对以往人生道路的总结和青睐“知行合一”的态度。

本书也许缺乏传统思维中的那种主题连贯性,也确实有人指出了它与众不同的间架结构:从一个问题跳到另一个问题,从国内跳到国外,从学者跳到律师,等等。这种评判似乎与遵循传统的人们对后现代思潮的认识有相通之处,而我的申辩是:其实一个活生生的人的思维,本来就不是也不应该过于长久地专注于一个问题、一个主题甚或一个学科。毛泽东曾说过:“世界上的事是复杂的。我们的头脑也要复杂一点。”讲的也是这个道理。当今,用自己的思想和经验来分析法理学问题,已经在许多国家风行了,我在此实在也有一点想尝试的念头。美国的大法官霍姆斯曾经说过:“法律的生命不在于逻辑,而在于经验。”这话说得虽然有点极端,但我认为在法律的生命中,经验确实经常比逻辑更需要和更重要。

出版这本书的意义何在呢?或许有人会提出这样的问题。我想我还是借用乡贤徐志摩先生在《迎上前去》中的一段话来回答得轻松一点:

“所以我这次从南边回来,决意改变我对人生的态度,我写信给朋友说这回要来认真做一点‘人的事业’了。我再不想成仙,蓬莱不是我的份;我只要这地面,情愿安分的做人。”[1]

本书的出版得到了知识产权出版社策划编辑李燕芬女士的指导和帮助,在此表示衷心的感谢!

陈根发

于北京市昌平区天通苑寓所

2015年6月22日

〔1〕 徐志摩:《迎上前去》,载《晨报副刊》1925年10月5日。